THE GRAVITY OF POWER IN THE WHITE HOUSE

The National Security Council（1947-2019）

白宫掌权者

美国国家安全委员会（1947–2019）

孙成昊 / 肖 河◎著

时 事 出 版 社
北 京

图书在版编目（CIP）数据

白宫掌权者：美国国家安全委员会（1947—2019）/
孙成昊，肖河著. —北京：时事出版社，2020. 7（2022. 1 重印）
ISBN 978-7-5195-0368-0

Ⅰ. ①白… Ⅱ. ①孙… ②肖… Ⅲ. ①美国国家安全
委员会—史料—1947 - 2019 Ⅳ. ①D771. 231

中国版本图书馆 CIP 数据核字（2020）第 056145 号

出 版 发 行：时事出版社
地　　　址：北京市海淀区彰化路 138 号西荣阁 B 座 G2 层
邮　　　编：100097
发 行 热 线：（010）88869831　88869832
传　　　真：（010）88869875
电 子 邮 箱：shishichubanshe@ sina. com
网　　　址：www. shishishe. com
印　　　刷：北京良义印刷科技有限公司

开本：787 × 1092　1/16　印张：18. 5　字数：260 千字
2020 年 7 月第 1 版　　2022 年 1 月第 3 次印刷
定价：110. 00 元
（如有印装质量问题，请与本社发行部联系调换）

目　　录

绪　论

美国国家安全委员会的历史演变*

美国国家安全委员会（以下简称国安会）是根据美国 1947 年《国家安全法》成立的，其职能是“协助总统整合与国家安全相关的国内、国外和军事政策，使军方和其他政府部门及机构在国家安全事务上更有效地合作”。[①] 国安会由此成为总统行政办公室中处理国家安全事务的最重要机制。其实早在国安会成立前，美国就已提出或建立跨部门的协调机制，如 1911 年提出、1916 年根据《国防法案》成立的国防委员会（Council of National Defense），1940 年成立的国防顾问委员会（National Defense Advisory Council/NDAC），1945 年成立的国务院—战争部—海军部协调委员会（State，War，Navy Coordinating Committee/SWNCC）等。[②] 在第二次世界大战结束后，美国面临更为复杂的国际环境，外交、军事和经济领域都对美国国家安全战略的制定和实施提出了严峻挑战。然而，美国军方、情报部门以及行政部门之间协调不畅、内斗严重，最高层决策者亟需更为合理的政策协调机

---

* 基于孙成昊《美国国家安全委员会的模式变迁及相关思考》一文修改更新，原文刊于《现代国际关系》，2014 年第 1 期，第 28 – 35 页、第 63 页。

① United States Congress，“National Security Act of 1947，” http：//global.oup.com/us/companion.websites/9780195385168/resources/chapter10/nsa/nsa.pdf.

② Paul Y. Hammond，“The National Security Council as a Device for Interdepartmental Coordination：An Interpretation and Appraisal，” *The American Political Science Review*，Vol. 54，No. 4，December 1960，p. 899.

制，也需要能够在全球事务中更好地发挥作用的更正式的机制。[①]

国安会正是在这样的时代背景下应运而生。国安会是一个十分灵活的机制，历届总统的国安会模式都不尽相同。绪论将简要梳理国安会的历史演变，之后的十一章将把各个时期的国安会演变放入总体国际形势、美国国内政治和白宫政治生态中加以分析，尝试从中总结国安会演变的规律特征与经验教训。本书绪论、第六章至十一章由孙成昊撰写，第一章至第五章由肖河撰写，总结章节由二人共同完成。

第一节　初露锋芒：从杜鲁门到“艾森豪威尔模式”

哈里·S·杜鲁门（Harry S. Truman）执政初期的国安会模式依循1947年《国家安全法》的规定，其法定成员包括总统、国务卿、国防部长、陆军部长、海军部长、空军部长和国家安全资源委员会主席，其他非法定成员则由总统根据情况指定。同时，设立从属于国安会的中央情报局，其目的是让国安会能够紧跟时事动态、得到必要的情报与分析。1949年，胡佛委员会提出了关于国安会运作的第一份评估报告，认为国安会缺乏制定全面国家战略计划的能力，并建议取消陆军、海军和空军部长在国安会的法定席位。[②] 随后，杜鲁门改革了国安会，首先是要求财政部长参与所有国安会会议，然后依据1949年6月通过的《重组4号计划》，将国安会正式转变为总统行政办公室的一部分。[③] 同年8月通过《国家安全法》修正案，规定国安会成员不再包

① Zbgniew Brzezinski, “The NSC's Midlife Crisis,” *Foreign Policy*, No. 69, 1987 - 1988, p. 80.

② R. Gordon Hoxie, Alexander Hamilton, William Howard Taft, and Franklin D. Roosevelt, “Continuity or Discontinuity?,” *Presidential Studies Quarterly*, Vol. 12, No. 1, 1982, p. 109.

③ United States Congress, “Reorganization Plan No. 4,” http://www.gpo.gov/fdsys/pkg/USCODE-2011-title5/pdf/USCODE-2011-title5-app-reorganiz-other-dup14.pdf.

括陆军部长、海军部长和空军部长。修正案还明确了参谋长联席会议是总统的首要军事顾问。[①]

杜鲁门时期的国安会处于萌芽和探索发展状态。在执政初期，杜鲁门试图抑制国安会的地位，更加重视国务院在国家安全战略制定和国安会运作中的作用。起初，国安会召开会议的频次并没有规律。1950 年 6 月，朝鲜战争的爆发改变了杜鲁门对国安会的态度，他开始更为依赖这一参谋机制。朝鲜战争爆发前，杜鲁门仅参加了国安会 60 次会议中的 11 次，而从战争打响直到最后离任，杜鲁门却只缺席了 71 次会议中的 7 次。[②] 国安会在杜鲁门政府后期制定国家安全战略的过程中发挥了更大作用。然而，总统和国务卿仍然是外交政策制定中的核心，国安会更多是在具体的外交、军事和情报协调问题为总统出谋划策。最典型的例子是，朝鲜战争前出台的 NSC68 号文件并非真正出自国安会机制，而是国务院和国防部协作研究小组的杰作。[③]

在德怀特·戴维·艾森豪威尔（Dwight David Eisenhower）执政期间，国安会出现了较大变化和扩展，走上机构化的道路。在“艾森豪威尔模式”下，国安会设立了计划委员会（Planning Board），负责为国安会准备研究报告、政策建议和基本草案，促进国安会的协调工作。另一个与此平行的新设委员会是行动协调委员会（Operations Coordinating Board），其作用是监督执行国安会的决定。除了在机构设置上出现较大创新外，艾森豪威尔还在国安会内新增了“国家安全事务特别助理”

---

① Harry S. Truman, “Statement by the President Upon Signing the National Security Act Amendments of 1949,” http://trumanlibrary.org/publicpapers/viewpapers.php?pid=1195.

② 戴维·罗特科普夫著，孙成昊、赵亦周译：《操纵世界的手：美国国家安全委员会内幕》，北京：商务印书馆，2013 年版，第 70－73 页。

③ R. Gordon Hoxie, “Alexander Hamilton, William Howard Taft, and Franklin D. Roosevelt: Continuity or Discontinuity?” *Presidential Studies Quarterly*, Vol. 12, No. 1, 1982, p. 109.

一职[①]，其也成为国安会的“大管家”。第一位国家安全事务特别助理是罗伯特·卡特勒（Robert Cutler），而原先负责管理国安会机制的行政秘书则转而负责国安会的行政与后勤事务。

做出重大调整的“艾森豪威尔模式”有利有弊。首先，其组成结构清楚明晰，职责分工明确有序。国安会下设了计划委员会和行动协调委员会，前者负责为国安会提供政策选项，后者负责监督和协调总统决策的执行。如果说国安会决策机制是一座金字塔的话，那么这两个委员会则是其两个坡面。计划委员会需要整合各部门针对某一问题的见解和建议提供给国安会的部长级会议，后者则在此基础上向总统提出政策建议。计划委员会由此成为整个国安会协调机制的亮点。

1953－1954 年，艾森豪威尔任内的计划委员会平均每周要召开 3 次会议，在特殊时期，委员会会议更加频繁。最忙的时候，委员会每周要花 20 个小时开会，讨论和辩论相关政策。在处理危机时，委员会更是在 3 天之内开过 25 个小时的长会。[②] 然而，这也暴露出了该模式的弊端：一是国安会文件的高产是以质量为代价，求量不求质，导致对重大事件的分析不够；二是国安会的政策制定往往是多部门互相妥协的结果，使得国家安全战略制定缺乏创造性；三是在艾森豪威尔执政后期，这一模式变得过于臃肿和官僚。

第二节　摇摆不定：从肯尼迪到里根

约翰·肯尼迪（John Kennedy）在执政后对艾森豪威尔打造的国安会模式进行了较大调整，取消了多数组织架构安排。国安会人员规模也

---

① “国家安全事务特别助理”一职从艾森豪威尔时期开始成为国安会的固定职务，其具体名称发生过很多变化，目前称作“总统国家安全事务助理”或者“国家安全顾问”（National Security Advisor）。

② Robert Cutler, *No Time for Rest*, Boston: Little and Brown, 1966, p. 312.

大幅缩水，从 71 人降至 48 人，[①] 其主要工作基本转由各行政部门和机构承担。在减少国安会人员的同时，肯尼迪积极吸纳外部专家加入决策团队，组建直接为总统服务的幕僚班子。国安会的职能也发生了转变，更加关注眼前的政策行动和危机管理，由此催生了一些临时机构，如 1962 年 10 月古巴导弹危机期间成立的执行委员会（Executive Committee）。

肯尼迪的国安会模式模糊了其协调者的角色，成为政策博弈的参与者以及行动的执行者。在这种情况下，国家安全顾问第一次发挥了独当一面的决策作用。国安会协调作用的弱化也让肯尼迪在决策过程中更多依赖国务卿和国家安全顾问，有时还会被国务院的糟糕表现拖累。[②] 总体而言，肯尼迪的国安会缺乏正式流程和明确方向，有些过于专注眼前动态而忽视长远规划。

林登·贝恩斯·约翰逊（Lyndon Baines Johnson）属于临危受命，加上他对国家安全事务并不熟悉，因而其在执政初期基本上沿袭了肯尼迪的国安会模式，但是在决策上更加依赖国务卿和国防部长等资深官员。之后，约翰逊有限地提高了国安会的制度化水平，建立起新的跨部门委员会体系，包括高级跨部门小组（Senior Interdepartmental Group）和跨部门地区小组（Interdepartmental Regional Groups）等。

约翰逊任内没有对国安会做出根本改变，相反国安会的作用愈发受限。跨部门小组由国务院牵头，但是国务院对此缺乏热情，导致小组毫无权威。在关键决策上，约翰逊也没有广泛听取各方意见。执政后期，约翰逊更喜欢听取政府内外其他顾问的意见，国安会基本处于空转状态。

理查德·尼克松（Richard Nixon）上任后将国安会的定位从临时的危机处置机构转变为长期的战略规划机构，国安会因此重获新生，再次

---

① Kai Bird, *The Color of Truth*: *McGeorge Bundy and William Bundy*: *Brothers in Arms*, New York: Simon & Schuster, 1998, p. 186.

② Arthur M. Schlessinger, Jr., *A Thousand Days*: *John F. Kennedy in the White House*, Boston: Houghton Mifflin, 1965, pp. 406 – 447.

成为美国国家安全决策的核心机制。尼克松任内，国安会的成员构成与“艾森豪威尔模式”相似，只是精简了国安会流程、提高了效率。国安会下设八个跨部门小组，[①] 负责进行政策研究、提供政策选项，其中六个主要机构——高级审查小组、华盛顿特别行动小组、核查小组、“40”委员会、国安会情报委员会、国防审查委员会——都由总统国家安全事务助理（后兼任国务卿）亨利·基辛格（Henry Kissinger）主持。[②] 此外，国安会会议仅由法定成员参加，中央情报局局长只在涉及情报事宜时与会。这一模式既保证了白宫对国安会的控制，又能够在一定程度上吸纳各方意见。

由于尼克松的信任和基辛格本人的能力，总统国家安全事务助理的权力不断膨胀，其团队中的专职人员在两三年间从 12 人增加到 80 人。[③] 基辛格不仅领导了国安会的主要跨部门机构，还直接参与外交谈判，不断在美国外交事务中排挤国务院。在基辛格身兼总统国家安全事务助理和国务卿两职后，他的权力到达巅峰。尼克松在执政后期深陷“水门事件”，基辛格手握的权力更是远远超过自身职务范围，几乎史无前例地掌控了决策全过程。

杰拉尔德·福特（Gerald Ford）由于缺乏外交经验，上台后并未大刀阔斧地改革尼克松的国安会模式，只进行了局部调整，例如废除国安会情报委员会，用行动建议小组取代“40”委员会等。基辛格的国家安全顾问一职由布伦特·斯考克罗夫特（Brent Scowcroft）接替，

① 八个跨部门小组为高级审查小组（Senior Review Group）、副部长级委员会（Under Secretaries Committee）、情报委员会（Intelligence Committee）、核查小组（Verification Panel）、国防审查委员会（Defense Program Review Committee）、华盛顿特别行动小组（Washington Special Action Group）、“40”委员会（“40” Committee）以及国际能源审查小组（International Energy Review Group）。参见戴维·罗特科普夫著，孙成昊等译：《操纵世界的手：美国国家安全委员会内幕》，第 139 页。

② Presidential Library and Museum, “National Security Council Structure and Functions,” http://www.nixonlibrary.gov/forresearchers/find/textual/nsc/structure.php.

③ 戴维·罗特科普夫著，孙成昊、赵亦周译：《操纵世界的手：美国国家安全委员会内幕》，第 139 页。

但前者仍然担任国务卿，继续发挥核心作用。

福特时期的国安会仍然处于决策中的核心位置。福特模式的主要问题仍然是独揽大权的基辛格。出任国家安全顾问的斯考克罗夫特曾经是基辛格的副手，无法充分发挥作用。此外，福特政府的国安会决策过程透明度不高，与民意严重脱节。

吉米·卡特（Jimmy Carter）上台后削弱了国安会在国家安全决策体系中的统治地位，但是其国安会仍然呈现出权力相对集中的态势。[①] 在组织架构方面，卡特政府将六个跨部门委员会减少为两个，分别是政策审查委员会（Policy Review Committee）和特别协调委员会（Special Coordination Committee），后者由国家安全顾问兹比格涅夫·布热津斯基（Zbigniew Brzezinski）领导，重点负责危机管理和大部分跨部门问题。与此同时，国安会人员的规模有所缩减。布热津斯基还根据地区和热点问题设立了中东、远东、全球问题、安全分析等八个办公室。

卡特时期的国安会一改福特和尼克松时期的风格，重新定位为政策协调者。卡特任内提升了国家安全顾问的地位，布热津斯基也对国安会幕僚进行了有效的内部管理。后者要求国安会幕僚每天必须提交篇幅一至两页的简洁报告，汇报每日工作情况。布热津斯基会在第二天给予反馈。[②] 但是，在卡特执政后期，布热津斯基与国务卿塞勒斯·万斯（Cyrus Vance）之间的矛盾日益激化，加之卡特在两人之间游移不定，致使两位核心人员的分歧对国安会的整体运作造成了严重影响。

罗纳德·威尔逊·里根（Ronald Wilson Reagan）上台后对国安会进行了大刀阔斧的调整，显著提升了国务院在国家安全决策体系中的

① William W. Newmann, "The Structures of National Security Decision Making: Leadership, Institutions, and Politics in the Carter, Reagan, and G. H. W. Bush Years," *Presidential Studies Quarterly*, Vol. 34, No. 2, June 2004, p. 282.

② Zbgniew Brzezinski, "The NSC's Midlife Crisis," *Foreign Policy*, No. 69, 1987 – 1988, p. 92.

地位，削弱了国家安全顾问的重要性。调整后，国安会的多个下属委员会由国务院、国防部和中情局官员直接领导，而不再由国安会幕僚主持。国安会下设三个高级跨部门小组（Senior Interagency Groups/SIG），分别负责外交、国防和情报政策。另外还下设多个地区和职能小组，[①] 副总统也开始参与危机管理。

里根政府的国安会机制混乱无序，各部门官员之间权责不清，内讧严重，颇多弊病：一是缺乏有影响力的国家安全顾问。里根执政期间，国家安全顾问职位六易其主，直到第五任弗兰克·卡卢奇（Frank Carlucci）时才发挥出应有作用。二是总统对监督政策执行并不上心，总统的“缺位”加上国家安全顾问的“无能”进一步恶化了国安会的运转。三是各部门领导直接管理各小组造成了严重的部门争斗。四是国安会幕僚参与了不该参与的秘密行动，例如在“伊朗门事件”中，国安会就从负责规划和协调的中枢沦落为国务院和中情局的附属物。[②] 五是缺乏有效的行政支持。

第三节 “斯考克罗夫特模式”及其影响：从老布什到特朗普

老布什（George H. W. Bush）上台后发布的《国家安全指令第1号》推翻了里根的国安会模式，在再次担任国家安全顾问的斯考克罗夫特的协助下创立了新模式，设立了三级委员会，分别是：（1）部长级委员会，其由国务卿、国防部长、中央情报局长、参谋长联席会议主席、白宫办公厅主任（白宫幕僚长）和国家安全顾问（主持该委员会）组成；（2）常务副部长级委员会，其成员包括各行政部门和机构中的常务副部长级别官员，由副国家安全顾问主持；（3）政策协

① The White House, “NSDD 2 – National Security Council Structure,” http://www.fas.org/irp/offdocs/nsdd/nsdd-2.pdf.

② 戴维·罗特科普夫著，孙成昊等译：《操纵世界的手：美国国家安全委员会内幕》，第277页。

调委员会，其组成人员包括各部的助理部长级官员。就各自职能来说，部长级委员会是高级别的跨部门政策研究机制，负责审查、协调和监管国家安全政策的制定和执行；常务副部长级委员会负责审查和监督跨部门小组的工作进程，就国家安全政策的制定和执行建言献策；政策协调委员会则根据地缘和职能领域划分职责，例如地缘上的欧洲、苏联、拉丁美洲、东亚和非洲，或者职能上的国防、国际金融、情报和军控。[①]

虽然“斯考克罗夫特模式”与里根、卡特政府时期一样，都设置了分层分级的跨部门委员会，但“斯考克罗夫特模式”的权力集中水平明显高于里根和卡特时期的国安会，成为强有力的决策机制，避免了前几任政府在国安会机制问题上犯下的错误。在该模式下，部长级委员会由除总统和副总统之外的法定成员组成，下一级是负责跨部门日常工作的常务副部长级委员会，这个委员会指派政策研究任务给相关的下一级政策协调委员会，各级委员会由此形成垂直的责任链条。此外，“斯考克罗夫特模式”的成功还要归功于斯考克罗夫特与其他国安会核心成员（例如国务卿詹姆斯·贝克（James Baker）和国防部部长理查德·布鲁斯·切尼（Richard Bruce Cheney）等）的良好合作关系。[②]“斯考克罗夫特模式”也成为之后政府的样板，基本上框定了从克林顿到特朗普的历届美国政府国安会模式。

威廉·杰斐逊·克林顿（William Jefferson Clinton）在执政后的1993年1月20日发布了《总统决定指令第2号》，进一步对国安会扩容。[③] 指令规定，除了法定成员之外，国安会成员还将包括财政部长、美国常驻联合国代表、总统经济政策顾问和白宫办公厅主任。在

---

① The White House, “NSD 1 – Organization of the National Security Council System,” http://www.fas.org/irp/offdocs/nsd/nsd1.pdf.

② Bernard Weinraub, “Bush Backs Plans to Enhance Role of Security Staff ,” *New York Times*, February 2, 1989; George Bush and Brent Scowcroft, *A World Transferred*, New York: Alfred A Knopf, 1998, p. 35.

③ The White House, “PDD/NSC 2 – Organization of the National Security Council,” https://clinton.presidentiallibraries.us/items/show/12736.

议题相关时，司法部长也会参加会议。在组织架构上，克林顿政府延续了“斯考克罗夫特模式”的传统，设置了部长级委员会、常务副部长级委员会和跨部门工作小组（Interagency Working Groups/IWG）三级。它们的职能分工总体来说并无太大变化。不过，克林顿任内的机制建设也有一些特点，其中最引人注目的就是拓展了国际经济职能。克林顿的最大创新就是于1993年1月25日发布行政命令，成立了协调国际经济政策的国家经济委员会（National Economic Council）（以下简称国经会），[①] 弥补了之前国安会侧重于处理外交和安全事务的局限。为了增强国安会和国经会幕僚的协作，一些官员还拥有双重身份，同时为两个委员会工作。在国安会中，负责国际经济事务的官员也能发挥重要作用，比如财政部部长有权知悉国安会部长级委员会的会议安排，在涉及国际经济议题时必须参会。在必要时，总统经济政策顾问也可以召开部长级委员会会议。此外，克林顿政府在第三级跨部门工作小组层面上也进行了增容，增加了处理全球和多边事务、环境事务、核不扩散和核出口控制、跨国威胁、人道主义事务、国际卫生事务等职能。国际经济事务则由国安会和国经会共同处理。

虽然在组织结构上没有大的变化，但是克林顿政府的国安会面对新形势也做出了及时调整。冷战结束后，国家安全政策与国际经济政策的关系越来越密切，仅仅关注外交和传统安全事务的国安会已经无法满足制定国家安全战略的需求。在这一大背景下，克林顿政府成立了国家经济委员会，加强了其与国安会的联系合作，使前者成为国安会的有力补充。这也体现出克林顿对国内问题的关切，尤其是关注国内问题与国际问题之间的联系，譬如贸易和环境标准等。第三级跨部门工作小组的增容也反映出美国国家安全面临的更新更复杂的挑战。此外，两任国家安全顾问安东尼·莱克（Anthony Lake）和桑迪·伯杰（Sandy Berger）也在国安会的顺利运转中发挥了举足轻重的作用。

① William J. Clinton, “Executive Order 12835 – Establishment of the National Economic Council,” http://www.presidency.ucsb.edu/ws/?pid=61531.

莱克既能扮演“坦诚斡旋人”，向总统陈述各方意见，也能在与其他人意见相左时说出自己的看法，而不只是一味地当“和事佬”、营造一团和气的氛围。[①] 伯杰于1997年接任后也有效避免了国家安全顾问与国务卿、国防部长长期以来的相互拆台。[②]

小布什（George W. Bush）上台后于2001年2月13日发布了《国家安全总统指令第1号》，公布了国安会的新组织体系。[③] 从整体架构上看，其与老布什时期的国安会没有太大变化，仍然采用“斯考克罗夫特模式”的三级委员会形式，分别为部长级委员会、常务副部长级委员会和政策协调委员会（Policy Coordination Committees/PCC）。三级委员会的职能分工与前两届政府没有本质区别。不过，在第三级委员会上做文章已经成为历届总统心照不宣的默契。在裁撤了部分克林顿时期的跨部门小组后，小布什的国安会初步形成了涵盖六个地缘区域和十一个功能领域的政策协调委员会体系。如在地区上不再单独将俄罗斯与乌克兰拿出，而是划分为欧洲和欧亚、西半球、东亚、南亚、近东和北非、非洲。在功能领域上，除了裁撤了克林顿时期设置的国际卫生事务等小组外，还细化或增添了新的领域，如国际金融、反恐和国家准备、情报与反情报等。此外，在“9·11”事件后，根据2004年出台的《情报改革和反恐法案》，[④] 中央情报总监一职被新设的国家情报总监取代，后者成为美国整个情报体系的负责人，在国安会中也取代了中央情报总监（中央情报局局长）的位置。

贝拉克·侯赛因·奥巴马（Barack Hussein Obama）上任后，国

① Anthony Lake, *6 Nightmares* and Boston: Little, Brown, 2000, pp. 131 - 132.

② John F. Harris, “Berger’s Caution Has Shaped Role of U. S. in War,” *Washington Post*, May 16, 1999.

③ The White House, “NSPD 1 - Organization of the National Security Council System,” http://www.fas.org/irp/offdocs/nspd/nspd-1.htm.

④ The Senate and House of Representatives of the United States of America in Congress assembled, “Intelligence Reform and Terrorism Prevention Act of 2004,” http://www.gpo.gov/fdsys/pkg/PLAW-108publ458/pdf/PLAW-108publ458.pdf.

安会在人员组成上有所调整。首先是法定成员出现了细微变化，国家情报总监取代中央情报局长成为国安会的法定顾问，能源部长新增为法定成员。非法定成员以及其他受邀参加国安会会议的成员也与布什政府时期略有不同，除财政部长、国土安全部长、白宫办公厅主任和总统国家安全事务助理之外，奥巴马还将美国驻联合国代表和司法部长囊括进来（小布什政府只是邀请司法部部长参加与司法问题相关的会议）。同时，根据奥巴马的指令，白宫法律顾问可以参加所有国安会会议。[①] 此外，涉及相关议题时，其他机构的重要官员也可以参加部长级委员会会议。奥巴马政府国安会的整体架构与上届政府相比也仅有微小调整，基本沿用了“斯考克罗夫特模式”。一个相对突出的变化是，奥巴马新设立了白宫网络安全办公室和网络安全协调专员一职，并将其人员纳入国安会和国经会团队。另一重大调整则是将国土安全办公室并入国安会体系。[②]

尽管国安会组织和官员的名单总是越写越长，但是奥巴马仍然算得上是扩容最大的一位总统，其定义的国家安全领域涵盖了经济、气候、环境和网络安全等各方面。[③] 国安会的组织变化也反映出国家安全战略思维的转变，能源安全和国内安全成为奥巴马政府国家安全战略的重中之重。新设立的网络安全协调专员一职可谓奥巴马在新形势下审时度势、为国安会增容的重要一步，折射出对网络安全的高度重视和积极的网络防御策略。但是网络安全协调专员的设立无形中在白宫内新增了一位“政策沙皇”（Policy Czar），不仅损害了国会有效监督网络空间治理行为的能力，而且对解决各部门间的扯皮也并无益处，反而混淆了部门权责，破坏了之前在网络空间治理领域的努力。

① The White House, “Organization of the National Security Council System,” http: //www. fas. org/irp/offdocs/nspd/nspd - 1. htm.

② Josh Meyer, “Obama Merges Homeland, National Security Staffs,” http: //articles. latimes. com/2009/may/27/nation/na - security27.

③ Karen DeYoung, “National Security Structure Is Set,” http: //articles. washingtonpost. com/2009 - 02 - 27/news/36824223 _1 _counterterrorism - adviser - president - obama - homeland - security - council.

国土安全办公室并入国安会也结束了之前国家安全和国土安全事务上的“分治”，将国土安全整合进美国国家安全的大框架内。不过，固守“斯考克罗夫特模式”也使得奥巴马任内的国安会没有解决一直以来存在的弊病，包括部长和常务副部长委员会的成员没有时间积极参与国安会机制、跨部门委员会的成员缺少足够权力、国安会的其他工作人员缺乏影响力等，最终导致国安会机制无法制定出综合全面的战略规划。

唐纳德·特朗普（Donald Trump）在全盘保留三级委员会的基础上亦有所调整。一方面，特朗普没有改变三级委员会的层级决策协调机制。在层级和主导权上，依然下设三级委员会，分别由国家安全顾问召集并主持部长级委员会，由副国家安全顾问召集并主持常务副部长级委员会，由国安会的相关高级官员或者常务副部长级委员会指定的其他官员来灵活主持助理部长级的政策协调委员会。职能上，部长级委员会是高级别跨部门政策研究机制，负责审查、协调和监管国家安全政策的制定和执行；常务副部长级委员会负责审查和监督跨部门小组的工作进程，就国家安全政策的制定和执行建言献策；政策协调委员会则根据问题的地域和领域划分职责，主要负责日常的跨部门协调工作，向上级委员会提供政策分析，及时回应总统决策。

另一方面，特朗普略微调整了三级委员会的人员构成。其一，前首席战略顾问斯蒂芬·班农（Stephen Bannon）一度跻身为固定成员，获得与部分内阁官员“平起平坐”的地位；其二，国家情报总监、参谋长联席会议主席不再是国安会会议的固定成员，只是当“会议与其职责相关时”被邀参会。但是两项调整甫一提出就遭到国家安全界的大肆批评。在承受了巨大压力后，白宫不得不出面澄清，国家情报总监和参谋长联席会议主席仍将拥有固定成员地位，随时可以列席会议。赫伯特·麦克马斯特（Herbert McMaster）接任国安顾问后着力理顺国安会机制，宣布班农不再是国安会固定成员，力图重新恢复国安会决策中枢的作用。[1] 约翰·博尔顿（John Bolton）接手后，国安会机制稍显稳定，但其个人风格过于鲜明。由于博尔顿与特朗普在外交政策上的分歧难以调和，2019 年 9 月 10 日，特朗普宣布解雇博尔顿；9 月 18 日，特朗普宣布罗伯特·奥布莱恩（Robert O'Brien）成为新任国家安全顾问，在执政不到三年时间里更换三任国家安全顾问，创下美国历史上的新纪录。

小结　几点思考

纵观七十多年来美国国安会的风云变幻，以下几点值得思考：

第一，美国国安会的发展模式并非一成不变，而是在曲折中摸索前进。每一任总统的国安会都存在模式上的个体差异，国安会受到的重视程度也不尽相同。其中，有两届政府的国安会可以被视为划分发展阶段的重要节点。

一是艾森豪威尔任内的国安会，其模式代表了国安会成立后机构化的巅峰。在此之前，杜鲁门执政时期的国安会处于摸索和试错阶段。直到朝鲜战争爆发后，杜鲁门才逐渐重视国安会，形成了自己的风格。艾森豪威尔则自始至终都十分重视国安会的机构建设。他认为国安会不仅应用来制定政策，还应用来规划政策，因而新设国家安全事务特别助理一职，并设立了计划委员会和行动协调委员会。两个委员会的运作都遵循正式流程，产生了大量的政策文件。虽然“艾森豪威尔模式”标志着国安会的正式化和机构化，但其在后期也部分失去了应有的政策创造性和组织活力。

在艾森豪威尔之后的近三十年的发展历程中，国安会的发展并没有形成足够清晰的脉络，而是反复在不断调适中寻找新定位，沦为体现历届总统个性的舞台。肯尼迪任内的国安会流程松散随意，没有固定的开

---

① Ivo H. Daalder & James M. Lindsay, *The Empty Throne: America's Abdication of Global Leadership*, New York: PublicAffairs, October 2018, p. 73.

会时间，政策制定主要基于临机应变，缺少政策制定所需要的战略连续性。在尼克松任内，国家安全顾问的权力不断膨胀，国安会的地位也随之超越国务院，成为参与政策制定的主要力量。卡特政府在国安会幕僚和国务院之间游移不定。里根则对建立一个流程清晰的国安会机制兴味索然，导致国安会不被重用，出台的政策支离破碎、没有延续性。在这段时间内，国安会从肯尼迪时期的松散状态上升到尼克松时期的权力高位，随后又滑落至里根政府时期混乱无序的低谷。国安会的职能定位和身份也一直摇摆不定。之所以出现这种起伏波动，一方面与美国不同时期面临的国家安全形势有关，另一方面则受到总统执政理念、领导风格以及国家安全顾问本人的地位和人际关系等因素的影响。例如，肯尼迪不喜欢国安会的官僚风格，认为其应当更为灵活和个人化。其间，不同的国安会模式也影响了美国国家安全战略的制定和实施。①

二是老布什任内的“斯考克罗夫特模式”影响深远，成为之后历届国安会的样板。相比肯尼迪灵活性强、组织力弱的国安会模式，“斯考克罗夫特模式”在组织稳定性上有了巨大进步。其按照职级划分的纵向三级委员会规定了政策协调的流程，此后的政府也基本沿袭了这一架构，只是在具体的委员会设置上进行调整。然而，三级委员会的模式已经越来越难以满足美国国家安全政策制定的现实需求，弊病逐渐暴露。② 在三级委员会中，有的成员另有自身部门的全职工作，对国安会工作投入的精力不足。对于那些在国安会工作的专职人员来说，又缺乏在其他部门的工作经验，协调政策能力欠佳。

第二，国安会的模式变化证明，只有在总统的个人领导下，美国才有可能实现全球事务上的政策协调。也就是说，总统个人的行事作风、管理风格以及对国安会的重视程度决定了国安会所能发挥的作用。总统

---

① 傅梦孜和袁鹏认为，国安会最受冷落之时，也是美国决策者处于明显被动之际，如在这一时期发生的“猪湾事件”、越战、“伊朗门”丑闻等。详见傅梦孜、袁鹏：《美国国家安全委员会》《国际资料信息》，2001 年第 10 期，第 6 页。

② Paul D. Miller, “Organizing the National Security Council: I Like Ike's,” *Presidential Studies Quarterly*, Vol. 43, No. 3, September 2013, p. 595.

特别审查委员会在1987年总结“伊朗门”事件的教训时就已指出，国安会的失败与国安会的组织模式无关，而是与总统没能正确地使用国安会有关。① 根据对待国安会的工作态度的不同，可以划分出两类总统参与国安会的理想模式：一类是总统主导下的国安会模式。总统事必躬亲，积极参与国安会日常工作以及制定、实施国家战略的各环节。另一类则是国务卿主导的国安会模式。总统虽身处高位，但只掌握政策决定权，不愿意参与国安会的日常工作，倾向于让国务卿代表总统影响外交政策的整体走向。

第三，国安会核心人员如国家安全顾问的表现及其与总统的关系也在一定程度上决定了国安会模式的成功与否。国家安全顾问是总统的助理，倘若其与总统关系亲密，得到总统的支持，那么国家安全顾问对其他官员的影响力就会更强。国家安全顾问的定位不应只是将各部门文件汇总递交总统的“中立斡旋人”，而应当发挥“坦诚斡旋人”的作用，帮助总统协调各部门的意见，避免陷入“公说公有理，婆说婆有理”久议不决的局面。② 另外，国家安全顾问应该作为总统的全权代表主持国安会，这也必须得到其他部门负责人的认可。这一角色安排必须出自总统的意愿，而不是国家安全顾问的个人野心，只有这样其才能更有效地开展工作。在特殊情况下，国家安全顾问应代表政府发声。这么做的前提是总统已经清晰地确定了政策方向，而且国家安全顾问能够真正代表总统的意见。此外，还必须保证其他政府部门不会唱反调。

国家安全顾问应该在国安会的危机管理机制中发挥关键作用。在以总统为主导的国安会中，国家安全顾问能够掌控危机处置的进程，

---

① Tower Commission, “Tower Commission Report Excerpts,” http://www.presidency.ucsb.edu/PS157/assignment%20files%20public/TOWER%20EXCERPTS.htm#PartIV.

② 有关国家安全顾问“中立斡旋人”和“坦诚斡旋人”角色的论述，可参见 John P. Burke, “The Neutral/Honest Broker Role in Foreign - Policy Decision Making: A Reassessment,” *Presidential Studies Quarterly*, Volume 35, Number 2, 2005, pp. 229 - 258.

而在国务卿主导的模式下，国家安全顾问只能够协调进程，充当国务卿的配角。由于最终决定都是由白宫做出，加之重要信息会直接传送到战情室，如果国家安全顾问不在其中发挥主要作用，政策制定往往会出现差错。[①]

过于强势的国家安全顾问会影响国安会的正常运作，权力过于萎缩的国家安全顾问也无法有效管理国安会。例如，肯尼迪时期的麦克乔治·邦迪（McGeorge Bundy）就不再只是把各方建议传达给总统，而是积极参与政策辩论。然而，如果国家安全顾问与总统关系疏远或者没有足够的权力，那么就会发现自己会时常遭到其他高级官员的挑战。换句话说，与总统关系的好坏和自身权力的大小决定了国家安全顾问在决策机制中的话语权。一旦其他官员不配合国家安全顾问的工作，甚至故意制造矛盾与冲突，那么国安会的正常运作就会受到冲击。因此，国家安全顾问必须对自身有准确的定位。

第四，国安会在美国国家安全政策的协调和制定中发挥了关键作用。尽管每一届政府的国安会多少都存在弊病，但是这一政策协调机制在不断的变化中为美国的政策制定做出了不少贡献。当今世界，越来越多的国家意识到顶层协调机制在国家安全战略制定中的重要作用，而美国国安会的历史经验和教训也可供其他国家借鉴。根据历史经验和美国国家安全面临的不断变化的现实挑战，美国国安会注定不会止步不前，仍将与时俱进、经历新的调整。美国国安会的未来究竟是在原有基础上的有限调整，还是大刀阔斧的机制改革，这个问题也仍然值得关注。

① Zbgniew Brzezinski, "The NSC's Midlife Crisis," *Foreign Policy*, No. 69, 1987 – 1988, p. 96.

第一章

杜鲁门：国安会的初生

在准备一场全面战争时，我们要怎么做才不会变成一个堡垒国家，不会摧毁那些原本打算维护的德性和原则？

——《纽约时报》评论作家汉森·鲍德温
1947 年于其新作《权力的代价》①

国家安全委员会是我的委员会，我希望所有人都能和谐共事，也不要有任何自以为“头牌”的想法。

——美国第 33 任总统哈里·杜鲁门
1947 年 8 月 8 日于美国国安会第一次会议②

第一节　恭逢创世之时

1945 年 4 月 13 日，哈里·杜鲁门（Harry Truman）从执掌白宫将近 13 年半的富兰克林·德拉诺·罗斯福（Franklin D. Roosevelt）手中突然“继承”了一个刚刚获得世界霸权的美国，这对新总统本人而言可谓亦喜亦忧。喜的是第二次世界大战眼看要走到尽头。纳粹德国

① Hansan Baldwin, *The Price of Power*, New York: Harper, 1947, pp. 153 - 155.

② “Memorandum for the President, Aug. 8, 1947; agenda of NSC meetings attended by President Truman,” Walter Millis, ed., *The Forrestal Diaries*, New York: Viking Press, 1951, p. 320.

已经是风中残烛，欧洲战事很快就要终结。日本虽然还在太平洋的各个岛屿上负隅顽抗，但是在雅尔塔会议上，苏联已经承诺将在西线的战斗结束后对日两面夹击。一个新世界的黎明已经初现晨曦，作为最大胜利者的美国终于能够一扫二十多年前伍德罗·威尔逊（Woodrow Wilson）推广美式国际秩序功败垂成的阴霾，按照自身的愿望重新规划世界。在这一过程中，白宫的主人无疑将收获巨大的荣誉。事实上，不要说是美国总统，就连在当时还仅仅是助理国务卿的迪安·艾奇逊（Dean Acheson）都对自己能够参与这一新的“创世纪”而自鸣得意，毫不客气地将回忆录命名为《恭逢创世之时》（*Present at the Creation*）。虽然如何利用巨大的优势和崇高的地位也会让人烦恼，不过这终归是“幸福的烦恼”。

忧的是过去三年中最重要的盟友——苏联。此时的杜鲁门对于罗斯福、温斯顿·丘吉尔（Winston Churchill）和约瑟夫·斯大林（Joseph Stalin）在雅尔塔会议上达成的关于战后欧洲版图和势力范围的“百分比协定”还毫不知情。杜鲁门是一个第一次世界大战的老兵和坚定的南部新政主义者（New Dealer），支持罗斯福与威尔逊一脉相承的自由国际主义，但是他不大关心外交事务，也不是罗斯福的圈内人，并不清楚后者已经和斯大林做了好多笔“现实主义”的交易。这些交易简单说来就是用东欧国家的命运来换取美国人的更少牺牲和苏联人对美国设计的新的国际制度的支持。虽然白宫的“内圈”早已决心将波兰和捷克斯洛伐克等国“出卖”，但是表面上却不敢向“外圈”和美国公众透露，只能和苏联心照不宣地表示在战后要尊重东欧各国的“自由选举”和选举产生的政府。除了政治上的亲信，支持罗斯福“亲苏”路线的还有政府内的“左翼”人士，例如前副总统、商务部长亨利·华莱士（Henry Wallace），以及美国陆军——身为欧洲盟军总司令的德怀特·戴维·艾森豪威尔（Dwight D. Eisenhower）就多次拒绝丘吉尔让美军尽可能向东挺进的建议，坐等苏联按照约定进驻东欧。[①] 随着罗斯福去世和战争结束，这一路线的支持者阵营就立即土崩瓦解了。反对这一路线的右派、国务院的几乎所有职业官僚和美国海军的影响逐渐抬头。在杜鲁门眼中，他看到的是一个不守约定、恫吓其他小国、竭力扩张共产主义的苏联，必须予以坚定“教训”。但是，又不能背上主动破坏战后和平和第二次世界大战中形成的“大国一致”的骂名。

不过，虽然苏联问题看上去越来越紧迫，杜鲁门对于美国的能力仍然非常自信。在波茨坦会议前，他声称未来的世界会由美国和苏联共同领导，但是美国至少有85%的发言权，苏联只有区区的15%。[②] 不过，出于不同原因，美国的很多人并不那么自信。随着美苏之间的争执日益频繁和激烈，很多人担心一场更具破坏性的第三次世界大战很可能在两国之间爆发。为此，有的美国人主张要“为全面战争做全面准备”；[③] 而有的则大声疾呼美国不能在竞争中本末倒置，要警惕在战备中堕落为公民权受限、国家为暴力精英掌控的“堡垒国家”（Garrison State）。[④] 作为南方人的杜鲁门虽然自信，但是并不盲目，从未忽视这种“政治退化”的风险。在从战后到冷战再到热战的过程中，他治下的白宫特别是预算局（Bureau of Budget/BOB）始终高度警惕军事和安全部门对民选总统权力的侵蚀，一直坚持将增进福利国家建设的公平施政（Fair Deal）放在扩军备战之前，强调用预算“天

① 关于罗斯福“表里不一”的对苏政策及其对“反苏派”的压制，参见 Daniel Yelgin, *Shattered Peace: The Origins of the Cold War and the National Security State*, Boston: Houghton Mifflin, 1978; George F. Kennan, *Memoirs, 1925 – 1950*, Boston: Little Brown and Co., 1967。

② Harry Truman, *Years of Decisions*, *Memoirs Vol. 1*, New York: Doubleday & Company, Inc., 1955, p. 75.

③ “全面战备”派的代表人物是时任海军部长、美国第一任国防部长詹姆斯·福莱斯特和《1947年国家安全法》雏形《埃伯斯塔特报告》的执笔人费迪南德·埃伯斯塔特（Ferdinand Eberstad）。参见 Arnold A. Rogow, *James Forrestal: A Study of Personality*, New York: The Macmillan Company, 1963, p. 299.

④ Harold D. Lasswell, “The Garrison State,” *American Journal of Sociology*, Vol. 46, No. 4, 1941, pp. 455 – 468.

花板”来控制军事部门的支出和膨胀。[1] 在外交事务上，除了与以色列建交等极少数问题之外，杜鲁门都会让在战争期间饱受军方压制的国务院“放手去干”，这使得其外交政策具有强烈的进攻色彩。但是与此同时，杜鲁门本人和其他战略设计者——例如遏制政策之父乔治·凯南（George F. Kennan）——在很长一段时间内（朝鲜战争爆发前）都愿意相信，单凭美国的经济能力和军事潜力就足以威慑苏联的武力扩张，不需要大搞军力建设来支撑进攻性外交政策。这种“目的”和“手段”之间的“缺口”正是杜鲁门的国际安全战略的鲜明特征。[2]

1947 年英国放弃了对希腊和土耳其的安全承诺，1948 年发生了捷克斯洛伐克政变和第一次柏林危机，1949 年美国“丢失中国”，与此同时苏联的原子弹试验成功，打破了美国的核垄断。唯一的好消息是，尽管外部环境日益紧张，最为关键的西欧重建进展顺利。自 1949 年起，国务院中保罗·尼采（Paul Nitze）这样的强硬派一直在宣扬美国“政策受限，只能削足适履。只有当手段得到增强时，我们才能考虑更多更有力的政策选择”。他所说的手段实际上就是军事力量。[3] 尽管尼采争取到了因为“丢失中国”而饱受压力的国务卿艾奇逊的支持，但是他起草的旨在大规模扩张军备的国安会 68 号文件却始终没能得到白宫的首肯。就在保罗·尼采因为一轮又一轮的跨部门评估而心灰意冷之际，朝鲜战争的爆发拯救了他和国安会 68 号文件。战争的爆发似乎雄辩地表明战备派的意见是正确的，缺少立即可用的常规

---

① 这一时期美国的各个政治力量都以维护美国的自由为名推进各自偏好的政治议题，代表了不同的认识传统。参见 Michael J. Hogan, *A Cross of Iron: Harry S. Truman and the Origins of the National Security State 1945 ~ 1954*, Cambridge: Cambridge University Press, 2000。

② Melvyn P. Leffler, *A Preponderance of Power: National Security, the Truman Administration and the Cold War*, California: Stanford University Press, 1992, pp. 499 - 502.

③ Ernest May, *American Cold War Strategy: Interpreting NSC 68*, Boston and New York: St. Martin's Press, 1993, p. 98.

军事力量鼓励了苏联采取冒险政策，其支持的在朝鲜半岛的大胆行动更是暴露了美国的虚弱。一方面为了弥补政治损失，另一方面又被苏联“上了一课”，杜鲁门从此成为了尼采、艾奇逊和国安会68号文件主张的大规模军备的支持者。1950—1953年是美国军队真正摆脱“大规模动员和复员”这一传统的起点，开始在和平时期维持大量的常规军事力量，打起了代价高昂却又不符合其民族气质的“有限战争”。[①] 就这样，杜鲁门用自我否定的方式填补了战略目的和手段之间的“缺口”。

1945—1952年，美国的冷战战略以朝鲜战争为界线呈现出“泾渭分明”的特点，这决定了1947年诞生的国家安全委员会在不同时期的角色也截然不同。在朝鲜战争前，杜鲁门对国家安全委员会的关注重点是限制军事部门的“膨胀”，防止以海军为代表的军备派通过这一机制“绑架”总统。其要点是降低这一委员会本身的重要性，保证该机制的实际运作掌握在“跟着白宫走”的官员手中。而在朝鲜战争爆发后，齐聚着外交、安全和军事部门首长的国安会开始走红，迅速扮演起战时内阁兼总司令参谋部的角色。仅从1950年3月—6月，杜鲁门政府就通过国安会发布了97项命令，其效率翻了接近三番。[②] 美国国安会这一段曲折的初生史清楚地表明，国安会的地位和运作也是对白宫的整体国际安全战略的反映。不理解一个时代的美国战略，一般也很难理解作为安全决策枢纽的国安会的机制变迁，这也是之后章节将要不断重复的主题。

---

① David T. Fautua, “The Long Pull Army: NSC 68, the Korean War, and the Creation of the Cold War U. S.,” *The Journal of Military History*, Vol. 61, No. 1, 1997, pp. 115 – 118.

② 夏尔－菲利普·大卫著，李旦、王健、徐翊等译：《白宫的秘密》，北京：中国人民大学出版社，1998年版，第128页。

第二节 军政不协

虽然国安会的功能变迁能够反映美国国际安全战略的变化，但是对于后者而言，国安会的存在却并非必须，更非注定能够“长命百岁”。要知道，和国安会同时诞生的、负责统筹安全和产业政策的国家安全资源委员会（National Security Resource Council）很快就因为频繁内斗和无事可做而寿终正寝。总体看来，国安会在 1947 年的诞生具有其功能上的必要性，这是因为当一国开始领导甚至改造世界时，总是需要考虑如何在各个政府部门间形成合力，总是要建立某种“枢密”机制。但是如果仔细观察 1945 年到 1947 年的历史，就会发现国安会诞生的偶然性色彩也同样突出。它不是白宫、国务院、美国海陆军以及国会等任何一方在战后国家安全机制建设中的关注焦点。在很大程度上，国安会不过是海军为了应对白宫和陆军的压力而抛出的政治正确的“干扰弹”。但是正如“偶然中的必然”所言，国安会的产生虽然是官僚内斗的偶然结果，但是由于内在的合理性，其一旦出现就展现出了顽强的生命力，而非像很多同类官僚机构那样迅速消亡。

美国国安会的本质职能是协调各部门的海外行动。之所以如此，一是因为在海外的行动不像在国内那样有着清晰的职权界限，很难判定一项外交、军事甚至是经济行动应当归属于哪一部门，通常这些活动还会产生涉及多个部门的影响；二是因为如果各部门能够互相配合、协调各自的资源和政策，那么一个部门所执行的国际外交、军事或者经济政策能够取得更好的效果，同时也能降低各部门在同一个议题上的“重复投资”，防止不同部门的政策相背而行、互相抵消。显然，这是一个行政组织上的老问题。当美国海军开始在 20 世纪初随着美西战争走出国门时，这一问题就已然出现。从美西战争到第一次世界大战结束，美国国家安全政策的协调主要发生在海军部（Department of Navy）、战争部（Department of War）和国务院之间。但是这种联络主要依靠的是各部门首长间的信件交流，部门行动仍然是独自进行——在华盛顿海军会议期间，美国国务卿查尔斯·埃文斯·休斯（Charles Evans Hughes）甚至不愿意海军部派员随行，各部门的意见也是各自独立地提交给总统。因此，直到 20 世纪 30 年代中期，美国的国家安全部门之间还停留在“书信协调”（Coordination - by - Letter）阶段，几乎不存在有效的政策协调机制。[①] 在这一时期的外交政策协调中，国务院是主要责任人。由于国务院的立法明确规定了国务卿是总统外交事务中的“首席顾问”（Principal Advisor），因此历任国务卿都不愿意和军事部门分享外交政策的知情权，更遑论让后者参与。

这一状况一直到科德尔·赫尔（Cordell Hull）执掌国务院时才有所改变，由于德日法西斯在国际舞台上日益咄咄逼人，这位国务卿开始关心陆军和海军的军事战略问题。在赫尔的推动下，1935 年成立了由副国务卿（Undersecretary of State）、陆军参谋长（Army Chief of Staffs）和海军作战部长（Chief of Naval Operations，相当于陆军参谋长）组成的常设联络委员会（Standing Liaison Committee），这也是美国历史上第一个正式的跨部门协调机制。[②] 不过，这一机制并没有起到赫尔设想中的作用。一方面是因为参与者级别不够高、“下级难以协调上级”，同时也没有独立的人员和资金支撑；另一方面则是因为罗斯福根本不希望国务院真正参与到军事政策中来。1943 年，常设联络委员会被由国务卿、陆海军部长和参谋长组成的战争委员会（War Council）取代。无论是在前者还是后者之中，国务院都属于“靠边站”的状态。在整个第二次世界大战期间，国务院都被排除在最高级别的决策之外。[③] 相反，职业军人大受青睐，罗斯福经常跳过陆海军

---

① Ernest R. May, “The Development of American Political - Military Consultation in the United States,” *Political Science Quarterly*, Vol. 70, No. 2, 1955, p. 165.

② “George H. Dear and Claude A. Swanson to Cordell Hull, Nov. 26, 1935; Hull to Dern, Nov. 27, 1935,” WPD 3887, General Records of the War Department, National Archives.

③ Dean Acheson, *Presentation at the Creation*: *My Years in the State Department*, New York: W. W. Norton & Company, 1987, p. 88.

部的文职长官与将军们直接联系。战争委员会在很大程度上不过是一个公布由军方拟定、总统首肯的战略的舞台。联络各国政府的是德怀特·艾森豪威尔（Dwight D. Eisenhower）、约瑟夫·史迪威（Joseph Stilwell）、阿尔伯特·魏德迈（Albert Wedmeyer）这样的将军。例如，美国军方在第二次世界大战中就曾经绕过国务院，直接向葡萄牙政府发出了获取亚速尔（Azores）基地的通牒，丝毫没有考虑葡萄牙是英国的盟国。为此，时任驻里斯本领事的凯南只能直接向罗斯福求助，以免军方的行动让美国外交政策陷入尴尬。① 可以说，美国国家安全部门从书信协调"进化"到会议协调（Coordination - by - Conference）之后，才发现这一机制不过是一个摆设。当然，在战争中文职部门遭遇"冷落"完全可以理解，但是这种现象确实损害了美国的安全战略。②

不过，对军方在战争中的"颐指气使"也不应过于苛责，毕竟外交部门在大战之间和之后的表现记录也不见得更好。在度过了"碌碌无为"的战争时光后，国务院的影响和权势在战后迅速反弹，这被冷战史学家约翰·加迪斯（John Gaddis）称为这一时期美国决策机制的最突出特征。③ 杜鲁门甚至一度打算将原本由白宫直接管理的战略服务办公室（Office of Strategic Service）的职责和人员——也就是日后中央情报局（Central Intelligence Agency/CIA）的基本框架——转交给国务院，由国务院牵头美国的情报统合。④ 不过，在战后得势的国务院

---

① George F. Kennan, *Memoirs, 1925 - 1950*, Boston: Little Brown and Co., 1967, p. 153.

② 在二战期间还存在另一军政协调机制，就是1944年成立的国务院 - 陆军 - 海军协调委员会（State - War - Navy Coordination Committee, SWNCC），该机制负责对德国、日本的占领和管理政策。由于属于战争末期、涉及媾和问题，国务院发挥的作用更大。但是相关占领事务仍然主要由陆军部民政事务局（Civil Affairs Division）主导。

③ John Lewis Gaddi, *Strategies of Containment: A Critical Appraisal of Postwar American National Security Policy*, New York Oxford: Oxford University Press, 1982.

④ Dean Acheson, *Presentation at the Creation: My Years in the State Department*, pp. 159 - 160.

旧态复萌，他们最初对和军事部门共享外交决策过程毫无兴趣，也不关心美国的军事力量构成和作战计划的拟定。事实上，直到国家安全委员会这一概念已经被提出一年多之后，国务院才第一次向白宫报告他们对《国家安全法》草案第四稿的看法。前陆军参谋长、国务卿乔治·马歇尔（George Marshall）代表国务院表示建立国家安全委员会将削弱总统和国务卿在外交政策制定中的地位，质疑后者将成为“委员会的玩偶”。其指出《国家安全法》应该删除关于国安会的内容，仅仅研究军事部门的内部统一问题。[①]

在1947年《国家安全法》通过前，美国的各个政府部门都曾经或者正在抱怨国家安全政策协调不畅，各部门的行动互相抵牾。从实际表现来看，这种不协调也确实带来了很多无谓的麻烦和内耗。但无论是哪一方，在本部门得势之时，又大多丧失了建立有效协调机制的动力，并不愿意“成人之美”。本来，按照这种规律，国家安全委员会的建立可谓遥遥无期。但凑巧的是，1945年后的一场白宫、国会、陆军、海军之间的“官僚战争”却意外地让国家安全委员会得以成形。这场意外使得国家安全委员会虽然在很长时间内仍然没有“灵魂”，但是至少有了可以成长的“肉身”。

第三节 “福莱斯特的报复”

1945年的杜鲁门很清楚，他想要的不是一个由国家安全要员组成的大权在握的委员会。这种委员会不仅没有多大用处，而且还蕴含着侵蚀总统职权的危险。杜鲁门真正想要的是一个统一的国防部，这一新机构能够在军队内部形成统一的预算和战略规划体系，将白宫从陆军、海军和即将独立的空军之间的预算战争中解放出来。这样做在政

① “Memorandum from Secretary of State to President,” Papers of Clark M. Clifford, in University of Publication of America, ed., *Documentary History of The Truman Presidency, Volume 10 President Truman: Fight to unify the Armed Services 1945～1949*, 1996, Doc. . 48.

治上可以“一劳永逸”地“以军队对抗军队”，在预算问题上将白宫和军队之间的矛盾转移为军队内部特别是职业军人之间的矛盾，打破“陆军和海军的高级军官们控制陆、海军部甚至两院的军事委员会的习惯”。这样一来，在经济上可以通过合并、削减不同军种同类项目的方式来实现国防预算的缩减。① 在担任参议员期间，杜鲁门就领导过一个国会委员会来调查陆军和海军在国内后勤、征兵和研发中的“重复建设”问题，因此在担任总统之后他立即雄心勃勃地拉开了“军种统一”（Unification of Service）的大幕。

杜鲁门的国防改革方案得到了陆军和当时依然属于陆军部管理的空军的大力支持。之所以如此，总体上是因为陆军和海军在征召人员、筹集后勤物资、争夺军工生产中矛盾日渐加深，产生了很多不必要的摩擦和浪费。就单个问题而言，最突出的矛盾是空军和海军航空兵的发展存在明显重叠和竞争，在战争结束后的预算分配上显然“一山不容二虎”。因此，早在 1943 年海军和陆军就设立专门委员会来调查“军种统一”的可能性。该委员会在战争即将结束的 1945 年 4 月 11 日正式得出了一份多数派报告和一份少数派报告。多数派报告支持陆军的观点，主张建立一个由内阁级别的文职部长领导的行政部门统一管理陆海空三军，三军参谋长共同制订战略规划，统一的国防部将在统一战略规划的基础上向总统提出统一的军事预算。② 在 1945 年 10 月 30 日基于多数派报告正式提出的柯林斯方案（Collins Plan）中，陆军还进一步提出设置一名总参谋长来代替参谋长联席会议。③ 其核心可以归纳为“一个部门、一名部长、一个总参谋长”，要将长期处于分散状态的美国军事部门整合为一。

---

① Harry Truman, *Years of Decisions*, *Memoirs Vol. 1*, New York: Doubleday & Company, Inc., 1955, p. 88.

② Michael J. Hogan, *A Cross of Iron: Harry S. Truman and the Origins of the National Security State* 1945 ~ 1954, p. 3.

③ “Major Proposals for Unification, 1944 ~ 1947,” *The Department of Defense Documents on Establishment and Organization* 1944 ~ 1978, Office of the Secretau of Defense Historical Office, p. 52.

对于总统和陆军的要求，海军及其政治盟友感到不安甚至恐惧，他们认识到在统一的国防部门中，海军将丧失现有的独立预算和战略制定权，这就失去了将海军利益最大化的最主要保障。因此，以海军部长詹姆斯·福莱斯特（James Forrest）为代表的海军部门竭力反对白宫和陆军的主张，坚持陆、海、空三军相对分离的战略规划和预算管理体系不变。为此，他们还有意识地将制度改革的焦点由军种统一转移到更广泛的军政协调上来。① 1945 年 10 月，福莱斯特及其盟友“先发制人”，在国会提出了海军版本的国防改革方案——《埃伯斯塔特报告》，这份报告日后也被视为美国冷战时期国家安全建构的最重要文件。该报告明确宣称：“现有体系承受住了历史上最庞大的战争的考验……而一位任职时间有限的文职部长能否成功管理军种统一后庞大而复杂的军事体系，这十分值得怀疑。”报告批评军种统一的相关方案既不能充分满足各兵种发展需要，又忽略了军事部门和其他部门缺少联系的问题。针对这一弱点，报告转而提出在大致维持现有军种体系不变的情况下，设立由总统担任主席的国家安全委员会，该委员会负责协调和制定整体外交和军事政策，拥有在军事预算上的审查与建议权，以此确保美国外交政策有充足的军事力量作为支撑。报告建议该委员会设立常设秘书处，新成立的参谋长联席会议和中央情报局应当直接向其汇报。此外，还要建立包括国家安全资源委员会在内的协调工业和军事政策、各军种军事训练和教育、军需供应和科技研发的一大批委员会。② 对于杜鲁门而言，建立国安会的倡议犹如福莱斯特对于前者力主的军种统一的“报复”，设置这一机构在各方面都与杜鲁门的初衷相左。③ 要知道，讨论中各个版本的国家安全委员会

① “Letter From David Walsh to Forrestal, May 15, 1945”, Papers of George M. Elsey, *Documentary History of The Truman Presidency*, *Volume* 10 *President Truman*: *Fight to unify the Armed Services* 1945 ~ 1949, 1996, Doc. 4.

② “Eberstadt Report,” Papers of George M. Elsey, *Documentary History of The Truman Presidency*, *Volume* 10 *President Truman*: *Fight to unify the Armed Services* 1945 ~ 1949, 1996, Doc. 4.

③ 夏尔-菲利普·大卫：《白宫的秘密》，第 61 页。

成员只有军事部门的文职部长和参谋长，代表文职部门只有总统本人和国务卿。可想而知，如果该委员会真的拥有《埃伯斯塔特报告》中所列举的权限，其最终结果很可能就是国防预算的扩张。

虽然白宫并不喜欢建立国安会的想法，但是这一议题毕竟只是一个“干扰弹”，并不是1945—1947年国家安全改革大辩论的焦点。之后，陆军和海军就两个版本的改革方案打起了激烈的立法和舆论战。最终，捍卫“命运攸关”的自主权的海军占据上风，迫使陆军和白宫都做出了让步。1947年1月27日，陆军和海军正式达成了“帕特森—福莱斯特妥协”（Patterson Forrestal Compromise），形成了六点共识。共识同意设立一个国家军事部门和文职国防部长，但是该部门并非法律意义上的行政部门，国防部长手下也没有副部长和助理部长辅佐，陆军、海军和新设立的空军部仍然拥有独立的预算权和内阁地位；不再设立总参谋长，而是保留遵循协商一致原则的参谋长联席会议；最后，同意设立国家安全委员会和中央情报局。[①] 这一妥协的达成标志着海军在军种统一斗争的这一回合中大获全胜，基本上满足了其所有核心诉求，而新成立的国家军事部门（National Military Establishment）不过是一个“不伦不类”的怪胎。相对的，他们也并不在意讨价还价的过程中，国家安全委员会的最初想法已经被修改的“面目全非”。

在1947年7月最终通过的《国家安全法》（National Security Act）中，军事部门在国家安全委员会的地位、国家安全委员会在整个安全决策中的职权都遭到了削弱。首先，国防部长不再同时兼任国家安全委员会的秘书长（相反是任命一位专职的文职执行秘书），也没有得到“总统安全政策首席顾问”的法律定位，这是为了防止国安会被掌握在军事部门手中。其次，国安会被明确定位为总统的咨询而非决策机制，绝非是第二次世界大战中日本御前会议式的集体决策机构，没

① “Release to Robert Patterson and James Forrestal from Truman,” Papers of Stuart Symington, *Documentary History of The Truman Presidency*, *Volume* 10 *President Truman*: *Fight to unify the Armed Services* 1945 ~ 1949, 1996, Doc. 43.

有任何实际的决策和管理权。此外，国会还限制了国安会的参与人员，明确规定除了国务卿、国防部长、国家安全资源委员会主席以及其他内阁级别的官员以外，总统只有在得到国会的批准后才能邀请其他人员参加国安会。[①] 在白宫和国务院看来，这些修改在法理上为国安会进行了“消毒”，但是它们并不满足于此，而是要进一步让其在实际运行中也丧失影响力，对国安会的担心并非全然“过虑”。在第一次国家安全委员会会议召开前，受命担任第一任国防部长的福莱斯特就设计了一套有利于军事部门的操作程序。例如，总统本人不需要经常出席会议，大部分会议可以由国防部长主持。在总统认可的政策范围内，相关讨论无需再次告知总统。国家安全委员会的决定还可以直接传达给个别部门和机构，同样无需事先告知总统。尽管陆、海军在军种统一问题上存在激烈冲突，福莱斯特的这一设计却得到了各军事部门和兵种的一致赞成。[②] 显然，军事部门的这一激进扩权倡议自然会引发白宫的警惕。白宫预算局长詹姆斯·韦伯（James Webb）就提前建议杜鲁门少参加国安会，让国务卿代替其主持会议，并且主张可以不接受国安会提出的政策建议。[③] 而且，打算抵制国安会的还远不止杜鲁门一个人。面对军事部门侵蚀外交决策的威胁，国务卿艾奇逊同样打算“竭力使其失去效力”。[④] 一切迹象都预示了作为“别人家的孩子”，国安会的前方绝非一片坦途。

---

① “Memorandum from Clifford to Truman, July 22, 1947,” Papers of Clark M. Clifford, *Documentary History of The Truman Presidency*, *Volume* 10 *President Truman*: *Fight to unify the Armed Services* 1945 ~ 1949, 1996, Doc. 69.

② Francis H. Heller, ed., *The Truman White House*: *The Administration of the Presidency*, 1945 – 1953, Lawrence: The Regents Press of Kansas, 1980, pp. 205 – 211.

③ Anna Kasten Nelson, “President Truman and the Evolution of the National Security Council”, *The Journal of American History*, Vol. 72, No. 2, 1985, p. 365.

④ 约翰·普拉多斯著，封长虹译：《掌权者——从杜鲁门到布什》，北京：时事出版社，1992 年版，第 11 页。

第四节　鸠占鹊巢

在1947年9月26日第一次国家安全委员会会议召开前，国防部长福莱斯特一直在思考如何利用自己一手创造的新机制来推动其“为全面战争做全面准备”的战略理念——该理念能够最大程度地保障海军的预算资源和战略发展。对于国安会，福莱斯特有两个基本设想：第一，在运作机制上，虽然他认识到国安会不可能像日本的御前会议那样真正成为一个集体决策机制，但是他在就职后的第一次国家军事部门会议上仍然坚持国安会“肯定是一个向总统提交必须应当为之制定政策的事务的场所”，而且该委员会也应当是国家军事部门的合理延伸。换而言之，虽然不可能拥有决策权，福莱斯特仍然希望国安会特别是军事部门能够在国家安全事务的议程设置中发挥决定性作用。[①] 第二，在国安会的核心任务上，福莱斯特反复强调军力建设应该与美国的外交目标相匹配。这在冷战已至的背景下实际上意味着大规模的扩军备战，因此国安会应该负责评估各战略地区（当时的紧迫议题是共产党可能夺取政权的意大利）所需的美国军事力量，并且据此就总体国防预算提出建议。[②]

对于福莱斯特的这两点设想及其相应动作，白宫感到相当恼火。在预算问题上，杜鲁门相当直接地提醒福莱斯特美国的资源分配首先要遵循白宫的政策，即维持国民收入与支出的总体平衡，而不是军方别有用心地提出的所谓“外交政策需要”。白宫强调，无论军事部门内部或者国安会的讨论结果如何，第一份统一的国防支出都不会高于110亿美元的“预算天花板”。[③] 在运作机制上，杜鲁门出席了第一次国家安全委员会会议，他在会议上明确表示该委员会是总统而非军事

① “September 17, 1947,” Walter Millis and E. S. Duffield, eds., *Forrestal Diary*, New York: Viking Press, 1951, pp. 316 ~ 317.

② “September 22, 1947,” *Forrestal Diary*, pp. 317 ~ 318.

③ “December 8, 1947,” *Forrestal Diary*, pp. 351 ~ 353.

部门的委员会，不存在总统之外的“第二负责人”，外交政策的制定权仍然在总统和国务卿手中。[①] 此外，为了进一步避免产生国安会能够做出“集体决策”的印象，杜鲁门还强调即使总统在场、没有提出异议，国安会会议的讨论结果也不能被视为确定的政策。在没有以正式文件的形式得到总统批准或者答复前，“没有任何事情被决定下来”。[②] 这些运作原则决定了杜鲁门时期的国安会将是一个“议而不决”的咨询机构。在当时和之后，这一特征都曾遭到很多战略家的批评，但是由于这是在法理上唯一与美国的总统制度相匹配的运作方式，因此一直得以维持，这奠定了美国国安会架构的基石。

在削弱了国安会的整体权责后，白宫接下来要做的就是把“国家军事部门的造物”转变为白宫的工具。首先，杜鲁门任命自己的朋友、刚刚担任了三个月中央情报主管的西德尼·索尔斯（Sidney Souers）担任根据《国家安全法》设立的行政秘书（Executive Secretary）一职，负责管理国安会的秘书处。在这一时期，日后习惯称呼的国安会幕僚（National Security Council Staff/NSC Staff）分为两类：第一类是行政秘书直接管理的数名助手，他们的身份是白宫的直接雇员，负责国安会的上传下达。第二类则是各行政部门中参与起草国安会政策文件的官员，国务院和海、陆、空军部均可以向国安会派出 1 名高级助理（Senior Staff）和 1 名助理。[③] 这两类幕僚的总人数加起来不超过 20 人，是一个相当精简但是因此也做不了多少政策工作的班子。实际上，国务院官员不只是国安会幕僚之间的协调员，这一时期国安会的一系列重要文件都是由国务院新成立的政策规划署（Policy Planning Staff）负责起草的。乔治·凯南、保罗·尼采等赫赫有名的战略家先后担任政策规划署的主任，制定了一系列冠以国安会之名的著名政策文件。这一安排使得国务院在国安会中赢得了莫大的影响，“在短短

---

① “September 22, 1947,” *Forrestal Diary*, pp. 317 ~ 318.

② David Rothkopf, *Running the World: The Inside Story of the National Security Council and the Architects of American Power*, New York: Public Affairs, 2005, p. 57.

③ 约翰·普拉多斯：《掌权者——从杜鲁门到布什》，封长虹译，第 15 页。

几个月之内，军事部门的创造物就被国务院完全掌握了”。[①] 与此相反，军事部门反而无法通过国安会得到自身想要的政策支持。

1948 年 7 月，杜鲁门批准了福莱斯特的请求，允许他通过国安会机制来评估美国的外交政策需要何种程度的军事力量支持——当然前者也再次重申评估结果不会影响白宫的国防预算政策。具体负责评估的凯南告知索尔斯这类研究并无太大的可行性。[②] 在分析苏联威胁性质、提出美国应对战略的国安会 20/4 号文件中，没有出现福莱斯特希望看到的对苏联入侵威胁的渲染以及对美国军力建设的、超过白宫国防预算天花板的“具体数字”。[③] 与之类似，1950 年 3 月艾奇逊和尼采推动了新一轮的国家安全政策与军力建设评估，意在增加军备。他们遭遇了第二任国防部长、坚定主张削减和控制国防预算的路易斯·约翰逊（Louis Johnson）的强烈反对，双方在会议中甚至发生了激烈的直接冲突。但是由于国安会的政策工作实际上是由国务院负责，艾奇逊得以在很大程度上绕过约翰逊继续推进评估程序和文件起草，最后形成了主张大规模军备的国安会 68 号文件。[④] 这两个案例都说明国务院在杜鲁门时期对国安会的掌控，出现这一局面的原因很大程度上是因为白宫高度担忧这一新机制成为军事部门“绑架”白宫的

---

① Anna Kasten Nelson, “President Truman and the Evolution of the National Security Council,” p. 369.

② “Memorandum by the Detector of Police Planning Staff to Secretary of State and Undersecretary of State,” August 5, 1948, 811. 20/8 – 548, *Foreign Relations of United States*, *FRUS*, 1948v01, p2. i0007, pp. 599 ~ 600.

③ 凯南在这一份文件中更多列举了苏联不会冒险对美国及西欧采取军事行动的因素，例如根据共产主义理论，苏联更倾向于对外国的政治而非军事控制，而且优势策略是等待资本主义世界危机的到来。“Report to the National Security Council by Department of State, Factors Affecting the Nature of Defense Arrangement in the Light of U. S. S. R. Policies 20/2,” August 25, 20/2 S/S – NSC Files: Lot63D351: NSC 20 Series, *Foreign Relations of United States*, *FRUS*, 1948v01, p2. i0007, pp. 615 – 624.

④ Acheson, *Presentation at the Creation*: *My Years in the State Department*, p. 373.

工具，因而有意抬高国务院的地位。不过，白宫对国务院也不是百分之百的放心和放权。1947 年 11 月，副国务卿罗伯特·洛维特（Robert Lovett）将国安会的第一份报告提交给杜鲁门，他随后向索尔斯进行了报备。对此，白宫政治顾问、日后成为约翰逊政府国防部长的克拉克·克利福德（Clark Clifford）向杜鲁门建议，任何打着国安会名义的政策文件都只能通过行政秘书提交给总统，内阁部长不得直接提交。[①] 杜鲁门采纳了这一建议，行政秘书也由此成为总统和国安会之间的唯一沟通渠道，进一步将总统与集体决策的威胁隔绝开来。为了确保这一点，国安会幕僚的办公室也被置于白宫之中。

杜鲁门任内，起初就是这样一种将政策制定外包给某一行政部门——通常是国务院，再由行政秘书收拢归口的运作模式。但是，随着政府内部围绕国安会 68 号文件的争论升级，杜鲁门也开始考虑改革国安会，不再将国安会的政策文件完全交由国务院或者其他单一部门来拟定。其理由很可能是因为“老办法”会导致国安会总是被某一部门的立场所主导，不仅没有改善反而恶化了部门之间的政策协调。在 1950 年 4 月 17 日公布的一份备忘录中，索尔斯的继任者詹姆斯·莱伊（James S. Lay）提出应该在国家安全委员会中设立专门的“高级助理小组”（Senior Staff Group），将其作为国安会的下级专门政策机构来承担政策职能，不再进行“政策外包”。有权参加国安会的各行政部门应当至少提名助理部长（Assistant Secretary）级的高级官员作为高级助理，以“能充分而准确地反映他们所代表的部门的政策及建议”。然后，由高级助理各自提名若干名助理。[②] 最后，由杜鲁门来统一批准名单。这一改革充实了国安会自身的工作机制，在正式会议（部长级会议）机制下增加了由助理部长和更低级官员组成的工作班子。同时，改革后新的工作班子将在国安会行政秘书的领导下工作，

① “George M. Elsey to Clark Clifford, November 5 1947,” box 83, George M. Elsey Papers, Truman Library.

② 约翰·普拉多斯：《掌权者——从杜鲁门到布什》，封长虹译，第 23 页。

而不是听从国务院协调员的安排，这也在一定程度上增强了国安会工作的独立性。尽管如此，这一幕僚结构依然是“部门本位”的。助理们在国安会的工作只是一种临时“抽调”，而不构成一个独立机构。白宫在内部评估中也从未设想要为国安会设置独立幕僚，让其拥有自身的独立立场。[①] 更何况，在实际运作中各部门派往国安会的官员往往也并不是那些真正有实权的重要官员，而是一些“边缘人”。他们甚至无法得到本部门的信任，更遑论为国安会提供有力支持。[②]

不过，这一机构改革的落实还要等到朝鲜战争爆发后的 8 月 23 日。[③] 这场战争促使杜鲁门将国安会视为一个类似于战时总参谋部的场所。此后，他每周四都会定期召开国安会正式会议。在朝鲜战争后召开的总共 71 次会议中，杜鲁门只缺席过 7 次。这一记录与之前他在国安会的秘不现身形成了鲜明反差。[④] 除了参会次数增加以外，为了应对瞬息万变的战争局势和顿时严峻起来的国际形势，杜鲁门还在国安会之下和之外设置一些新的“小组”，例如心理战略委员会（Psychological Strategy Board）。和高级助理小组一样，它们通常是由国务院、国防部和其他相关机构（例如在心理战略委员会中是中央情报局）的副部长或者助理部长级别的官员组成。严格来说，很多跨部门政策协调小组并非国安会的组成部分，但是由于组成人员相似，在实际运作中也经常被混为一谈。这一转变为国安会增加了一些人手，但是为数不多。此外，值得一提的是埃夫里尔·哈里曼（W. Averell Harriman）被任命为总统特别助理（Special Assistant to President）。尽管并非内阁部长，哈里曼深受杜鲁门信任，得以出席国安会及其下属的跨部门委员会会议。他的主要任务一是负责在矛盾一度极其尖锐的

① Anna Kasten Nelson, “President Truman and the Evolution of the National Security Council,” pp. 373 – 375.

② Christopher C. Shoemaker, *The NSC Staff: Counseling the Council*, Boulder: Westview Press, 1991, p. 11.

③ 1950 年 8 月 3 日召开的第 63 次国安会会议正式建立了高级助理小组。

④ 戴维·罗特科普夫著，孙成昊、赵亦周译：《操纵世界的手：美国国家安全委员会内幕》，北京：商务印书馆，2013 年版，第 73 页。

国务院和国防部（艾奇逊—约翰逊时期）之间居中协调，二是确保其他部门尽可能地按照杜鲁门的本意执行政策。[①] 后知后觉而言，哈里曼部分扮演了日后权势显赫的国家安全顾问的角色，承担着政策执行和监督的任务。索尔斯和莱伊则承担着人事和流程管理的日常职责。

小结　朝鲜战争之累

从1945年—1950年，美国经历了历史上最为剧烈的国家安全机构变动，国防部、参谋长联席会议、中央情报局、国家安全委员会等一大批顶层机制得以设立，国防部还在1949年再次发生大幅调整。纵观前后，杜鲁门时期的政府部门重组可谓是类似重组中的最成功者。[②] 这次重组中最重要的成就是建立起了对内拥有充分权威、对外拥有足够行政能力的国防部（这是指根据1949年《国家安全法修正案》建立起的国防部，而非1947年组建的折衷版本），而其他部门如国务院也根据这一原则建立起了更加清晰的权力链条。对国家军事部门及其预算权的统一，改变了不同军种分别接受不同国会委员会监督的“碎片化”格局，使得军事乃至行政部门更加趋近于一个整体。[③]

但是，杜鲁门在任期结束的公众评价却跌入谷底。一方面，杜鲁门政府在第二次世界大战结束后的五年中都未能为朝鲜战争的爆发提前做好军事准备，国务卿艾奇逊关于亚洲防卫圈的发言甚至还推动了这场战争的爆发；另一方面，杜鲁门的安全团队在战争中也未能有效控制执意越过三八线的美军司令道格拉斯·麦克阿瑟（Douglas MacArthur），最终遭受了严重的战略挫折。由于以上两大“罪状”，杜鲁

---

① Francis H. Heller, ed., *The Truman White House: The Administration of the Presidency, 1945-1953*, pp. 12-13.

② James March and Johan Olsen, "Organizing Political Life: What Administrative Reorganization Tell Us about Government," *The American Political Review*, Vol. 77, No. 2, 1983, pp. 281-296.

③ Byron Nupp, "Federal Reorganization, Political Condition, and Presidential Leadership," *Presidential Studies Quarterly*, Vol. 13, No. 2, 1983, pp. 219-230.

门本人及其国家安全机制在 1952 年时被普遍认为存在严重问题，亟需改进和修正。这一极为消极的评价一直延续到 20 世纪 60 年代。历史学家保罗・哈蒙德（Paul Y. Hammond）就认为杜鲁门在根本上搞错了国家安全建设的方向，美国协调军事—外交政策的主要障碍并非是军方势力过大，而在于白宫领导无方。哈蒙德批评杜鲁门政府的“预算天花板”是将国内政治放在国家安全需要之前，迫使职业军人屈从于文职官员，损害了美军的战备，诱使了朝鲜战争的爆发。[①] 威廉・福克斯（William Fox）则指出杜鲁门政府在国家安全机制上暴露的一系列问题源于文官政府缺少军事能力，因此应当加强文官的相应能力和素养。[②] 直到冷战结束，伴随着苏联现实威胁的消除，杜鲁门“重内轻外”的战略才逐渐得到重新评价，军事资源投入不足也因为事后的历史进程和美国在“人心之争”中的胜利而从缺陷转变为优点——事后证明，在美国已经具备保护自身能力的基础上，决定冷战结局的不是和平时期永久军事力量建设的多寡，而是美国能在多大程度上保持社会和经济活力。这一变化也使得杜鲁门的战略声誉水涨船高。

杜鲁门时期的国安会无疑是一个非常“简陋”的政策协调机制，这主要体现在两个方面：第一，其在前期只有部长级委员会（即国安会正式会议）这一个协调层级，缺少副部长和助理部长级别的常设协调委员会作为支撑，这使得各个部门的政策协调只能停留在表面，同时也没有制度化；第二，国家安全委员会还缺少独立幕僚和核心领导的支持，难以独自处理庞大繁重的政策协调事务，在这一阶段国安会幕僚还无法成为美国政策舞台上的重要参与者。不过无论如何，杜鲁门治下的国家安全委员会至少彻底地遵循了冷战初期的一个最重要的

---

① Paul Y. Hammond, “NSC - 68: Prologue to Rearmament,” Warner R. Schilling, Paul Y. Hammond and Glenn Snyder, *Strategy*, *Politics*, *and Defense Budgets*, Columbia University Press, 1962.

② William T. R. Fox, “Civilians, Soldiers, and American Military Policy,” World Politics, Vol. 7, No. 3, 1955.

信条和原则，那就是这一“帝国中枢”不能为军事部门或者某一国家安全利益集团掌握，不应威胁美国的民主政治和开放社会。就此而言，杜鲁门的国安会在很大程度上完美地回应了当时最重要的时代呼声。事实上，尽管这一时期国安会作为政策协调机制仍然很不成熟，但是杜鲁门“抓大放小”、充分信任下属的管理方式很好地弥补了这一弱点。在兹比格涅夫·布热津斯基（Zbigniew Brzezinski）看来，杜鲁门的国安会是典型的放权型模式，总统本人并不会对政策制定和执行中的细节“斤斤计较”，而是允许他的国务卿们放手推进自身的外交理念和国家安全政策。[①] 无论是詹姆斯·贝尔纳斯（James Byrnes）、马歇尔、艾奇逊还是其他重要官员，杜鲁门都予以了充分信任和广泛授权。在国家安全领域，除了支持以色列建国以外，杜鲁门几乎没有违背过国家安全政策顾问们提出的建议。[②] 这种充分放权的做法也恰好给予了美国战略界的“智者”（Wise Men）一代发挥自身聪明才智的广阔空间和舞台。艾奇逊、凯南、洛维特、哈里曼、卡尔·波伦（Carl Bohlen）和约翰·麦克洛伊（John McCloy）均在杜鲁门政府内大展手脚。[③] 即使是对政见相左、政治上也并不忠诚的福莱斯特，杜鲁门也基本做到了人尽其才。比起充分利用国安会，杜鲁门政府的主要特征和成就还是将美国行政机构开放性、竞争性的优势发挥

---

① Zbigniew Brzezinski, “The NSC's Midlife Crisis,” *Foreign Policy*, No. 69, Winter, 1987 – 1988, pp. 81 – 82.

② Melvyn P. Leffler, *A Preponderance of Power: National Security, the Truman Administration and the Cold War*, 1992.

③ 卡尔·波伦是凯南在国务院的同事、职业外交官，东欧和俄罗斯问题专家；约翰·麦克洛伊和洛维特均是罗斯福政府的助理陆军部长、亨利·史汀生（Henry L. Stimson）的左膀右臂，麦克洛伊后来担任国际复兴开发银行（世界银行）行长职务；洛维特则跟随马歇尔先后担任副国务卿、副国防部长和国防部长。“智者”一代的提法参见 Walter Isaacson and Evan Thomas, *The Wise Men: Six Friends and the World They Made*, New York: Simon & Schuster, 1986。

得淋漓尽致。[1] 总体来看，杜鲁门模式的缺陷在当时就已经昭然若揭，而其优点则唯有时间才能加以证明。尽管杜鲁门起初并不喜欢国安会，但是最终这一“福莱斯特的报复”还是在他的手上开始逐渐成长。

① 这里是将美国与英国“中央集权”式的行政机构加以对比，参见 Wallace S. Sayre, “Bureaucracies: Some Contrasts in System,” in Roy Macridis and Bernard E. Brown, eds., *Comparative Politics: Notes and Readings*, *Fourth Edition*, Homewood: Dorsey Press, 1972。

第二章

艾森豪威尔：国安会的“陆军化”

永久地支援其他国家不够经济，也不是好的外交政策，长期看，这种做法带来的麻烦会和好处一样多。同样，永久的大规模军事开支也不是什么好主意，因为其结果只能是破产。

——美国国务卿约翰·杜勒斯

1954年1月12日于“大规模报复”演说①

计划本身无足轻重，但是制订计划却是重中之重。

——美国第34任总统德怀特·艾森豪威尔

1957年11月4日于国家安全行政后备官员会议②

第一节　和平竞赛与大规模报复

1953－1960年是美国德怀特·艾森豪威尔时代。在看待苏联和共

① “The Strategy of Massive Retaliation, Speech of Secretary of State John Foster Dulles Before the Council on Foreign Relations,” January 12, 1954, http://msthorarinson.weebly.com/uploads/4/1/4/5/41452777/dulles_address.pdf.

② “Dwight D. Eisenhower Remarks at the National Defense Executive Reserve Conference, November 14, 1957,” *Public Papers of Dwight D. Eisenhower* 1957, Washington D. C.: National Archives and Records Administration, Office of the Federal Register, pp. 817－820.

产主义的态度上，艾森豪威尔与朝鲜战争爆发前的杜鲁门基本相同，那就是苏联对美国主要是长期的政治、经济和价值观上的威胁。正因如此，艾森豪威尔对朝鲜战争后遵循国安会68号文件精神、进行大规模军事建设的美国国家安全政策大加批评。在1952年的总统竞选中，艾森豪威尔多次公开指责杜鲁门政府最后两年的国防预算是不可持续的，过高的公众开支将会使美国走向破产，最终输掉与苏联的长期竞争。针对国防特别是资源分配政策，艾森豪威尔在一开始就指出美国在冷战中的目标是“保卫一种生活方式而非财产、土地、家园和生命”，因此衡量国防和资源分配政策正确与否时存在一个伟大公式（Great Equation），那就是“除了昭然若揭的紧急状况之外，对于一切应对外敌的军力建设，都应当尽可能地审视其长期和国内影响，并以后者为标准来加以衡量”。[①] 在这一公式中，艾森豪威尔想强调的是杜鲁门政府后期旨在应对“最大限度威胁”（Maximum Danger）的国家安全战略浪费了美国的经济资源，损害了美国社会的长期发展潜力，不利于赢得对苏联的冷战。

与朝鲜战争前的杜鲁门相比，虽然他们大战略理念颇有相似之处，但是艾森豪威尔在推进以减少国家安全开支、增强“和平竞赛”能力为核心内容的冷战大战略时却拥有一些显著甚至是巨大的优势。第一，艾森豪威尔是一个共和党人，那些批评杜鲁门“失去中国”“对苏软弱”的共和党强硬派不会对本党政府发难，更不用说声名鹊起的共和党政客、强硬反共分子理查德·尼克松（Richard Nixon）还是政府的副总统。第二，艾森豪威尔本人是一位战争英雄，是第二次世界大战中欧洲盟军的最高司令官，直接指挥了诺曼底登陆和之后的一系列重大军事行动，因此对立的政治力量很难质疑他在国家安全事务上的权威。当民主党人想用共和党过去指责艾奇逊和杜鲁门的招数

① Robert J. McMahon, “US National Security Policy from Eisenhower to Kennedy,” in Melvyn P. Leffler and Odd Arne Westad, eds., *The Cambridge History of the Cold War*, *Vol. 1 Origins*, Cambridge: Cambridge University, 2009, p. 289.

来对付艾森豪威尔政府时，他们发现“区区一名参议员怎么可能与森豪威尔辩论军事事务”。依靠这两大优势，艾森豪威尔得以连续三年削减军队规模，并依靠个人的威望克服了来自国会和军队的反对，实现了共和党削减开支、减税和平衡预算的目标。无疑，上述优势条件使得艾森豪威尔更容易在大战略上奉行经典的商业自由主义和“反军事”哲学。[①] 奉行这一哲学的代价则是美国军队政治影响力的下降，以及艾森豪威尔与军队同事逐渐疏远的关系。阿瑟·雷德福（Arthur W. Radford）、内森·特文宁（Nathan F. Twining）和莱曼·莱姆尼兹（Lyman L. Lemnitzer）这三任参谋长联席会议主席都对艾森豪威尔政府的国防预算政策深感失望。[②]

另一方面，苏联的发展和变化也使得艾森豪威尔日益坚信实施自身战略的正确性和紧迫性。1953－1958 年间，苏联国民生产总值（GDP）的年均增长率达到6.7%。除了正在从战争中恢复的德国和日本之外，苏联的经济增长率超过了包括美国在内的所有其他国家。1958 年后，苏联的经济增长有所放缓，但是 1958－1965 年间其 GDP 年均增幅也仍然有 5.2%。苏联经济的蓬勃发展势头使得一贯对美式价值观充满自信的艾森豪威尔忧心忡忡。在 1955 年 12 月写给国务卿约翰·杜勒斯（John Dulles）的一封信中，他提到在经济这一美国最具实力的领域也遭受到了来自苏联的挑战。[③] 更大的挑战则出现于 1957 年，苏联将第一颗人造卫星斯普特尼克（Sputnik）发射上天，这在美国引发了一场全社会的信心危机。用克莱尔·卢斯（Clare B. Luce）的话来说，苏联卫星发出的嘟嘟声正是“从外层空间传来对美国人十年来自以为美国的生活方式就是我们民族优越性的可靠保证

① 塞缪尔·亨廷顿著，李晟译：《军人与国家：军政关系的理论与政治》，北京：中国政法大学出版社，2017 年版，第 332 页。

② 夏尔－菲利普·大卫著，李旦、王健、徐翊等译：《白宫的秘密》，北京：中国人民大学出版社，1998 年版，第 138 页。

③ 理查德·克罗卡特著，王振西、钱俊德译：《五十年战争：世界政治中的美国与苏联》，北京：社会科学文献出版社，第 143 页。

的嘲笑”。这一“斯普特尼克时刻”也使得艾森豪威尔的支持率第一次下降到57%，比以往最低的71%还要少14个百分点。[①] 这一时期，苏联经济和科学的发展使得将共产主义视为一种“政治、经济和文化威胁”不再单纯是削减军事开支的托词，开始真正地逐步具有“和平竞赛”的现实意义。

不过，要想削减军事开支、专注于和苏联的长期“和平竞赛”，艾森豪威尔还必须处理好短期的安全问题。在朝鲜战争后的1953年，共和党政府不可能完全复制从1947年延续到1950年的“冒险”削减开支的国防政策。毕竟这场历时三年、耗资巨大的战争已经证明，如果没有足够的军事威慑，苏联阵营是敢于军事冒险的。虽然在1953年斯大林去世后，尼基塔·赫鲁晓夫（Nikita Khrushchev）也开始提“和平共存”的口号，但是这并不意味着苏联会放弃对西欧的分化拉拢以及在第三世界的扩张。因此，艾森豪威尔一方面要削减军事开支，另一方面又要更加坚定地遏制苏联。面对这一两难，他的最终选择是“和平竞赛”与“大规模报复”（Mass Retaliation）并举。在1953年10月通过的国安会162/2号文件中，艾森豪威尔一手打造的“新面貌”（New Look）战略正式出炉，其中心思想是用核武器来代替开支浩大的常规军事力量，在遭遇敌对攻击时美国将通过核武器的大规模报复来予以还击，同时美国将更加坚定宣示自身敢于使用核武器的决心。[②] 除了核武器之外，中央情报局策划的秘密活动也能在一定程度上发挥替代效用。从某种意义上说，艾森豪威尔的“新面貌”战略不过是杜鲁门政府类似战略思路的升级版，其最大区别在于艾森豪威尔更加显眼地挥舞着“核大棒”。这不仅招来了欧洲国家的普遍恐惧，也使得美国在这一时期的整体政策更具两面性：一方面美国开

---

① 威廉·曼彻斯特著，广州外国语学院美英问题研究室翻译组、朱协译：《光荣与梦想：1932－1972年美国社会实录》，北京：海南出版社、三环出版社，2006年版，第615页。

② Robert J. McMahon, “US National Security Policy from Eisenhower to Kennedy,” p. 293.

始试探与苏联实现缓和，“给和平一个机会”；另一方面又表现得更具进攻性，动辄威胁使用核武器（在1954年的台海危机中就是如此）。但是对于艾森豪威尔来说，这种矛盾组合又是合理与自洽的。他要做的不是在不同战略间徘徊犹豫，而是要组织好行政班子，高效执行这一“正确”战略。

第二节　前之覆辙，后之镜鉴

艾森豪威尔的冷战战略看上去充满了对美国价值观、政治制度和生活方式的自信。但是这一自信却又与深深的恐惧共存。经历了从罗斯福到杜鲁门长达20年之久的民主党和“新政”时代，美国仍然没有摆脱自20世纪30年代就开始面临的恐惧：资本主义必将导致经济危机的声音变得更加大声，一个坚决反对美国政治体制的意识形态正在美国之外的世界蓬勃发展，甚至看上去达到了“半个世界”之广，美国的自由民主制度仍然面临内外挑战。更糟糕的是，到了1952年，美国还开始面临“核冬天”的危险。总之，在艾森豪威尔当政时，美国已经从第二次世界大战胜利之后的狂喜中清醒过来，似乎重新陷入了困境。① 在当时的评论者看来，美国之所以落到这个地步，一方面是因为杜鲁门的遏制对策总体来看太保守、太消极，缺乏积极进取的精神；另一方面则是因为在有些时候又过于激进，特别是在军事领域做得过于冒险，其中部分原因则在于政府内部管理失当、缺少纪律。例如，朝鲜战争的发展之所以不尽如人意，在很大程度上就是因为道格拉斯·麦克阿瑟（Douglas McArthur）不服从华盛顿的指示，而杜鲁门政府在前者遭遇明显的挫败前则不敢公然挑战这名“国民偶像”的权威。除了朝鲜战场上的极端“抗命”案例之外，无论是支持还是

① 对于1952年时美国社会的恐惧在1952年后重新达到高点的论述，参见艾拉·卡茨尼尔森著，彭海涛译：《恐惧本身：罗斯福“新政”与当今世界格局的起源》，太原：书海出版社，2018年版，第114－117页。

反对政府政策，美国军队的高级将领们都开始更多地抛头露面、参与政策讨论，这也被普遍视为政府组织上的一种“不祥之兆”。[①]

陆军出身的艾森豪威尔决心彻底改变这种“一团糟”的局面。为了更积极地应对苏联，美国需要一套计划更加缜密、配合更加默契的总体国家安全组织；为了防止一小部分人特别是军人将美国领入经济和政治上的歧途，更加需要严明这一总体国家安全组织的纪律。与他的前任们相比，艾森豪威尔对行政部门组织形式的关注可谓独树一帜。在组织和决策的关系上，“艾克”（艾森豪威尔的昵称）有一系列语录，例如“组织再完善也无法让无能之辈做出天才之举”，又如“混乱的组织少有高效的结果，倒是能轻易走向灾难”。[②] 虽然艾森豪威尔知道光凭完善的组织流程也不能保证决策正确，但是他无疑相信前者在绝大多数情况下都是后者的必要条件。那么，什么样的组织才算得上是纪律严明呢？对艾森豪威尔而言，答案应当从美国陆军中找。乔治·马歇尔在很长一段时间里都是艾森豪威尔的上级，在战争时期正是因为马歇尔的谦让，艾森豪威尔才能获得“霸王行动”总指挥官的职务。这位马歇尔正是现代美国陆军的缔造者之一，他信奉的是清楚的指挥链条、明确的权责分割和统一的规划执行体系。在出任国务卿期间，马歇尔还把陆军的纪律短暂地带到了雾谷（Foggy Bottom），在“封建割据”的国务院中破天荒地建立起政策规划署这样直接对国务卿负责、统一协调整体外交政策的“参谋”机构。有一件事最能体现美国陆军式的组织风格。1947 年 1 月，美国国际主义智库对外关系委员会（Council of Foreign Affairs）邀请政策规划署主任乔治·凯南前往演讲，谈论对苏政策问题。马歇尔得知后极为震惊和生气，专门为此召见凯南。据凯南回忆，他很少看到马歇尔如此生气。但是在马歇尔得知凯南按流程进行了事前报备并且得到过批准后，他平息

① 职业军人的“政治化”。参见塞缪尔·亨廷顿：《军人与国家：军政关系的理论与政治》，李晟译，第 343 – 344 页。

② Dwight D. Eisenhower, *The White House Years: Mandate for Change, 1953 – 1956*, Garden City: Doubleday, 1963, p. 114.

了针对凯南的怒火，转而开始追究审批者的责任。尽管如此，马歇尔最后依然告诫凯南："规划者闭口不言。"[①] 马歇尔信奉的组织原则也正是艾森豪威尔所推崇的，作为美国国家安全中枢神经的国安会理应流程完备、职权清晰，其中每一位成员都应当低调行事、克己奉公。

与草创国安会、没有任何先例可循的杜鲁门不同，艾森豪威尔在改造国安会时，能够更为清楚地看到前任在这一问题上的不足，因而也有利于对症下药。在1933—1953年的20年间，罗斯福和杜鲁门领导的"新政"政府都充斥着一种"自由散漫"的风气。对于"政治大师"罗斯福而言，这很可能是因为他喜欢让下属们互相竞争，以方便自己获取更大的影响力。在罗斯福政府中比较循规蹈矩的下属们看来，白宫的主人是有意识地让行政部门乱成一团。罗斯福经常把同一项事务交给不同的人，或者许下相互矛盾的承诺，让他们因为职权的重叠和冲突而相互竞争。对于熟知罗斯福的人而言，他一贯说话暧昧，从来不把事情说清楚，不仅做出的承诺算不上可信，甚至有时"堪称欺骗"。[②] 罗斯福还愿意经常接见"越级求见"的中低级官员，而这往往意味着"架空"他们的上司。在整个第二次世界大战期间，罗斯福都保持着与参谋长和其他高级将领的直接联系，这损害了战争部和海军部文职部长的权威，破坏了正常的领导链条和议事流程。[③] 更重要的是，很多总统本人参与的讨论和决定都不会被立即记录下来，这更是为整个行政部门额外增添了混乱。[④] 杜鲁门的执政虽然让空前混乱的白宫在一定程度上恢复了秩序，改掉了诸如政策决定没有文字记录之类的恶习，但是他同样不是一位注重细节和流程管理的总

---

① George F. Kennan, *Memoirs, 1925 - 1950*, Boston: Little Brown and Co., 1967, p. 356.

② 罗伯特·A. 卡洛著，何雨珈译：《权力之路：林登·约翰逊传》，成都：四川文艺出版社，2018年版，第643-644页。

③ William T. R. Fox, "Civilians, Soldiers, and American Military Policy", *World Politics*, Vol. 7, No. 3, 1955.

④ Dean Acheson, *Present at the Creation: My Years in the State Department*, New York: W. W. Norton & Company, 1987, p. 733.

统。更不用说，杜鲁门从来就没有让国安会扮演总统的国家安全“总参谋部”的打算，自然不会费心去思考如何才能让其更好地发挥政策功能。

在1952年的竞选过程中，艾森豪威尔多次批评杜鲁门未能充分利用国安会这一机制，承诺将会在当选后“对症下药”，根据《国家安全法》的本意发挥国安会的作用，将其作为下届政府制定军事、国际和国内安全政策的主要平台。[①] 在改革国安会的问题上，波士顿银行家罗伯特·卡特勒（Robert Cuttler）扮演了重要角色。卡特勒在战争中当过马歇尔的助手，也在外交政策领域为杜鲁门政府效力过。在被艾森豪威尔委托研究国安会的改组问题后，他在1953年初先后咨询了费迪南德·埃伯斯塔特、罗伯特·洛维特和马歇尔。其中，先后在杜鲁门政府中担任国务卿和国防部长的马歇尔毫不留情地批评了杜鲁门的国安会机制。马歇尔认为国安会根本“无足轻重”，“繁忙的大人物们根本没有时间好好处理摆在他们面前的问题，更何况原本就毫无准备，只能以缺席来加以逃避，或者故意如此以保护本部门的利益”。在流程上，散发给各位部长的国安会文件中通常只有一个供讨论的立场，从来没有任何其他替代方案，而杜鲁门本人也并不鼓励面对面的争论。马歇尔等人向卡特勒建议，新的国安会应当拥有能够提出不同方案的“备用”幕僚班子，而且应当更加重视国家安全政策对财政的影响。[②] 显然，马歇尔和艾森豪威尔对什么是“良好组织”的理解可谓高度契合。为了在更加严峻的国际环境中执行一套最有利于美国的庞大而精妙的战略，“艾克”必须一扫前两届政府在安全管理上的积弊，哪怕最终结果是“矫枉过正”。

---

① Stanley L. Falk, “The National Security Council Under Truman, Eisenhower, and Kennedy,” *Political Science Quarterly*, Vol. 79, No. 3, 1964, p. 418.

② Fred I. Greenstein and Richard H. Immerman, “Effective National Security Advising: Recovering the Eisenhower Legacy,” *Political Science Quarterly*, Vol. 115, No. 3, 2000, p. 339.

第三节 “国家安全事务助理”与“政策山”

1953年3月，艾森豪威尔将卡特勒正式介绍给了他的内阁成员们，并给予其“总统国家安全事务特别助理”（Special Assistant to President for National Security Affairs）的头衔。卡特勒实际上具备和内阁部长们平起平坐的地位，而他将成为国安会幕僚班子名正言顺的管理者。这一委任也是艾森豪威尔对国安会的两大改革举措之一。虽然艾森豪威尔信任和倚重国务卿约翰·杜勒斯，也不介意让他在外交政策方面发挥“第二总统”般的影响力，[①] 但是艾森豪威尔并不准备让国务院的官员把持国安会的幕僚班子。在这位将军总统看来，国安会中的各位部长和各级助手虽然可以来自各个行政部门，但是在这一机制中他们应当是作为总统的个人顾问来发挥作用，而不是部门利益的代表。但是这一期望毕竟过于理想化，要想切实保障国安会机制的中立和客观，那么就应当更多地起用不属于任何部门的独立国安会幕僚。卡特勒及其“无归属”的助手们就正是这样一种“独立力量”，他们拥有了更高的地位和更多的职责，也不必再向其他部门“借用”帮手。这种独立性还体现在卡特勒留任了杜鲁门政府的国安会行政秘书詹姆斯·莱伊及其副手埃弗雷特·格里森（Everett Gleason）上，显然他们不属于新政府中的任何一个集团。因此，虽然卡特勒远不如之后的国家安全顾问那么高调和风光，但是他的工作奠定了亨利·基辛格（Henry Kissinger）、兹比格涅夫·布热津斯基等“后辈”的权力基础。

艾森豪威尔对国安会的其他改革大体上是建立在卡特勒于1953年3月底提交的一份报告的基础上。卡特勒为白宫的新主人建立了一套遵循陆军指挥标准的政策运转系统，并在国会听证中形象地将其比

---

① 夏尔-菲利普·大卫著，李旦、王健、徐翊等译：《白宫的秘密》，北京：中国人民大学出版社，1998年版，第141页。

喻为“政策山”（Policy Hill）。实际上，与其说是“山”，这一新结构更接近于有着一层层阶梯的中美洲金字塔。一方面，所有部门的政策意见都应该通过阶梯的上行部分传达到顶端——由总统本人主持和出席的国家安全委员会部长级会议（也就是通常和媒体中所说的国家安全委员会正式会议）；另一方面，总统通过国安会机制做出的决定又应当通过阶梯的下行部分传达给所有部门。在上行面，关键的一级阶梯是新建立的计划委员会（Planning Board），这也是艾森豪威尔最为重视的创新。与杜鲁门时期的高级助理小组相比，新的计划委员会有三点不同：第一，该委员会同样是由在国安会中拥有法定席位的各个行政部门中负责政策规划的助理部长组成，① 但是主持者不再是助理部长中的一位，而是卡特勒本人；第二，到会的助理部长必须是该部门的资深官员，能够和部长密切沟通，并且能够全权代表部门立场。这是为了避免国安会下设的跨部门协调机构像杜鲁门时期那样充斥着各个部门中无关紧要的“边缘人”，计划委员会要的是真正“说得上话”的人；第三，计划委员会被特别要求不得掩盖和压制政府各部门的不同观点，应当尽可能地明确和汇总各方在政策议题上的不同观点，以供部长级委员会讨论和总统本人选择。② 换而言之，白宫欢迎下属间的争论，因为这意味着总统总是能有多种替代方案。计划委员会是新的国安会中最为活跃的机构。在艾森豪威尔的第一个任期内，计划委员会每周会召开 3 次会议；在第二任期，频率降低为每周 2 次，一般是周四和周五的下午举行。仅在卡特勒任职的头三年半，他就主持了 504 次计划委员会会议。③

对于阶梯金字塔的顶层——国安会部长级会议，艾森豪威尔和卡

① 参会的助理部长需由各部门部长提名、总统本人批准。

② Fred I. Greenstein and Richard H. Immerman, “Effective National Security Advising: Recovering the Eisenhower Legacy,” pp. 339 – 340.

③ David Putnam Hadley, “Dwight D. Eisenhower, The National Security Council, and Dien Bien Phu,” *The Gettysburg Historical*, Vol. 8, Article 7, 2009, p. 75; Stanley L. Falk, “The National Security Council Under Truman, Eisenhower, and Kennedy,” *Political Science Quarterly*, p. 420.

特勒也做了一些小幅调整。在1949年的《国家安全法》修正案通过后，由于各军种部门丧失了内阁地位，国安会正式会议的法定成员只剩下总统、副总统、国务卿和国防部长四人。艾森豪威尔在名单上又增加了民政和国防动员办公室主任（Director of the Office of Civil and Defense Mobilization），并且常规性地邀请财政部长和白宫预算局局长出席。对于金字塔顶的“巨头”会议，卡特勒也在寻找办法提高会议质量。首先，这些会议都会按照统一流程进行，固定在每周四召开，持续时间一般是两个小时；其次，会议文件都做了充分准备。在计划委员会提交的每一项政策中都会附有估算的财政成本以及中央情报局长阿兰·杜勒斯（Allen Dulles）提供的简要说明；最后，出席人数一般控制在最少，以便进行真正的激烈讨论。[①] 艾森豪威尔本人参加了90%以上的国安会部长级会议，而在他缺席的时候，将由副总统代为主持。这一方面提高了副总统在国安会机制中的地位，另一方面也让各行政部门之间更加平等，国务卿在会议程序中不会再凌驾于其他部长之上。[②] 这些举措都确保了国安会正式会议中始终存在上下级的权威链条，而不是同级官员之间的“论坛”。

在阶梯型金字塔的下行面也出现了一个新组织——行动协调委员会（Operation Coordination Board），它的职责是审查通过国安会制定的各项政策文件的执行情况。其中既包括各个部门是否按照文件的要求采取了行动，也包括这些政策本身的效果和不足。在实践中，更为关注的是对政策本身的效果评估作用。这一方面是因为世界形势的变化和情报的获取都很容易导致既有政策“过时”；[③] 另一方面则是因为执行权是各个行政部门的“保留权力”，白宫要想加以干预将面临法

① Robert Cutler, *No Time for Rest*, Boston and Toronto: Little, Brown, and Company, 1965, pp. 296 - 299.

② Christopher C. Shoemaker, *The NSC Staff: Counseling the Council*, Boulder: Westview Press, 1991, p. 13.

③ Robert Cutler, "The Development of the National Security Council," *Foreign Affairs*, Vol. 34, No. 3, 1956, p. 450.

律障碍。追根溯源，虽然行动协调委员会和计划委员会都是卡特勒的“孩子”，但并不是“一母同胞”，后者“出生”的更晚，成长也更为曲折。1953 年 1 月 26 日，艾森豪威尔任命前中情局副局长威廉·杰克逊（William Jackson）组建了杰克逊委员会（Jackson Committee），负责调查与国际关系和国家安全相关的美国国际情报政策和活动，而卡特勒也是该委员会的成员。杰克逊委员会的主要结论是杜鲁门政府在后期建立的心理战略委员会（Psychological Strategy Board）存在缺少集中领导、各部门各项目各行其是的严重弊端，呼吁由白宫统一制定对外宣传政策。[①] 杰克逊委员会仅仅强调了由白宫统一领导心理战和宣传战的必要性，但是艾森豪威尔构想的却是在外交政策的所有方面加强对部门执行状况的监管和指导。在收到杰克逊委员会的报告后，艾森豪威尔指示预算局起草了一份行政令，建立一个负责协调落实国安会文件并制订相应计划的机构。但是，这一想法遭到了司法部长赫伯特·布朗奈尔（Herbert Brownell Jr.）的反对。在他的建议和修改下，这一机构的职权大为缩减，最终于 1953 年 9 月 3 日根据第 10483 号行政令诞生的行动协调委员会在各部门的政策执行上只保留了建议权。[②] 换而言之，该“下行”委员会实际上并不能真正监管各部门的执行情况，其监督权也因此大打折扣。

尽管行动协调委员会实际承担着“政策山”的下行审查工作，但是直到 1957 年 2 月为止，其都不是国安会机制的正式组成部分，而是一个独立的跨部门委员会。它的固定成员在级别上要比计划委员会更高，分别是国务院和国防部的副部长、中情局和援外事务管理局（Foreign Operations Administration）[③] 的局长以及国家安全事务特别助

① Shawn J. Parry - Giles, *The Rhetorical Presidency, Propaganda, and the Cold War, 1945 - 1955*, Westport: Praeger Publishers, 1960, p. 134.

② 约翰·普拉多斯著，封长虹译：《掌权者——从杜鲁门到布什》，北京：时事出版社，1992 年版，第 51 页。

③ 援外事务管理局是艾森豪威尔政府于 1953 年建立的新机构，负责统一管理西方阵营各国的军事和经济合作。其在 1955 年被撤销，相关职能分别划归国务院和国防部。

理。与其他大部分涉外委员会一样，作为国务院代表的副国务卿是该委员会的主席。① 行动协调委员会会议一般是在国务院召开，时间是星期三下午。② 由于该委员会的“双重身份”，白宫和国务院官员在其中的权力争夺颇为激烈。为了强化白宫对委员会的控制以及该委员会在政策执行“建议”上的效果，艾森豪威尔后来还是在卡特勒的不断建议下将行动协调委员会正式纳入国安会机制。在1957年2月7日颁布的10700号行政令中，白宫明确表示该委员会是国安会下属委员会的地位，取消了副国务卿自动担任委员会主席的条款，改由总统任意指定两位固定成员分别担任主席和副主席。③ 不过，虽然主席的产生原则发生了变化，但是出于对杜勒斯和国务卿“特权”的尊重，在1957年后的近三年时间里，行动协调委员会依然由副国务卿担任主席。此外值得一提的是，1957年1月，刚刚重返政府的卡特勒不愿同时身兼国家安全事务助理和行动协调委员会副主席两职，因此建议艾森豪威尔新设了“总统安全行动协调特别助理”（Special Assistant to President for Security Operation Coordination）一职。④ 这也是“国家安全事务助理”系列职务的第一次“增生”。

在杜勒斯病故之后，时任国家安全助理的戈登·格雷（Gordon Grey）终于在1960年1月正式担任了行动协调委员会的主席。虽然

① “Executive Order 10483—Establishing the Operations Coordinating Board,” https://www.presidency.ucsb.edu/documents/executive-order-10483-establishing-the-operations-coordinating-board.

② Stanley L. Falk, “The National Security Council Under Truman, Eisenhower, and Kennedy,” p. 420.

③ “Executive Order 10700—Further Providing for the Operations Coordinating Board,” https://www.presidency.ucsb.edu/documents/executive-order-10700-further-providing-for-the-operations-coordinating-board.

④ 第一位担任“准国家安全事务助理”或者“副国家安全事务助理”的是弗里德里克·迪尔伯恩（Frederick Dearborn）。参见 Alfred Dick Sander, *Eisenhower's Executive Office*, Westport: Greenwood Press, 1999, pp. 142-147; John P. Burke, “The National Security Advisor and Staff: Transition Challenges,” *Presidential Studies Quarterly*, Vol. 39, No. 2, 2009, p. 289。

之后仅仅持续了一年（艾森豪威尔政府第二任期到期）、法定职责也相对有限，格雷的就任还是标志代表白宫的国安会官员在政策的执行面上“名实兼备”地提高了地位、扩大了权力。还是这位格雷，他在柏林危机期间还进一步实现了国家安全事务助理的扩权。当时，国务院和国防部应对危机时行动缓慢，迟迟无法在国安会会议前准备好供讨论的政策文件。格雷因此向艾森豪威尔请求得到督促政府部门制订危机反应计划的授权，并取得了总统的同意。随后，格雷领导的国安会幕僚更是在危机应对中积极提出了独立的政策文件和方案。① 这些举措都说明，到艾森豪威尔政府的后期，白宫已经逐渐倾向于赋予国安会专属官员更多政策权力，而不再仅仅满足于让他们扮演政策协调者的角色。这一点在之后的约翰·肯尼迪（John Kennedy）政府中将表现得更加淋漓尽致。

除了计划委员会和行动协调委员会之外，艾森豪威尔的国安会机制中还有一些重要程度相对较低的辅助机构，包括跨部门情报会议（Interdepartmental Intelligence Conference）、国内安全跨部门委员会（Interdepartmental Committee on Internal Security）以及其他临时或者特设委员会。其中，国内安全跨部门委员会也与计划和行动协调委员会一样，配有独立的国安会助手，他们被称为国内安全协调幕僚（Internal Security Coordinating staff）。② 在临时委员会中，“日光浴项目”（Solarium Project）最为重要和有名。该项目得名于其开会的地点——白宫的日光浴室。这个秘密小组由国安会和卡特勒牵头，从 1953 年 5 月起开始研究美国的对苏政策。该项目成功地为“新面貌”战略定调，在事实上确立了与苏联共存的“现实主义外交政策”，不

① 戴维·罗特科普夫著，孙成昊、赵亦周译：《操纵世界的手：美国国家安全委员会内幕》，北京：商务印书馆，2013 年版，第 94 页。

② Stanley L. Falk, “The National Security Council Under Truman, Eisenhower, and Kennedy,” p. 421.

再执意用武力“全面击退共产主义”。[①] 此外，保罗·卡罗尔（Paul P. Carroll）和安德鲁·古德帕斯特（Andrew Goodpaster）先后领导的参谋秘书（Staff Secretary）班子也在一定程度上扮演着国家安全事务助理的角色。他们作为使者向各部门传达总统的意见，收集各种相关信息，在争论之间调停，并为艾森豪威尔撰写和朗读与国家安全事务相关的备忘录。[②] 由于职能上的相似性，尽管参谋秘书办公室完全独立于国安会机制之外，但是很多历史学家仍然将其视为艾森豪威尔的国安会中不可不提的一部分。

在1953年短短一年之内，艾森豪威尔迅速搭建起了新的国安会架构，其结构的复杂性和运行的严谨性都远非杜鲁门的国安会可比，这无疑反映出艾森豪威尔在组织管理上确实有一套成熟的哲学，在国家安全委员会这一问题上进行了深入思考。新的机制充满了强调明确的权力—指挥链条的美国陆军色彩，其在很长时间内都是美国国安会组织化的高峰。艾森豪威尔也通过这套自己熟悉、亲近和得心应手的体系有力地稳固和推进了自身倡导的冷战战略，保证了美国日益庞大的国家安全机器牢牢地按照总统指明的道路前进。

第四节 “造纸厂”

与杜鲁门不同，艾森豪威尔的国安会在一开始就是一个颇为成熟的组织架构。终其任期，该架构都保持着较高的稳定性，并展现出了一以贯之的严谨性。然而，外界对一个组织的评价和褒贬并不完全甚至主要不是取决于其运行状况，而是要看最终产生的决策的质量。如果终端产品质量不佳，那么无论生产过程本身如何合理，难免要遭受“形式主义”和“徒有其表”的批评。1957年之前，艾森豪威尔的国

---

① 戴维·罗特科普夫：《操纵世界的手：美国国家安全委员会内幕》，第84－87页。

② 约翰·普拉多斯：《掌权者——从杜鲁门到布什》，第53－56页。

家安全委员会面临的批评还较为温和，因为那时政府的政策看上去还没有什么大问题，最多只是有些人不喜欢白宫的过于“正式”的国安会组织方式和艾森豪威尔过于“被动”的领导风格。

尽管艾森豪威尔实际上高度关注国家安全问题，而且在这些议题上展现出了强大的领导力，但是出于陆军式的组织偏好，他的权力行使难以被清楚地观察到：第一，艾森豪威尔不愿意干预下属的正常职权特别是日常工作，相反尽可能地希望听取下属的不同意见，因此他和杜鲁门一样敢于分权，这使得国安会的决策过程对外表现出的常常是众说纷纭、争执不下；[①] 第二，艾森豪威尔不愿意亲自出面引发争议或者与下属产生冲突，而是通过幕僚秘书或者其他亲密顾问来干“脏活”“累活”。在艾森豪威尔任内，国务卿杜勒斯和陆军上将、中央情报局长沃尔特·比德尔·史密斯（Walter Bedell Smith）就经常替总统“扛旗背锅”，好让总统维持一个“老好人”的形象。[②] 艾森豪威尔有意塑造出的自我形象使得外界将其归类为“消极—被动型”（Passive – Negative Style）的总统：即有较强的荣誉感，但是不愿意沾染权力，不喜欢自我炫耀，并且努力避免激烈的政治争论。[③] 这一特质为他赢得了一些赞誉，但是在冷战中却同样使人担忧——美国总统总是需要做出许多不受欢迎的决定，这些决定还会产生重大甚至是不可逆转的影响。与杜鲁门相比，艾森豪威尔拥有更多的经验，思维方式也更加缜密复杂，但是却很难做出迅速、决定性的决策。[④]

在艾森豪威尔执政的前期，对国安会的改进建议还比较温和，集

---

① Arthur Cry, “How Important is National Security Structure to National Security Policy?” *World Affairs*, Vol. 146, No. 2, 1983, pp. 141 – 142.

② 戴维·罗特科普夫：《操纵世界的手：美国国家安全委员会内幕》，第 89 页。

③ 参见 James David Barber, *The Presidential Character: Predicting Performance in the White House*, New York: Taylor & Francis, 2017.

④ Thomas Preston, *The President and His Inner Circle: Leadership Style and the Advisory Process in Foreign Affairs*, New York: Columbia University Press, 2001, p. 77.

中在增强这一机制的“决策力”上，以弥补总统本人在领导风格上的“不足”。例如，第二次胡佛委员会（Hoover Commission）① 在1955年中提交的报告中就涉及国安会，其中有少数委员会专家建议让国家安全事务助理和国安会助手们参与政策制定。不过卡特勒坚决反对这一观点，坚持认为政策制定权应当属于实际执行政策的各行政部门，国家安全事务助理及其下属不应染指，应当将自身权限局限于内部管理。②

然而，随着苏联力量不断增长，艾森豪威尔政府承受的“无所作为”的指责越来越多。1956年10月，属于苏联阵营的埃及在贾迈勒·阿卜杜—纳赛尔（Gamal Abdel Nasser Hussein）的领导下将苏伊士运河收归国有，并成功挺过了之后的英法联合入侵；11月，苏联出兵匈牙利，推翻了试图改革的纳吉·伊姆雷（Nagy Imre）政府。在批评者看来，艾森豪威尔政府在这一系列事件中未能做出迅速和强有力的反应，亏待朋友，坐视苏联壮大。基辛格当时还是民主党重量级人物纳尔逊·洛克菲勒（Nelson Aldrich Rockefeller）的外交政策顾问，其看法颇具代表性。他认为艾森豪威尔政府已经完全被“小官僚”掌握，处理问题“极其迂腐”“接近叛国”。基辛格特别讽刺道：“要是基督有一个政策规划办公室，他一定不会上十字架。”③ 显然，艾森豪威尔所青睐的严肃的、持续的政策规划正是基辛格的批评对象，而国安会的计划委员会正是“官僚规划”的典型代表。

在1957年的“斯普特尼克时刻”后，美国社会的恐慌情绪逐渐推导出一个结论，那就是艾森豪威尔的冷战战略不足以让美国维持相对于苏联的优势。这一战略就和艾森豪威尔本人一样“消极被动”。

---

① 官方名称是“行政部门与政府组织委员会”（Commission on Organization of the Executive Branch of the Government）。简称来自于委员会主席、美国前总统赫伯特·胡佛（Herbert Hoover）。

② Robert Cutler, “The Development of the National Security Council,” pp. 456 - 458.

③ 尼尔·弗格森著，陈毅平译：《基辛格：理想主义者》，北京：中信出版集团，2018年版，第378 - 379页。

而炮制出这种无效政策的正是国家安全委员会，其缓慢的决策流程越来越像是一个“致命”缺陷。在这一背景下，1960 年的 U—2 侦察机事件更是给予艾森豪威尔沉重一击。由于误判了苏联的防空能力，艾森豪威尔在筹备已久的巴黎最高级会议前批准了对苏联的 U—2 侦查行动，但是苏联却成功击落了这架飞机并抓获了飞行员。① 这一事件第一破坏了巴黎最高级会议，损害了美国的“和平”形象和外交信用。第二则暴露了美国对苏联军事能力的估计不足以及军事、情报政策与外交政策的“脱节”。这一重大决策失误严重降低了外界对艾森豪威尔本人及其国安会本已江河日下的评价。

1958 年，对苏联科技、军事和整体力量的高估情绪在美国掀起了一股“麦卡锡式”的政治风潮，形成了虚假的美苏“导弹差距”（Missile Gap）议题。在野的民主党充分地利用这一议题实现了政治动员，攻击艾森豪威尔政府的政策有误、决策无能。② 固然，由于总体坚持国安会幕僚不插手政策制定的原则，艾森豪威尔过于正式的国家安全委员会未能有效克服部门本位主义，也确实存在严格遵守流程、决策周期过长和“造纸”过多的问题。但是归根到底，正如格雷所说：“饱学之士们对国家安全委员会及其流程心怀不满，但是我怀疑这种情绪并非真正针对其运作方式，而是其运作结果。这才是实质分歧所在。对他们来说，唯一的解决办法只能是另选一位总统。”③

针对艾森豪威尔的国安会的批评一直持续到 1960 年的大选。1959 年 4 月，华盛顿州的民主党参议员亨利·杰克逊（Henry Jackson）公开发表演说批评当前的国家安全委员会是“一场误导美国的危险闹剧”，主张立即对美国的国家安全政策机制进行一次跨党派的

---

① 理查德·克罗卡特：《五十年战争：世界政治中的美国与苏联》，第 161－162 页。

② Robert J. McMahon, “US National Security Policy from Eisenhower to Kennedy,” p. 303.

③ Stanley L. Falk, “The National Security Council Under Truman, Eisenhower, and Kennedy,” p. 426.

全面调查。[1] 三个月后，杰克逊在参议院政府运行委员会（Committee on Government Operations）下建立并主持了国家政策机制分委员会（Subcommittee on National Policy Machinery），展开了针对国安会为期两年的调查。其核心结论是艾森豪威尔的国家安全委员会充满了官僚主义气息，负担沉重，决策迟缓，最终的政策结果通常是各部门相互妥协的结果。[2] 换而言之，这一机制缺少活力，被官僚机构绑架，不适应更加积极、更加主动的对苏战略需要。

1957 年，未来将成为下一任美国总统的约翰·肯尼迪也和民主党同事一起，加入了批评艾森豪威尔国家安全政策和国家安全机制的大合唱。针对艾森豪威尔的国安会机制，肯尼迪写道："繁重的纸面工作和批准流程，在各部门和各机构间达成一致的想法，常常只能制造出政策观点的大杂烩。"[3] 在 1960 年底的大选中，肯尼迪更是将艾森豪威尔的国安会比喻为毫无效率的"造纸厂"。[4] 与他的前任杜鲁门类似，执政八年之后，艾森豪威尔源自美国陆军的标准化的国家安全决策机制同样被认为不再适应冷战的发展和美国国家安全的需要，而且同样面临着继任者极为尖锐的批评。

小结 "艾森豪威尔的遗产"

艾森豪威尔的国家安全委员会可以说是历届政府中的国安会中评价最为两极分化的一个。无论是在 20 世纪 60 年代还是当前，很多人

---

① Stanley L. Falk, "The National Security Council Under Truman, Eisenhower, and Kennedy," p. 426.

② John P. Burke, "The National Security Advisor and Staff: Transition Challenges," p. 289.

③ Meena Bose, *Shaping and Signaling Presidential Policy: The National Security Decision Making of Eisenhower and Kennedy*, Texas A&M University Press, 1998, p. 14.

④ 戴维·罗特科普夫：《操纵世界的手：美国国家安全委员会内幕》，第 95 页。

对其做出了截然相反的评价。在杰克逊委员会的调查报告公布后，艾森豪威尔的国家安全委员会在很长一段时间内都保持着一副“官僚主义机器”的负面形象。但是在冷战后，经历了克林顿政府的“无战略”岁月，美国政策研究界又重新掀起了一股发掘“艾森豪威尔遗产”的浪潮。[①] 在这些支持者看来，艾森豪威尔的国家安全委员会的缺点遭到了夸张性放大，其优点则未能被充分认识和发掘。特别是在经历了小布什政府同时发起阿富汗和伊拉克战争的艰难岁月后，艾森豪威尔式的瞻前顾后、现实谨慎越发被视为值得推崇的品质，饱受批评、尘封已久的计划委员会也再次“重见天日”。[②] 当然，批评的声音也一直存在。美国著名史学家小阿瑟·施莱辛格（Arthur Schlesinger，Jr.）就对这一“遗产”提出了质疑。作为一名名闻遐迩的新政史学家和肯尼迪政府的亲历者，施莱辛格尖锐地指出：第一，从结果来看，艾森豪威尔政府的决策质量很难证明其组织方式的高明；第二，从理论来看，参与决策的人远比组织章程重要；第三，从时代来看，强调纵向权威的组织结构在信息时代更是大错特错。因此，罗斯福和肯尼迪式的“发自本能”、重视广泛的横向联系的组织方式才是决策机制的正确发展方向。[③] 两派的观点都是“有的放矢”。关于这场争论，唯一可以确定的是不同意见还将长期存在。

不过，要想评判艾森豪威尔的国家安全委员会机制的成功和失败，还是要看它是否有助于实现自身的国内外目标。根据这一标准，其大体是成功的。这套正式的组织机制确保了总统和白宫的权威和统一指挥，在其任内没有发生麦克阿瑟式的“不听调度”或者未来“伊朗门式”的私自行动，也没有出现“猪湾事件”般的重大失误。

---

① Fred I. Greenstein and Richard H. Immerman, “Effective National Security Advising: Recovering the Eisenhower Legacy,” pp. 335 – 345.

② Paul D. Miller, “Organizing the National Security Council: I Like Ike's,” *The Contemporary Presidency*, Vol. 43, Issue 3, 2013, pp. 592 – 606.

③ Arthur Schlesinger, Jr., “Effective National Security Advising: A Most Dubious Precedent,” *Political Science Quarterly*, Vol. 115, 2000, p. 351.

此外，艾森豪威尔在层层幕布之后指挥整个国安机构的做法虽然让外界产生了很多误解，但是这些误解恰恰是他自己的愿望，他就是要塑造出一个“对权力不感兴趣”“超脱党派政治之外”的“全民总统”形象。最终结果可谓是“求仁得仁”。更为重要的是，虽然自1957年后外界对美苏力量对比的误解越来越深，但是艾森豪威尔始终坚持了“新面貌”战略的核心逻辑，那就是应对苏联威胁的最重要途径是证明美国发展道路的优越性，必须最大程度地保障美国经济的活力和美国社会的自由，不能受到用武力“全力击退共产主义”这一错误战略的诱惑。在1961年全国直播的告别讲话中，艾森豪威尔发出了敦促美国人民警惕“军工复合体”（Military – Industrial Complex）的临别赠言。他特别强调了前所未有的在和平时期的永久军备和庞大军工产业的潜在负面影响，呼吁美国政府和民众警惕军工复合体在经济、政治甚至是精神上的“不正当影响”，绝不能让这一力量壮大到足以威胁美国的自由和民主。[①] 艾森豪威尔的这一发言既是对自身冷战战略深层逻辑的说明和辩护，也是对看上去更加强硬、好战和冲动的反对者的含蓄批评。

审慎是艾森豪威尔的国家安全委员会的最重要特质，其最大优点是能够避免犯下严重错误，而缺点则是可能错失重大机遇。不过，在冷战的紧张对峙中，其优点表现得更加突出也更加有价值。以日后让美国陷入惨痛分裂、遭受重大损失的越南—印度支那问题为例。与他的主要顾问们一样，艾森豪威尔对越南的民族主义运动存在很多误解，他本人也是“多米诺理论”（Domino Theory）的信奉者，例如他在国安会文件中明确表示“印度支那的崩溃将会产生连锁反应，其最终结果是整个东南亚都落入共产主义者手中”。[②]在1954年初的奠边府（Dien Bien Phu）战役后，艾森豪威尔更是面临着来自法国、国会和

---

① “Military – Industrial Complex Speech, Dwight D. Eisenhower, 1961,” http://avalon.law.yale.edu/20th_century/eisenhower001.asp.

② “Memorandum of Discussion at the 190th Meeting of the National Security Council, Thursday, March 25, 1954,” *FRUS*, 1952 – 1954v13p1, pp. 1167 – 1168.

政府内部强硬派的压力和敦促。但是，此时艾森豪威尔充分利用了自己一手打造的国安会体系，广泛寻求多方建议，亲自扮演“魔鬼律师”的角色，公开反复讨论干预的细节问题，逐步影响了其他顾问的看法。最终，艾森豪威尔成功避免了更早陷入越南泥潭的危险。[①] 这一案例最为直接地展示了其国安会的好处：即使总统本人拥有一些错误的思想或者理念，但是只要他在决策时不预设立场、不表明偏好，尽可能地利用国安会获得各方意见和信息，并且鼓励持不同看法的顾问充分辩论，[②] 那么就不大可能仓促行事，不大可能发生“少数裹挟多数”的重大误判。在马拉松式的冷战中，不犯重大错误可能比及时抓住机遇要重要的多。

① 夏尔 - 菲利普·大卫：《白宫的秘密》，第 148 - 150 页。

② David Putnam Hadley, “Dwight D. Eisenhower, The National Security Council, and Dien Bien Phu,” pp. 113 - 114.

第三章

肯尼迪—约翰逊：回归罗斯福

我们要为建设和平世界而尽自己的一份力量，在这样的世界里，弱者是安全的，强者是公正的。面对这样的任务，我们并非束手无策，或没有希望取得成功。我们会奔着和平战略而非灭绝战略坚持奋斗，自信而无所畏惧。

——美国第35任总统约翰·肯尼迪

1963年6月10日于美利坚大学毕业典礼①

参加国家安全委员会的人快嘴快舌，我控制不了他们。

——美国第36任总统林登·约翰逊

与传记作家多丽斯·卡恩斯·古德温的访谈②

第一节　新战略与新领袖

击败了理查德·尼克松的约翰·肯尼迪是一名代表着“美国朝气

① 威廉·曼彻斯特著，黄延峰译：《即逝的闪耀之光：肯尼迪》，北京：中信出版集团，2017年版，第192页。

② 多丽斯·卡恩斯·古德温（Doris Kearns Goodwin）为美国历史学家，其为亚伯拉罕·林肯、西奥多·罗斯福、富兰克林·罗斯福和约翰逊撰写了传记。引文出自约翰·普拉多斯著，封长虹译：《掌权者——从杜鲁门到布什》，北京：时事出版社，1992年版，第146页。

蓬勃的理想主义”的年轻政治家，他的个人魅力与艾森豪威尔的暮气沉沉形成了鲜明对比。在肯尼迪看来，竞选中对艾森豪威尔政府在国家安全战略上“无所作为”的批评不仅仅是政治需要，而且也是美苏竞争中的最新现实。这种现实是不应该发生的，因为美国的潜力远比苏联强大。肯尼迪在竞选中就认为，如果美国继续自缚手脚、自我设限，那么“美国的浪潮行将退却，共产主义潮流洪波涌起”的历史关头就可能到来。[①] 这一判断在某种程度上是正确的。在肯尼迪执政的前两年，美国确实面临重重危机：古巴革命冲破了门罗主义的壁垒，共产主义运动正在整个中南半岛扩散，前方还有 1961 年的柏林危机和 1962 年的古巴导弹危机。[②] 苏联方面则到达信心的顶点，这两年也是苏联领导人最有理由认为共产主义是大势所趋的冷战时光。赫鲁晓夫认为核毁灭使得世界大战毫无可能，束缚了美国手脚，与此同时“解放战争和人民起义”则欣欣向荣，不仅“民族解放运动的力量正在倍增”，而且苏联会在这些“正义战争”中向奋起反抗的被压迫者提供“无限的支持”。[③]

肯尼迪所说的“不再自缚手脚”意味着美国应当终结对“大规模报复”的无用依赖——这一战略虽然可以为美国节省军事开支，也足够保护美国自身和关键盟国的安全，但是却无力遏制苏联在世界其他地区的扩张。肯尼迪主张的“灵活反应”（Flexible Response）战略就是要同时发展核武器和常规军事力量，并且采取其他一切可以利用的手段“对等”应对苏联集团一切形式的扩张和威胁，哪怕这些手段将耗费大量资源。其中最重要的变化就是要积极发展花费更高也更有可能使用的常规军事力量，其运用方式上与苏联打有限战争、下至在第

---

① Akan Malici and Stephen G. Walker, “Role Theory and ‘Rogue States’,” W. Wagner, W. Werner and M. Ondercoin, eds., *Deviance in International Relations: ‘Rogue States’ and International Security*, New York: Palgrave Macmillan, 2014, p. 139.

② 理查德·克罗卡特著，王振西、钱俊德译：《五十年战争：世界政治中的美国与苏联》，北京：社会科学文献出版社，第 167 – 168 页。

③ 威廉·曼彻斯特：《即逝的闪耀之光：肯尼迪》，第 168 – 169 页。

三世界国家开展颠覆或者平叛行动。[①] 肯尼迪在1962年1月的就职演说中将做出这一战略转变的决心说的一清二楚："为确保自由的存续和胜利，我们将付出一切代价，承受一切负担，应对一切艰险，支持一切朋友，反对一切敌人。"若要如此，美国自然要在经济和生命上付出代价，这就是所谓"不要问美国能为你做什么，而是要问我们能为人类的自由做什么"。[②]

然而，要想在冷战中大干一场，美国需要的不仅仅是资源投入，还要有能够有效利用这些资源的国家安全组织。在肯尼迪看来，艾森豪威尔构建的组织严密的"政策山"恰恰是让各部门无法行动的障碍。肯尼迪的看法绝非是他个人的突发奇想，也不是对威廉·杰克逊委员会调查结论的简单重复，而是有其深厚的政治和智力根基。一大批进步主义新政知识分子深深怀念着民主党有史以来最伟大领袖富兰克林·罗斯福，决心效仿其领导方式。他们现在正在以前所未有的规模为年轻的肯尼迪效力。哥伦比亚大学教授、政治科学家理查德·诺伊施塔特（Richard E. Neustadt）的政治理念奠定了美国新政府国安会架构的灵魂。在1960年出版的著作中，诺伊施塔特指出迪安·艾奇逊等人对罗斯福"松散"的管理方式的批评完全错误。他认为美国政治的本质就是要求强有力的总统领导，但是这种领导无法通过暴力、命令和层层叠叠的官僚机构来体现，而是通过以身作则和说服他人来实现。杜鲁门和艾森豪威尔在对正式机制和总统强制权力的过度倚重和使用恰恰反映了他们在领导上的无能。[③] 诺伊施塔特原本就是杰克逊委员会的成员，在肯尼迪胜选后，他被这位最重要的读者邀请加入了政府过渡团队，负责国安会的重组。诺伊施塔特的理念在进步主义

---

① Robert J. McMahon, "US National Security Policy from Eisenhower to Kennedy," in Melvyn P. Leffler and Odd Arne Westad, eds., *The Cambridge History of the Cold War, Vol. 1 Origins*, Cambridge: Cambridge University, 2009, p. 304.

② "Inaugural Address of President John F. Kennedy", January 20, 1961, https://www.nps.gov/jofi/learn/education/upload/inaugural-address.pdf.

③ Richard E. Neustadt, *Presidential Power: The Politics of Leadership*, New York: Wiley, 1960.

知识分子之中绝非孤例，更早加入肯尼迪团队的麻省理工大学教授沃尔特·罗斯托（Walter W. Rostow）也持有类似看法。他在过渡时期的一系列备忘录中指出，国安会“不存在唯一正确的模式”，其最主要原则是要服务总统的领导风格。在总统和国安会助手之间，不应该是“公事公办”的上下级关系，他们应该是一个“亲密的集体”。包括总统在内的所有人都应该是对彼此忠诚的朋友，他们能够尽情争论、畅所欲言。[①] 诺伊施塔特和罗斯托设想的正是新政知识分子的理想政府方式：作为领导者的总统能够不受华盛顿官场的摆布、在国内和国际战线上积极进取，其助手则能够拥有相对平等、自由的工作环境，从而为总统充分地奉献才智。幸运的是，肯尼迪正是如此理想的“闪耀之光”。

与杜鲁门不同，肯尼迪对国家安全事务特别是外交政策非常感兴趣，愿意亲身参与其间，而不是委托给亲密顾问。与艾森豪威尔不同，肯尼迪还愿意将这种参与表现出来，不惮于承担外交决策的责任和由此而来的批评。正是因为兼有这两点，肯尼迪才毫无争议地成为“整个政府行动的关键中心”。[②] 要想真正行动起来，除了个人的积极参与之外，肯尼迪在国家安全决策上还需要一个更加年轻、跟得上总统本人步伐、一如罗斯托所言的“亲密团体”。最终，他大胆选择了此前并无深交、时年不过 41 岁的哈佛大学艺术与科学学院院长麦克乔治·邦迪（McGeorge Bundy）作为国家安全事务助理。邦迪虽然以史汀生的门徒自居，一生都是共和党人，但是他的外交政策理念却与肯尼迪不谋而合：在整个 20 世纪 50 年代的政策辩论中邦迪都站在了“灵活反应”而非“新面貌”一边，同时他还高度重视第三世界，积极鼓吹现代化理论（Modernization Theory）和国家建设（Nation Build-

① Kevin V. Mulcahy, “Rethinking Groupthink: Walt Rostow and the National Security Advisory Process in the Johnson Administration,” *Presidential Studies Quarterly*, Vol. 25, No. 2, p. 238.

② James N. Giglio and Stephen G. Rabe, *Debating the Kennedy Presidency*, Oxford: Rowman & Littlefield Publishers, 2003, p. 14.

ing)，而不像艾森豪威尔政府那样对第三世界国家的内部发展问题置之不理。这一切又都是为了更加坚决、更加积极地击退共产主义的扩张。[①] 显然，选择邦迪意味着肯尼迪更加看重政策上的“志同道合”，而非其协调和管理才能。毕竟，如果每一个亲密顾问都能充分发挥自身作用，那么又需要什么中间人呢？

更为重要的是，肯尼迪在政治风暴中还能坚持原则。作为艾森豪威尔政府的“临别赠礼”，新一届美国政府在入侵古巴的“猪湾（Pig Bay）事件”上跌了大跟头，政治声望一落千丈。尽管整个猪湾行动的计划——正式名称是萨帕塔（Zapata）行动——本来就是艾森豪威尔执政时提出的，艾森豪威尔的幕僚都觉得计划会成功，但是包括艾森豪威尔在内的共和党人却纷纷批评是肯尼迪“拆除造纸厂”的国安会改革导致了信息受阻、决策失败。[②] “猪湾事件”的惨败和随后而来的批评确实动摇了肯尼迪的一些助手，诺伊施塔特甚至开始觉得彻底的“去艾森豪威尔化”可能是一个错误，造成了麻烦。[③] 但是肯尼迪本人却并不这么看。在公开承担了“我们像是愚蠢无能的帝国主义者”的全部政治责任后，他转而清洗了长期策划和主持这一行动的阿兰·杜勒斯和理查德·比塞尔（Richard M. Bissell），降低了在情报上对中央情报局的依赖。相反，邦迪的权力却有增无减。国家安全委员会幕僚中的高级官员（例如国家安全事务助理和行政秘书）的办公室被搬到了离总统最近的白宫西翼地下室，其隔壁则被打造为战情室（Situation Room），所有安全机构的一切情报都流向

---

① Andrew Preston, “The Little State Department: McGeorge Bundy and the National Security Staff 1961 - 1965,” *Presidential Studies Quarterly*, Vol. 31, No. 4, 2001, pp. 641 - 642.

② 戴维·罗特科普夫著，孙成昊、赵亦周译：《操纵世界的手：美国国家安全委员会内幕》，北京：商务印书馆，2013 年版，第 103、106 页。

③ Alfred Dick Sander, *Eisenhower's Executive Office*, Westport: Greenwood Press, 1999, pp. 150 - 151.

其中。[1] 对重大挫折的这一反应说明，肯尼迪确实可能成为一名合格的罗斯福式领袖，这正是执行一项志在争夺对苏战略主动的新战略的重要条件。

第二节　“小国务院”

战情室的装修绝非仅仅是一项“面子工程”，它的出现让总统、国家安全事务助理及其国安会下属们第一次具备了绕过各行政部门直接处理华盛顿和海外机构的电报往来以及其他海量情报的能力，这使得国安会的专职幕僚们具备了独立进行信息分析、海外行动管理和政策执行的最基本条件。[2] 这正是肯尼迪所期望的。在他看来，国安会幕僚们需要发挥的作用不是在各部门之间搞协调，而是直接协助总统决策甚至是执行政策。这是对《1947 年国家安全法》及其 1949 年修正案立法精神的革命性突破。在此之前，杜鲁门和艾森豪威尔根本不认为国安会幕僚应当发挥独立的政策功能，而在此之后则鲜有哪一届政府的国安会幕僚仅仅专注于部门间的政策协调。肯尼迪毫不遮掩地推动了国安会的这一变化。这就和肯尼迪本人试图给人留下的印象一样，一切都是堂堂正正、光明磊落地发生的。

在新政府中，艾森豪威尔的国安会幕僚中有不少得以留任，比如行政秘书布罗姆利·史密斯（Bromley Smith）和前行动协调委员会行政助手罗伯特·约翰逊（Robert H. Johnson），他们都试图说服新政府能够部分保留艾森豪威尔国安会的“精华”。对于这些请求，诺伊施塔特的观点是必须取消最为无用的行动协调委员会，计划委员会可以考虑保留，但是也必须彻底改组，只有在危机应对时才应该召开冠以

---

① 尼尔·弗格森著，陈毅平译：《基辛格：理想主义者》，北京：中信出版集团，2018 年版，第 475 页。

② Ivo H. Daalder and I. M. Destler, “In the Shadow of the Oval Office: The Next National Security Adviser,” *Foreign Affairs*, Vol. 88, No. 1, 2009, pp. 115 – 116.

其名的跨部门委员会。[①] 与诺伊施塔特的建议一致，肯尼迪一上任就在1961年2月18日颁布了内容极为简短的10920号行政令，废止了10700号行政令，行动协调委员会也随之“寿终正寝”。在颁布这一行政令时，肯尼迪对外宣布行动协调委员会职权的大部分将移交给国务卿戴维·迪安·腊斯克（David Dean Rusk）。[②] 邦迪在这一问题上另有考虑。他指示下属起草备忘录，建议彻底取消艾森豪威尔建立的“上行”和“下行”委员会，将它们的职责完全转交给国家安全事务助理本人而非国务卿。然后，邦迪再将具体的规划和协调任务交给国安会中的专职下属。[③] 最终结果是，肯尼迪政府没有直接宣布取消计划委员会，但是在就职之后就再未召开过计划委员会会议，该委员会就这样“无疾而终”。[④] 如此一来，所有的政策规划和监督执行的工作都将由国家安全事务助理个人而非一个由各官僚部门组成的委员会来完成，再也不会存在“集体一致行动”的难题。在收拢了国安会内部机制的所有大权后，邦迪还建立了新的政策文书系统——《国家安全行动备忘录》（National Security Action Memorandum/NSAM）。所有此类备忘录都由邦迪负责撰写和分发，其中明确给出了总统批准的安全政策及其行动指示。此后，每一届美国政府都将“发明”一套不同名称的国安会备忘录体系。

在经历了迅速改革后，美国国安会进入了“邦迪时代”（Bundy's Years）。其特点是国安会跨部门机制的衰落以及国家安全事务助理的崛起，而其根源并非是邦迪本人试图揽权，而是肯尼迪相信白宫能够

① Richard E. Neustadt, “The National Security Council: First Steps,” December 8, 1960, *Pre-Presidential Papers*, Neustadt Memoranda on Staffing the President-Elect, box 1072, John Fitzgerald Kennedy Library.

② Alfred Dick Sander, *Eisenhower's Executive Office*, p. 151.

③ Andrew Preston, “The Little State Department: McGeorge Bundy and the National Security Staff 1961-1965,” pp. 643-644.

④ Bromley K. Smith, *Organizational History of the National Security Council during the Kennedy and Johnson administrations*, Washington, D. C.: National Security Council, 1988, p. 25.

直接领导下属各个部门和机构的罗斯福式自信。[①] 事实上，白宫在国安会成功收权后，邦迪与肯尼迪的其他白宫顾问以及自身的国安会下属一直保持着融洽的合作关系。担任副国家安全事务助理的是罗斯托，他没有搬往白宫西翼，而是带领部分国安会幕僚坚守在旧行政大楼，负责分发政策文件，然后处理他个人更感兴趣的政策规划问题，例如对外经济政策、对第三世界国家政策和反游击战等。邦迪负责管理战情室，及时为总统筛选信息、提供政策建议。在罗斯托升官、担任国务院政策规划署主任后，邦迪又找来了哈佛大学的同事卡尔·凯森（Carl Kaysen）作为副手来帮忙管理国安会。后者和罗斯托一样，也有自己特别感兴趣的政策领域，并且在这些领域发挥了不少作用。[②]

总体来看，邦迪的主要工作是全天候地直接为肯尼迪服务、看守战情室，而他的副手和部下们则有更多的时间来考虑长期一点的政策规划问题。邦迪下属们的工作集政策规划、协调和执行（包括审查甚至直接起草国务院电报、访问和调查其他国家）于一体，事实上构成了与其他行政部门职能重叠的“平行机构”。他们人数不多（上任之初仅有 11 名专职人员），[③] 但是也按照国务院的司局划分方法做了地缘和职能上的分工，例如在国安会工作时凯森就负责欧洲和核政策，罗伯特·科默（Robert W. Kome）负责中东、非洲和南亚政策，迈克尔·福莱斯特（Michael V. Forrestal）负责东亚和东南亚政策，因此国安会的专职幕僚班子也被戏称为“小国务院”（Little State Department）。此外，拉尔夫·邓甘（Ralph A. Dungan）、阿瑟·施莱辛格（Jr. Arthur M. Schlesinger）和尤金·罗斯托（Eugene V. Rostow）也是“小国务院”的重要成员。不过，大小国务院之间存在着一个根本差

① 夏尔-菲利普·大卫著，李旦、王健、徐翊等译：《白宫的秘密》，北京：中国人民大学出版社，1998 年版，第 156 页。

② 约翰·普拉多斯：《掌权者——从杜鲁门到布什》，第 105、111-112 页。

③ 戴维·罗特科普夫：《操纵世界的手：美国国家安全委员会内幕》，第 103 页；夏尔-菲利普·大卫：《白宫的秘密》，第 159 页。

异，那就是“小国务院”中所有负责制定政策的中高级官员都能直接向肯尼迪汇报工作，这种特权是国防部和国务院的同等甚至是更高级别官员所无法享有的。[①] 这一相对于国务院的“镜像”结构从邦迪开始一直延续至今，成为美国国安会的一大组织传统。

相对于国家安全事务助理的崛起，国安会的正式机制变得越来越不重要。尽管国安会的部长级委员会仍然经常召开，在频率上和艾森豪威尔时期相差不大，但是其在决策中的作用却日益边缘化。按照肯尼迪政府的白宫办公厅主任——这一职务一般由总统的头号亲信担任——西奥多·索伦森（Theodore Sorensen）的说法，肯尼迪只喜欢和很少一部分人一起做出重大决定，国安会会议只是被用来做出不那么重要的决定，或者说在重大决定已经做出的情况下才会召开。在危机时，国安会会议也会频繁召开，但是开会的目的只是为了把决定公之于众，利用这种正式形式堵住外界的批评。[②] 正因为国安会的正式会议变得无关紧要，邦迪等人对会议管理并不上心。对国安会正式机制的管理基本上都交给了行政秘书布罗姆·史密斯，而绝大多数有意义的工作都是在这一机制之外完成的。[③] 即使是在 1962 年 10 月的古巴导弹危机中，肯尼迪也没有像朝鲜战争中的杜鲁门那样，匆忙改变国家安全事务的决策机制和习惯。在这一冷战时期最险恶的危机爆发后，肯尼迪按照少数精干的原则组建了名为国家安全委员会执行委员会（the Executive Committee of the NSC/ExComm）的秘密决策团队。执委会与国安会的关系主要体现在名称上，其实完全可以被视为一个与后者无关的新机制。前前后后参加过执行委员会会议的总共有 70 人，但是在每一次会议中出席的人都很少，会议的内容也得到了高度

---

① Andrew Preston, “The Little State Department: McGeorge Bundy and the National Security Staff 1961 – 65,” p. 646.

② Theodore Sorensen, *Kennedy*, New York: Harper & Row, 1965, p. 281.

③ Carl Kaysen, “Conversation with General Taylor, July 3, 1961, 1: 30 P. M.,” July 3, 1961, National Security Files, Meetings and Memoranda, Staff Memos (Carl Kaysen), box 320, John Fitzgerald Kennedy Library.

保密。[①] 最终，在成功度过古巴导弹危机后，对苏联的外交成功为肯尼迪本人及其工作方式赢得了巨大的政治声誉。总的来说，包括古巴导弹危机在内，肯尼迪在“猪湾事件”后的每一次重大关头中都表现得惊人的出色。

与杜鲁门和艾森豪威尔不同，由于肯尼迪的生命在1963年的达拉斯戛然而止，因此终其一生亲手打造的回归罗斯福风格的国安会机制从未遭遇重大挫折，也没有经历前任们所承受过的有时完全算不上公正的严厉批评。不过，世界上没有完美的组织。例如，邦迪自己就认为，虽然执委会这样的“灵活小组”在古巴导弹危机的高潮期间表现得还不错，但是并不怎么适合日常的政策协调和规划。此外，尽管邦迪及其国安会下属都才智过人，但是他们也无法真正替代中央情报局这样庞大的专业机构，天天在战情室高效地分析和处理第一手情报。[②] 1962年初，肯尼迪有一次走进堆满各种材料的邦迪办公室，对房间的混乱状况大为吃惊，竟然直呼其为“猪栏”。[③] 按照常理推测，如果肯尼迪也像他的前任们那样执政满两届，那么其国家安全机制中的瑕疵也许也会因为日积月累而造成不小的麻烦。然而，即使因为个人的厄运避免了其领导下的国家安全机制走向“慢性衰老”，肯尼迪本人也没有完全摆脱对其国家安全政策的批评，而一切的根源就是在其死后演变为一场重大政治灾难的越南战争。

第三节　肯尼迪与约翰逊

艾森豪威尔给肯尼迪留下了“猪湾”，肯尼迪留下的则是前途不明的越南。相比于不过是让新政府一时间灰头土脸的“猪湾”，越南

① 戴维·罗特科普夫：《操纵世界的手：美国国家安全委员会内幕》，第103页。

② John P. Burke, "The National Security Advisor and Staff: Transition Challenges," *Presidential Studies Quarterly*, Vol. 39, No. 2, 2009, p. 291。

③ 约翰·普拉多斯：《掌权者——从杜鲁门到布什》，第111页。

是一个深不见底的大坑。在1963年时，美国驻越南的军队只不过是1.6万人，其中主要是军事顾问。到了1968年，美国投入越南的地面部队已经超过54.3万人。但是增加的50万多人在扭转越南局势上收益甚微。美军战区总司令威廉·威斯特摩兰（William C. Westmoreland）面对1968年的“春节攻势”，还向华盛顿要求进一步增兵20.6万人。[①] 这场战争的升级主要是在林登·约翰逊（Lyndon B. Johnson）政府内实现的，因此约翰逊及其国家安全决策机制无疑必须为越南战争的灾难承担主要责任。但对于肯尼迪的决策机制应该为此负多少责任却存在不少争论。

一些观点认为肯尼迪倚重亲密顾问群体的做法导致了小团体思维（Group Thinking）的出现，团队成员之间不愿意互相批评，而是自然不自然地追求集体主义精神，缺少对现有政策的批判精神。[②] 越南战争就是在这样一种氛围里逐步升级的，邦迪、腊斯克、罗斯托和罗伯特·麦克纳马拉（Robert McNamara）都是这种小团体思维的牺牲品和推波助澜者。他们先是追随肯尼迪本人积极的反共政策，然后又为了约翰逊的国内政治地位和声望而为明显失败的越南政策辩护。简而言之，肯尼迪遗留下来并被约翰逊继承的罗斯福式国家安全决策机制应该为越南战争承担部分责任。

不过，这种归因方式有些过于草率。固然，肯尼迪从20世纪50年代起就对包括越南在内的东南亚显示出浓厚兴趣，他也是艾森豪威尔多米诺理论的坚定支持者，在1956年就将越南称为“自由世界在东南亚的基石，是弧顶的拱心石，是堵住大堤漏洞的第一根小指头”。也是肯尼迪在1962年将约翰逊、罗斯托和马克斯韦尔·泰勒（Maxwell Taylor）派往西贡，使其继任者与吴庭艳之间建立起个人的政治联系。还是在他的任上，美国驻越南的军队由600人增加到了16000

① 理查德·克罗卡特著：《五十年战争：世界政治中的美国与苏联》，第291、296页。

② 戴维·罗特科普夫：《操纵世界的手：美国国家安全委员会内幕》，第116－117页。

人。与此同时，无论是在“猪湾事件”、柏林危机还是古巴导弹危机中，肯尼迪都展现出了强硬的反共和反苏立场，并且在很大程度上赢得了冲突的胜利。然而，这反而为他赢得了缓和的空间，不再迫切地需要在越南证明自己和美国的对抗意志。[①] 肯尼迪最亲密的朋友、最受其鼓舞的进步主义者们大多在其去世后离开了政府，他们始终在坚决驳斥肯尼迪及其领导方式“导致了”越南战争的说法。威廉·曼彻斯特（William Manchester）指出，肯尼迪已经决定要在1965年前撤出越南，即使会因此成为“有史以来最不受欢迎的总统之一”或者“共产党的绥靖者”。他唯一的考虑只是要把撤军的决定推迟到1964年的大选之后，以避免副总统约翰逊的背叛和助长共和党的批评。在1963年10月2日的国安会正式会议上，肯尼迪已经要求麦克纳马拉宣布1000名美军顾问将在圣诞节前从越南回国，截至1965年“包括所有的直升机驾驶员”在内的美国人将彻底离开越南。[②] 综合两方面的看法，至少可以说肯尼迪留给约翰逊的并非一个战争必然扩大的局面，政策上仍然充满可选择性。搞砸越南的并非是肯尼迪及其国安会机制。

更重要的是，尽管肯尼迪和约翰逊的国安会机制经常被一概而论，它们在非正式化和人员配置上也具有相当的延续性，但是两者在实际运行过程中却存在根本差异。虽然肯尼迪和约翰逊两人在国安会的运作上都遵循个人化的原则，但是约翰逊并不喜欢下属之间的争论，他更喜欢顾问之间的协调一致。更重要的是，他根本不希望听到任何政策上的反对意见。[③] 其结果是，尽管表面上肯尼迪和约翰逊的国安会机制在非正式化上如出一辙，但是后者并不具备前者的最重要优点——信息的通畅流动和汇集。除此之外，权力还在从国安会幕僚

① Frank Costigliola, "US Foreign Policy from Kennedy to Johnson," in Melvyn P. Leffler and Odd Arne Westad, eds., *The Cambridge History of the Cold War*, *Volume II*, pp. 123 – 124.

② 威廉·曼彻斯特：《即逝的闪耀之光：肯尼迪》，第220 – 222页。

③ 夏尔 – 菲利普·大卫：《白宫的秘密》，第172 – 173页。

手中重新流向各行政部门。由于约翰逊本人没有任何外交事务经验，缺少相关的判断力和自信，因此他只敢咨询少数“年长者”的意见。因此，在下属中，他更信赖腊斯克和麦克纳马拉，对于更为年轻的邦迪，约翰逊就没那么信任，更不用说邦迪更为年轻的国安会下属们。[①] 除了两位部长外，约翰逊喜欢咨询的是杜鲁门政府中的迪安·艾奇逊、克拉克·克利福德以及泰勒这样的高级将领。

当然，国家安全事务助理这一职务的地位并没有降低，不如说还变得更加显眼。在约翰逊看来，让“年轻人”跑腿再合适不过。在肯尼迪时代，虽然国安会幕僚确实插手了处理情报、起草电报等具体工作，但是还不至于代表美国在海外抛头露面。但是在约翰逊政府，邦迪不仅被派往越南调查当地状况，还在 1965 年 5 月作为美国特别代表团团长和塞勒斯·万斯（Cyrus Vance）一起前往多米尼加共和国处理当地危机。在两个星期的时间内，邦迪扮演了总统全权大使的角色。对此，国务卿腊斯克认为根本不应该派遣邦迪前往，因为这会让代表白宫的国安会幕僚直接卷入当地的行动中，难免会影响白宫在决策中“不偏不倚”的判断力。此外，邦迪还开始作为约翰逊的政策辩护人频频在媒体上抛头露面，甚至发展到让约翰逊都嫉妒不已的程度。[②] 邦迪的这些做法彻底改变了外界对国家安全事务助理的定位和印象，但是究其根本，发生这一变化的原因还是在于约翰逊并不真正看重国安会机制的作用。他和肯尼迪一样轻视国安会正式机制所应遵循的“政策中立”“多方咨议”的原则，但是和肯尼迪不一样，他又同样轻视国安会幕僚在政策制定上的价值。对于约翰逊而言，只有邦迪和罗斯托这样的国安会幕僚首脑，才多少值得一些重视。

从结果来看，约翰逊政府的国安会比肯尼迪政府的还要个人化和非正式化。肯尼迪取消了计划委员会和行动协调委员会这样的次级机

---

① Ivo H. Daalder and I. M. Destler, “In the Shadow of the Oval Office: The Next National Security Adviser,” pp. 116 – 117.

② John P. Burke, “The National Security Advisor and Staff: Transition Challenges,” p. 292.

制，也不依赖正式的部长级会议进行决策，但是他至少仍然在以相当的频率召开和参加国安会会议。约翰逊在执政的前 100 天内只召开了 3 次国安会会议，肯尼迪则召开了 6 次。在之后的整个五年中，国安会会议的召开频率保持了同等水平——总共 75 次，平均一个多月一次。[①] 在约翰逊看来，国安会正式会议的参与者实在是太多了，只会有利于“内鬼”向媒体泄露政府的机密信息。在一次媒体爆料后，约翰逊曾经拿着国安会的参会名单问道：“难道我们真的需要所有这些人吗?”然后他一个又一个地划掉名字，最后只留下了邦迪、麦克纳马拉和腊斯克这“三巨头”。[②] 显然，小到如此规模的“厨房内阁”不大可能提供决策所需要的充分信息和建议。

肯尼迪和约翰逊的国安会是“形似而神不似”。对前者来说，构建一个小范围的顾问团体、打乱一般的官僚结构是基于对他人某一方面能力的信任，是为了仿照罗斯福、创造出一种可控的、创造性的“混乱”，增强总统的信息获取和决策能力。[③] 但是约翰逊对此根本不感兴趣，他更小范围的圈子是基于对大部分人的不信任，目的是增强控制和强求一致。这并不奇怪，约翰逊从来就不是一个罗斯福式的领导者，他极度缺少个人魅力和他人对其的信任。追忆往昔，约翰逊在 1937 年的第一次众议员选举打出了“罗斯福、罗斯福、罗斯福”的竞选标语，但是当选之后却从未在国会捍卫过任何一项新政立法。在 1941 的第一次参议员选举时约翰逊又打出了“富兰克林 · D 与林登 · B”的旗号，并得到了罗斯福本人的大力支持，但是他在败选后很快就背叛新政，倒向了得克萨斯和南方的反新政集团，甚至得到了“躺倒林登”的绰号。[④] 显然，尽管在确有政治需要时，约翰逊不会

① 约翰 · 普拉多斯：《掌权者——从杜鲁门到布什》，第 146 页；夏尔 - 菲利普 · 大卫：《白宫的秘密》，第 174 页。

② “Nation: The Big Three”, *Time*, April 30, 1965, p. 18.

③ Richard E. Neustadt, *Presidential Power: The Politics of Leadership*, New York: Wiley, 1960, pp. 156 - 161.

④ 罗伯特 · A. 卡洛著，何雨珈译：《权力之路：林登 · 约翰逊传》，成都：四川文艺出版社，2018 年版，第 478、784 - 785、877 - 881 页。

拒绝推动“伟大社会”之类的进步主义政策，甚至愿意扮演旗手角色。但是在内心深处，他从未真正服膺于罗斯福，也不可能与罗斯福的继承人肯尼迪拥有相似的政治理念。

第四节　星期二午餐会

在约翰逊的领导下，国安会核心机制的范围变得更小了。1964 年 2 月，闻名遐迩的“星期二午餐会”（tuesday lunch）正式启动。在 8 月的东京湾（Tonkin Gulf）危机后，这一碰头机制在美国国家安全政策领域获得了无与伦比的重要性，基本替代了国安会正式会议的作用。与会者除了约翰逊之外，通常只有邦迪、麦克纳马拉和腊斯克这“三巨头”，他们组成了一个常规的四人会议。① 这一会议召开的位置非常隐密，在白宫的二层——这是属于总统、第一夫人和孩子们的“家庭区域”。虽然冠名为“星期二午餐会”，但是也不一定每一次都是在星期二召开。其一般两周召开一次，从下午 1 点开始，正好可以跟在 11 点半开始的国安会会议之后。② 在确有必要的情况下，中央情报局局长理查德·赫尔姆斯（Richard Helms）和参谋长联席会议主席厄尔·惠勒（Earle Wheeler）也会得到邀请。此外，由于约翰逊是冷战后最具政客色彩的总统，他还会让一些信任的国内政策顾问参加午餐会，像白宫新闻秘书比尔·莫耶斯（Billy D. Moyers）还在一些问题上发挥了很大作用。在这样一个灵活、保密、忠诚的小圈子里，约翰逊感觉如鱼得水。实际上，在“三巨头”中邦迪相对而言是最不受信任的人。腊斯克是约翰逊的得克萨斯同乡，他始终坚定支持约翰逊和越南战争。麦克纳马拉更是内阁中的“首席部长”，具有“一人之

① Andrew Preston, “The Little State Department: McGeorge Bundy and the National Security Staff 1961 – 1965,” p. 653.

② Walt W. Rostow, *Oral History Interview*, March 21, 1969, pp. 1 – 58, 转引自 Kevin V. Mulcahy, “Rethinking Groupthink: Walt Rostow and the National Security Advisory Process in the Johnson Administration,” p. 240.

下、万人之上”的地位和影响力，约翰逊在越南问题上对其格外倚重。[①]

“星期二午餐会”的问题在于，这一会议是没有任何助手出席的，而且约翰逊还要求与会者对讨论内容守口如瓶。即使是助理部长一级的高级官员也丝毫不清楚政策风向，在1965－1969年一直负责东亚和太平洋事务的助理国务卿威廉·邦迪（William P. Bundy）——正是国家安全事务助理麦克乔治的兄弟——就认为“星期二午餐会”是“一场噩梦”，“各个部门的官员对于需要采取的行动糊里糊涂”。[②] 在少数与会者看来，“星期二午餐会”日程清晰、议题明确，讨论也颇有成效。但是大部分的中上级官员被排除在外，他们不清楚讨论的概要和政策的细节，因而怨气满腹。正因如此，约翰逊政府中国家安全决策高层和其助手们之间的“沟通鸿沟”越来越宽，作为少数的前者对约翰逊的忠诚很难被传递给更为庞大的官僚群体。[③] 如此一来，约翰逊所担心的忠诚和泄密问题自然也趋于恶化，长此以往就加剧了政府内部互不信任的恶性循环。

1965年12月，邦迪因为不愿意继续在越南政策上为约翰逊辩护而离开政府，临时接替邦迪的是罗伯特·科默。麦克纳马拉曾经青睐于科默，希望他能够来国防部当一名助理国防部长帮办。这一举动也从侧面表明国安会幕僚的政治地位不高，更何况麦克纳马拉还坦率地劝说科默“这个委员会在政府中无足轻重”，敦促其改换门庭。[④] 不过，邦迪的离任使科默有了当上国家安全事务助理的机会，他最终还是选择留在国安会。在短暂的代理期间，科默和马克斯韦尔·泰勒共同起草了一份关于协调政府内部政策的新方案，该方案于1966年3

---

① 戴维·罗特科普夫：《操纵世界的手：美国国家安全委员会内幕》，第110－120页。

② 夏尔－菲利普·大卫：《白宫的秘密》，第175页。原文对威廉·邦迪职务的记载有误，他实为助理国务卿而非副国务卿。

③ Kevin V. Mulcahy, “Rethinking Groupthink: Walt Rostow and the National Security Advisory Process in the Johnson Administration,” pp. 242－243.

④ 约翰·普拉多斯：《掌权者——从杜鲁门到布什》，第169页。

月2日得到约翰逊的签署通过，也就是《第341号国家安全行动备忘录》（NSAM 341）。这份备忘录反映了在邦迪离职后，独立的国安会幕僚的权力和地位遭到进一步削弱。该备忘录的主要内容是将协调各部门海外行动的职能明确交给了国务卿，为此在国安会部长级会议之下新设立了辅助国务卿的高级跨部门小组（Senior Interdepartmental Group/SIG）和若干个跨部门地区小组（Interdepartmental Regional Group/IRG）。前者由各相关部门（主要是国务院、国防部、国家开发署、中情局、参联会、国际新闻署）的副部长级官员组成（包括国家安全事务助理在内），由副国务卿担任主席；后者根据国务院的相应地区司局组建，由分管的助理国务卿担任主席。① 这一备忘录标志着腊斯克和国务院的胜利：在经历了艾森豪威尔和肯尼迪时代之后，一度旁落的跨部门协调机制主席的位置又回到了国务院手中。表面上看，这种变化是肯尼迪—约翰逊时代的“逆流”，新的部际小组在组织上更像是艾森豪威尔时代的计划委员会和行动协调委员会的复活。但是实质上，这一复活之所以可能，恰恰是因为国安会机制在约翰逊时代已经降至效用的最低点。事实上，无论由哪个部门来主导，高级跨部门小组和跨部门地区小组在约翰逊时代都没有多少政策上的重要性。② 至此，在“星期二午餐会”和国务院领导的高级跨部门小组夹击下，国安会幕僚在美国决策体系中的重要性也走到了建立以来的“最低点”。③

虽然科默很想顺理成章地将“代理”二字去掉，不过约翰逊却并不准备选择他为自己的国家安全事务助理。约翰逊还是希望任命一个在政策圈有一些名气、能够做出一些长远规划的人，因此在3月任命

---

① “Memorandum # 341, The Direction, Coordination and Supervision of Interdepartmental Activities Overseas, 3/2/1966,” LBJ Presidential Library, https://www.discoverlbj.org/item/nsf-nsam341.

② Alfred Dick Sander, *Eisenhower's Executive Office*, Westport: Greenwood Press, 1999, p. 151.

③ Christopher C. Shoemaker, *The NSC Staff: Counseling the Council*, Boulder: Westview Press, 1991, p. 15.

了正在国务院政策规划署当主任的罗斯托。[①] 罗斯托在管理哲学上与约翰逊甚是相得，他主张国安会就是应当无条件地为总统的需要服务，因而在这个位置上一直顺利地干到了1969年。不过与邦迪略有不同的是，除了继续为总统“跑腿”和“站台”之外，罗斯托对于政策规划还抱有相当的兴趣，他就任之后也在考虑重振国安会的政策规划职能。在1966年5月写给约翰逊的备忘录中，罗斯托指出了国安会应该提供的两项职能：一是撰写情报简报；二是在一些目前还不需要做出决定的议题上进行政策的背景研究。罗斯托希望能够加强国安会在中长期政策规划上的作用，这一点在原则上也得到了约翰逊的支持。[②] 此外，罗斯托也在尝试让约翰逊与国安会幕僚、也就是前者挑选的下属们更加亲近。1966年5月27日，约翰逊在罗斯托的劝说下于内阁办公室举办了一次与大部分国安会高级幕僚的见面会，会场的气氛还颇为融洽。不过，这也是该类会议的最后一次。[③] 总体而言，尽管罗斯托与约翰逊关系不错，但是前者在决策中的位置远远不如邦迪。他既没有管理和监督整个国家安全决策流程的权力，作为政策顾问的影响力也比不上麦克纳马拉和腊斯克。[④] 总统对国家安全事务助理可谓“亲而不重”，这直接削弱了国安会幕僚的权力。在整个约翰逊时期，罗斯托领导下的国安会幕僚在所有方面都甘居次等角色，仅仅作为“星期二午餐会”的附属品发挥着有限的作用。这显然与肯尼迪和他的亲密伙伴们关于国安会的最初设想大相径庭，这两种对国安会的利用模式在结果产出上更是天差地别。

1966年9月，麦克纳马拉辞职，这标志着约翰逊政府内围绕越南战争开始出现更深刻的裂痕。1968年2月，约翰逊本人也开始承认越

---

① 约翰·普拉多斯：《掌权者——从杜鲁门到布什》，第170－171页。

② Kevin V. Mulcahy, “Rethinking Groupthink: Walt Rostow and the National Security Advisory Process in the Johnson Administration,” pp. 238－239.

③ 约翰·普拉多斯：《掌权者——从杜鲁门到布什》，第180－181页。

④ Ivo H. Daalder and I. M. Destler, “In the Shadow of the Oval Office: The Next National Security Adviser”, p. 117.

南已经无可挽回，美国应该重新考虑不断更深卷入越南战场的政策。在这一过程中，作为国家安全事务助理的罗斯托将对越南战争的支持坚持到了最后。不过，与艾森豪威尔时代不同，很少有人将美国在越南战争上的失败归咎于国安会的组织架构上，因为它实际上在决策中已经不起作用。很多人将越南战争的失败归结于小集团思维，并认为这一思维和决策模式从“猪湾事件”起一直延续到了1968年。[①] 但是需要注意的是，在约翰逊政府逐步陷入越南泥潭的过程中，并非没有人提出反对建言，而是提出这种意见的人要么被边缘化，要么离开政府。因此，最终需要为决策失败负责的是约翰逊本人而非某种国安会的组织模式，政策失败的重要原因是他喜欢阿谀奉承、厌恶下属质疑的领导风格。这一错误最终使得约翰逊在政治上付出了沉重代价，美国的国家实力和信誉也因此严重受损。

小结　潮起潮落

罗斯福主义在约翰·肯尼迪时代的复兴既体现在政策上，也体现在管理方式上。肯尼迪的当选和执政极大地鼓舞了美国进步主义知识分子的信心，也使得美国在冷战之中显现出了积极进取的态度。肯尼迪领导下的国安会与其本人所具备的才能相得益彰，既能充分利用每一名顾问的价值，又不会影响总统的决断。在短短三年之中，肯尼迪在美国的国家安全战略上交出了一份相当完美的答卷。然而，罗斯福主义的大潮在到达高峰之际却也很快退去，肯尼迪的意外身亡使得与其完全不同的政客——林登·约翰逊执掌白宫。约翰逊在外交事务上信心不足，更多是从维护自身政治地位而不是美国国家安全利益的角度出发来处理越南问题，最终适得其反。在国安会的制度设计上，肯尼迪和约翰逊表面相似，实际上却大为不同。约翰逊从未真正重视国

① 戴维·罗特科普夫：《操纵世界的手：美国国家安全委员会内幕》，第125页。

安会的价值，因此后者和整个美国一起在 1964 – 1969 年陷入了冷战中的低谷。

在肯尼迪时代，美国的“新边疆”（New Frontier）和“灵活反应”在内外两个领域都获得了成果和声誉；在约翰逊时代，“伟大社会”（Great Society）却为越南战争所累，未能为其推动者赢得足够的政治声誉。在 1968 年，马丁·路德·金（Martin Luther King）和罗伯特·肯尼迪（Robert Kennedy）先后遇刺。仅从 1 月 1 日到 6 月 15 日，就爆发了 221 起大规模游行示威。[①] 它们有的针对政府的越南政策，有的针对种族隔离。在执政八年之后，民主党面临的是一个经济繁荣但是内部关系紧张的美国社会。在国际上，肯尼迪和约翰逊在花了大力气的拉丁美洲、非洲和亚洲的第三世界国家没有取得多少进展，经济援助和改革方案没有让这些国家获得政治稳定和经济发展。不过，这种挫折也并没有他们所想的那么糟糕，尽管古巴和越南北部的共产主义政权仍然欣欣向荣，但是多米诺理论并没有成为现实。[②] 事实的发展不禁令人设想，如果肯尼迪没有遭遇意外，也许他能够像私下承诺的那样利用好自己在头三年积累起来的巨大声望，在让历届政府束手束脚的越南问题上做出“艰难但正确的决定”。

不过，美国国家安全政策的不同结果可能并不会实质性地影响国安会的发展路径。在肯尼迪和约翰逊时代，后人所谓的“现代国家安全顾问”（Modern National Security Advisor）终于得以成型。他们不再仅仅扮演管理者和协调者的角色，而是深度介入了政策制定和执行。这些新的职能包括但不限于：为总统提供建议和咨询、危机处理时的信息汇总、书面材料的撰写分发、整理总统日常国家安全简报、协助

---

① 威廉·曼彻斯特著，广州外国语学院美英问题研究室翻译组、朱协译：《光荣与梦想：1932 – 197 年美国社会实录》，北京：海南出版社、三环出版社 2006 年版，第 868 页。

② Robert J. McMahon, “US National Security Policy from Eisenhower to Kennedy,” pp. 132 – 133.

总统的每日工作、在所有国家安全议题领域中维护总统的政治利益。[①]这一特征被之后的美国政府继承下来。亨利·基辛格在邦迪的介绍下，以兼职的身份加入了肯尼迪政府的政策团队；兹比格涅夫·布热津斯基则在罗斯托的劝说下，参与了约翰逊政府的国安会工作。他们还将进一步继承和发扬邦迪扮演的角色，将这场国安会的机制发展继续推进下去。以此而言，约翰逊时代不过是国安会和国家安全事务助理的短暂低潮。只要白宫的主人对外交政策稍加熟悉、对自身的外交政策判断稍有自信，植根于白宫的国安会权势还将继续增长。除了更加“现代”的国家安全事务助理之外，国安会的很多“小传统”也在这一时期得以建立，包括根据地缘和职能搭建的“镜像结构”和被明确冠以国安会之名的政策备忘录体系。在其发展的下一阶段，于共和党政府的领导下，这些传统还将变得更加复杂，兼具艾森豪威尔体系和肯尼迪体系的特色。

与这些成功的传统相对，约翰逊政府的另一些做法就未能传递下去，例如由国务院领衔的高级跨部门小组和跨部门地区小组。这一调整既是出于对腊斯克的偏爱，也是基于国务卿是美国总统外交事务“首席顾问”的传统，但这并不是国安会的发展方向。尽管这一设计让国安会趋于正式化和组织化，但是就连艾森豪威尔也不赞成其颇为“复古”的国务院优先的原则。这位共和党前总统指出：国防部绝对不可能接受国务院的政策协调工作，因而对国务院的授权只会导致前者通过泄密或者不合作来加以反击；总统可以信任和倚重国务卿，但是国务卿的作用并不一定需要通过国务院的官僚机器来发挥。对于即将接手政府的尼克松和基辛格，艾森豪威尔建议立即取消高级跨部门小组和跨部门地区小组这两个错误的组织架构，重新将国安会机制牢牢掌握在白宫手中。当然，艾森豪威尔的这一建议与新任总统和国家安全事务助理一拍即合，尼克松对国务院和国务卿本人充满怀疑，基

① John P. Burke, “The National Security Advisor and Staff: Transition Challenges,” *Presidential Studies Quarterly*, Vol. 39, No. 2, 2009, p. 293.

辛格则欣然利用这一机会扩张自己的权势。[1] 总而言之，国安会的各种制度演进就如同生物体的突变，由于总统的不同偏好而可能向各个方面发展，但是最终只有那些更符合权力运作逻辑的设计才能“遗传”下去。

① Arthur Cry, “How Important Is National Security Structure to National Security Policy?” *World Affairs*, Vol. 146, No. 2, 1983, pp. 137 – 138.

第四章

尼克松—福特：孤独的秩序

这个备忘录强调两点：第一，在任何情况下我对中东问题所做的任何决策都与国内政治考虑无关；第二，美国的安全利益是唯一会对这方面决策产生影响的考虑因素。

——美国第37任总统理查德·尼克松

1969年2月22日致国务卿威廉·罗杰斯和总统国家安全事务助理亨利·基辛格的备忘录①

很多人批评基辛格博士在各类国安会会议的出席情况，我们想采取两种方式纠正或者改善其中最突出的问题。第一是要维护好他的既有日程，第二则是让他有更强的时间和出席观念。至少这样可以让他别在国安会会议就要开始之前会见他的学术圈朋友和偶然的来访者。

——国安会—参联会联络官伦布兰特·罗宾逊海军少将

① 理查德·里夫斯著，吴雯芳译：《尼克松：孤独的白宫主人》，北京：商务印书馆，2016年版，第36页。

1970 年 1 月 19 日致参联会主席厄尔·惠勒的备忘录①

第一节　缓和时代与秘密政府

理查德·尼克松是一位非常特别的政治人物，他以死硬反共分子的面貌在美国政坛出道。作为众议员，他在杜鲁门时期主导了对国务院官员阿尔杰·希斯（Alger Hiss）间谍案的披露和调查，支持麦卡锡主义。在艾森豪威尔时代，他是一名“甘当”政治打手的副总统，反衬着总统本人的“不偏不倚”和“无党派色彩”。在肯尼迪时代的序幕，尼克松在总统大选中输给了这位年轻的民主党人，充当了民主党回潮的背景版。这一回在 1968 年，这位已经在政坛拼搏多年的冷战斗士终于重返舞台中央。此时，国际环境与尼克松在政坛初展头角时已经大不相同。美国和苏联在各自阵营内部都遭遇了严重挑战，彼此间有利于缓和的因素已经大为增长。对于美国而言，一方面，其军事力量深陷越南的泥潭，国内社会因此严重分裂和对立；另一方面，美国的经济优势已经摇摇欲坠。从 20 世纪 60 年代末开始，美国对日本和欧洲的贸易逐渐从顺差走向逆差，但是与此同时却又必须维持布雷顿森林体系下的强势美元，因此贸易逆差和通货膨胀不断增长，整个美国经济陷入第二次世界大战以来前所未有的困境。②

作为一个关注国家安全的保守派，尼克松对各国的权力变化高度敏感。正因如此，就任之后的尼克松与以往相比仿佛换了一个人。在 1969 年 1 月 20 日的就职演说中，尼克松宣称：“经过了一个时期的对抗，我们已经进入了谈判的时代。要让所有国家知道，本届政府将永

---

① “Memo, Rear Admiral Rembrandt C. Robinson to General Earle Wheeler, NSC Organization and Procedures,” January 19, 1970, 转引自 Asaf Siniver, “‘Source Material’: The Truth Is out There: The Recently Released NSC Institutional Files of the Nixon Presidency,” *Presidential Studies Quarterly*, Vol. 34, No. 2, 2004, p. 454。

② 理查德·克罗卡特著，王振西、钱俊德译：《五十年战争：世界政治中的美国与苏联》，北京：社会科学文献出版社，第 256 – 257 页。

远保持联络通畅……我们不可能期盼所有人都成为朋友，但是可以试着不让任何人成为我们的敌人。”①在这篇充满了“缔造和平”与“非敌非友”概念的演说中，尼克松向往日的对手抛出了鲜艳的橄榄枝，其目标是苏联、越南和中国。当然，其中最为重要的还是苏联。在私下会谈里，尼克松对苏联外交部部长安德烈·葛罗米柯（Andrei Gromyko）可谓坦诚亲切。在1970年10月的一次谈话中，尼克松亲口告诉葛罗米柯他绝对不会考虑采取一条“好战的反共路线”，因为“这不符合维持世界和平与美苏关系的利益”。② 显然，尼克松在当选之初就已经确定要走一条与其过往形象并不相符的新外交路线，这条路线也被政策界、学界和媒体称为“缓和”（Detent）。

不过，缓和本身并非尼克松的目的，重新确立美苏之间的权力平衡才是他的目标。明确地说，就是要苏联在越南和中东停止或者至少减缓扩张的脚步，同时在核弹头数量和其他核军备的发展上不再那么咄咄逼人。虽然在越南问题上尼克松有求于苏联，但是他追求的目标和国内的反战主义者绝不相同。尼克松想要的不是简单地从越南撤军，而是要“体面地”实现越南战争的“去美国化”，必须保证撤出不会影响美国在全球范围内的战略信誉。为了在战略上证明美国不是“落荒而逃”，尼克松经常不顾美国国内和政府内部的强烈反对，采取极为强硬的策略。1969年4月15日，朝鲜击落了一架美国侦察机，尼克松和他的“同路人”基辛格积极推动采取包括轰炸在内的报复措施，要求最低程度也要派遣战斗机为其他侦察机护航。但是这些想法和指令遭到了远没有那么激进的国防部长梅尔文·莱尔德（Melvin Laird）和国务卿威廉·罗杰斯（William Rogers）的有效抵制。③ 1970

---

① “January 20, 1969: First Inaugural Address,” National Archive, https://millercenter.org/the-presidency/presidential-speeches/january-20-1969-first-inaugural-address.

② Robert D. Schulzinger, “Detent in the Nixon-Ford Years, 1969-1976,” in Melvyn P. Leffler and Odd Arne Westad, eds., *The Cambridge History of the Cold War, Vol. 2 Crises and Detent*, Cambridge: Cambridge University, 2009, p. 373.

③ 理查德·里夫斯：《尼克松：孤独的白宫主人》，第63-65页。

年4月29日，尼克松和基辛格决心绕过罗杰斯和莱尔德，派遣美国—南越联军入侵柬埔寨。但是在基辛格向国安会中的下属传达这一决策时，威廉·沃兹（William Watts）首先与基辛格爆发了冲突，拒绝参与和入侵柬埔寨相关的国安会会议，并立即决定辞职。随后，另外两名重要助手也递交了联名辞职信，其中一位就是日后为克林顿担任国家安全事务助理的安东尼·莱克。在国安会幕僚之外，反对意见则更加强烈。[①] 为了弥补战略上的“缓和”，尼克松对于在具体战术中是否显得“软弱”高度敏感，这也进一步促使他以一种极端秘密主义的方式来使用国安会机制，其结果就是政府内外的不满情绪始终高涨，部门间关系持续紧张。

缓和战略、强硬外交与秘密政府就这样在尼克松的任内既矛盾又自洽地结合了起来，其运作的政治成本无疑是巨大的。但是，尼克松始终认为只有自己执行的这条路线才代表了美国“伟大的沉默多数”（The Great Silent Majority），将那些反战甚至是单纯反对强硬政策的人斥为“吵闹的少数”（Vocal Minority）。在1969年11月3日发表的以“伟大的沉默多数”为标题的演说中，尼克松表示简单地从越南撤军虽然符合自身政治利益，但是这将是对美国利益的重大打击。因此，他宁愿选择一边采取坚定的军事行动，一边在谈判中争取和平，这是终结战争的唯一合理选择。[②] 事实上，约翰逊时代的反战浪潮在美国社会内部也确实激起了保守派的强烈反弹，保守派认为反战的自由派背弃了对美国的“神圣制度”和爱国主义的信仰，越南战争的危机是一场精神危机而非军事和经济危机。在1969年的大选中，美国全国范围内“向右转”的趋势也较为明显。[③] 自始至终，尼克松对于自己

---

① 约翰·普拉多斯著，封长虹译：《掌权者——从杜鲁门到布什》，北京：时事出版社，1992年版，第349-351页。

② 威廉·曼彻斯特著，广州外国语学院美英问题研究室翻译组、朱协译：《光荣与梦想：1932-1972年美国社会实录》，北京：海南出版社、三环出版社，2006年版，第890-891页。

③ “Nixon's ‘Silent Majority’ Speech,” November 3, 1969, http://chnm.gmu.edu/hardhats/silent.html.

的外交政策代表着美国的大多数深信不疑，他也格外排斥从国内选举的角度来思考外交政策。在很长一段时间内，他都在考虑与民主党参议员约翰·康纳利（John B. Connally）搭档组建代表“新大多数”的新政党，将共和党与民主党中的保守派联合起来。尼克松在1972年的连任成功似乎也说明了这一想法的正确性。

然而，政府内的秘密主义最终还是让尼克松付出了美国总统历史上前所未有的政治代价，成为第一位因为遭遇弹劾而被迫提前辞职的白宫主人。但是与此同时，尼克松也主导了美国冷战史和外交史上的诸多重大转折：1971年8月15日，尼克松宣布美元停止兑换黄金，这标志着第二次世界大战后建立的布雷顿森林体系走向终结；1972年2月22日，尼克松踏上空军一号，开始了“为全人类和平而来”的中国之旅；1972年5月22日，尼克松成为第一位到访莫斯科的美国总统，随后他与列昂尼德·勃列日涅夫（Leonid Brezhnev）签署了之前由基辛格绕过国务院秘密谈妥的限制战略武器的军控条约；1973年1月27日，停火协议在越南战场正式生效，所有美国军事人员在随后的六天内撤出，同时所有美军战俘都得到释放，美国终于摆脱了这场跨越四位总统任期的战争。面对发生了根本变化的国际环境，尼克松找到了一条在国内外都具有坚实基础的新国家安全战略，设计了一套矛盾统一的外交政策，并且为了推行这些战略和政策建立了一个发挥了突出作用的决策机制——基辛格领导的国安会幕僚班子无疑就是该机制中的一颗明珠。然而，尼克松混淆了国内政治和国际政治的区别，在国内推行了一套无法为美国社会所接受的政治做法。这位“本可以成为少数几个改变并创造自身时代的伟大人物”正是“断送在自己手里，断送在自己的性格上”。[①]

① 戴维·罗特科普夫著，孙成昊、赵亦周译：《操纵世界的手：美国国家安全委员会内幕》，北京：商务印书馆，2013年版，第133页。

第二节　孤独的秩序

尼克松是一个喜欢孤独的人，尽管他喜欢权力，但是他无法像罗斯福和肯尼迪那样圆滑地与众多下属打交道，他还特别厌恶当面争论、冲突和反对意见。因此，尼克松的白宫必须秩序井然，其原则是尽可能减少总统与下属的接触面。尼克松最信任的人是白宫办公厅主任哈利·鲍勃·霍尔德曼（Harry Robbins Bob Haldeman），他负责安排和监督所有的白宫流程。总揽一切的霍尔德曼之下，尼克松希望有两个人分别在内外政策方面“大权独揽”“建立秩序”。负责国内政策的是约翰·埃利希曼（John Ehrlichman），负责对外政策的则是基辛格。这些人与尼克松有一个共同点，都是政治上的“现实主义者”，没有多少理想主义色彩或者原则性。就像埃利希曼对因坚持经济保守主义原则而未能获得“国内政策主管”地位的阿瑟·伯恩斯（Arthur Burns）所说：“难道你不知道总统不信奉任何哲学吗?”[①] 不过，虽然尼克松定下了“内外有别”的规矩，但是基辛格的权力远不及霍尔德曼和埃利希曼。基辛格很少参加国内政策和政治运作方面的会议，但是霍尔德曼和埃利希曼经常代表尼克松出席最重要的外交政策会议。正常情况下，基辛格很容易与尼克松直接沟通。但是当尼克松在处理其他重要事务时，基辛格必须通过霍尔德曼转达。[②] 好在尼克松高度关注国际事务，厌恶国内政治影响外交决策，因此并非政治亲信的基辛格仍然得到了足够多的权力和信任。

基辛格长期以来是尼克松在共和党内的主要政治对手纳尔逊·洛克菲勒（Nelson A. Rockefeller）的首席外交政策顾问，同时也是邦迪

---

① 理查德·里夫斯：《尼克松：孤独的白宫主人》，第52－53页。

② Joseph G. Bock and Duncan L. Clarke, “The National Security Assistant and the White House Staff: National Security Policy Decisionmaking and Domestic Political Considerations, 1947－1984,” *Presidential Studies Quarterly*, Vol. 16, No. 2, 1986, p. 264.

在哈佛大学的下属，他也因此部分参与了肯尼迪和约翰逊政府的外交工作。在洛克菲勒 1968 年竞选失败后，从 1968 年 8 月—11 月，基辛格作为哈佛总统过渡小组的创始成员和三位同事一起为尼克松团队提交了四份研究报告，其主要内容包括：（1）恢复国家安全委员会的作用；（2）任命一位强有力的国家安全助理，将政策协调权集中在其手中；（3）保证国安会幕僚班子拥有足够的人手和资源；（4）总统在决策时不必获取过多信息，应尽快行动；（5）白宫办公厅主任不应过于强势，不应控制其他顾问与总统接触的渠道；（6）应强化总统相对于国务院的权力。① 由于并非是某一个人的作品，这些建议存在矛盾的地方。例如，第四条和第五条在总统是否应当充分了解各部门和顾问在某一议题中的立场上就存在明显差异。强调充分协调的是艾森豪威尔的老国安会模式，而如果强调有限协调和快速行动，则更符合尼克松的口味。出于对共和党外交政策共同体和艾森豪威尔本人的尊重，尼克松在形式上势必要“重振”国家安全委员会的正式机制。此外，这两位共和党总统在看待国安会的作用上还有一个共同点，那就是他们都很看重长期政策研究和规划，而不是仅仅将其用于处理眼前事务和危机。② 恰好，在这两个方面基辛格都能满足尼克松的要求，他既有行动的决心，又有深刻的头脑。

在大选期间，尼克松就读过基辛格关于越南战争的文章，发现他们对于如何终结这场战争颇有共同点。而尼克松竞选团队的外交政策顾问理查德·艾伦（Richard V. Allen），这位日后出任罗纳德·里根（Ronald Wilson Reagan）政府第一任国家安全事务助理当时还过于年轻。这些因素共同促使尼克松最终挑选基辛格作为国家安全顾问。在确定人选之后，尼克松的政府过渡班子花了 11 个星期来设计包括国安会在内的外交决策机制框架。设计这一框架的是一个核心小团队，

---

① 尼尔·弗格森著，陈毅平译：《基辛格：理想主义者》，北京：中信出版集团，2018 年版，第 827 – 831 页。

② R. Gordon Hoxie, “The National Security Council,” *Presidential Studies Quarterly*, Vol. 12, No. 1, 1982, p. 110.

成员包括基辛格、安德鲁·古德帕斯特、莫顿·哈普伦（Morton Halperin），后来亚历山大·黑格（Alexander Al. Haig）也加入进来。设计的基础是基辛格让古德帕斯特提供的关于艾森豪威尔国安会机制备忘录。随后，主要是由哈普伦根据尼克松偏爱更充分、更全面的政策研究和战略规划的需要，撰写了 18 页的最终报告。在哈普伦看来，这一设计有两大原则：一是确保总统对政策流程的控制，削弱国务院的影响；二是要为总统提供真正的政策分析和选择，建立两套由国安会幕僚驱动的研究和决策备忘录体系，确保由国安会幕僚掌控国安会会议。[①] 当然，这些建议遭到了国务院强烈反对。虽然尼克松本人最初希望下属们能够自己解决这一问题，但这显然不可能。最后还是尼克松本人定下基调，那就是作为国安会核心机制的跨部门协调班子必须由白宫派人领导，不能交给国务院。[②]

哈普伦撰写的备忘录堪称杰作。他一方面把权力集中在国家安全事务助理、国安会幕僚和国家安全委员会机制之上，另一方面又建立了一大堆跨部门决策机制和无数的小型委员会，用金字塔一样的委员会结构制造出了多方咨询的假象，将大量的实际权力转移到了白宫西翼。在这一委员会金字塔中，最后发展出八个主要跨部门决策机制，它们分别是高级审查小组（Senior Review Group）、副部长级委员会（Under Secretaries Committee）、情报委员会（Intelligence Committee）、核查小组（Verification Panel）、国防审查委员会（Defense Program Review Committee）、华盛顿特别行动小组（Washington Special Action Group）、“40”委员会（“40” Committee）以及国际能源审查小组（International Energy Review Group）。[③] 在所有委员会中，只有副部长

① “The National Security Council Project, Oral History Roundtables, The Nixon Administration National Security Council, December 8, 1998,” Brookings Institute, https://www.brookings.edu/wp-content/uploads/2016/07/19981208.pdf, pp. 1-4.

② 戴维·罗特科普夫：《操纵世界的手：美国国家安全委员会内幕》，第 137-138 页。

③ 同上，第 139-140、543 页。

级委员会的主席职务被交给了国务院，其他则全部由国安会幕僚主导。做出这一点“妥协”也是因为副部长级委员会只是一个行动而非政策制定机制。同时，国安会幕僚的职能也出现了进一步分化，在国家安全事务助理和副助理之下，首先是负责某一重要项目和长期议题的高级助手（Assistant），再下一级是聚焦某一地区的行动幕僚（Operations Staff）、负责战略规划的规划幕僚（Planning Staff）和处理情报、提出军事建议的军事幕僚（Military Staff）。① 这一“哈普伦方案”吸收了20世纪50年代的美国国安会拥有正式结构和规范流程的优点，但同时又保留了20世纪60年代美国国安会幕僚拥有越来越多职能和权力的优势，诚可谓“集大成者”。

1968年12月27日，尼克松批准了由基辛格提交的“哈普伦方案”。1969年1月20日，刚刚启动的新政府就按照建议立即颁布了3份《国家安全决策备忘录》（National Security Decision Memoranda/NSDM），它们全部涉及国安会的组织结构和运作机制。NSDM1是以基辛格的名义发出，其内容是建立通报总统决定的“下行”备忘录系统——《国家安全决策备忘录》，以及向国安会（实际上主要服务对象是尼克松本人）提交的“上行”备忘录系统——《国家安全研究备忘录》（National Security Study Memoranda/NSSM）。至此，邦迪建立起的NSAM系列备忘录宣告终结。②

NSDM2备忘录总体规定了国安会的组织结构，除了重申由国家安全事务助理负责决定会议日程、准备相应文件之外，还建立了三个层次的下级委员会，它们分别是国安会审查小组（National Security Council Review Group）、国安会副部长委员会（NSC Under Secretaries Committee）和国安会部际小组（NSC Interdepartmental Groups）。其

① David Mitchell, *Making Foreign Policy: Presidential Management of the Decision - Making Process*, Burlington: Ashgate Publishing Company, 2005, pp. 47 - 48.

② “National Security Decision Memorandum 1,” January 20, 1969, Nixon Library, https://www.nixonlibrary.gov/sites/default/files/virtuallibrary/documents/nsdm/nsdm_001.pdf.

中，审查小组由国家安全事务助理、国务卿、国防部长、中央情报局局长和参谋长联席会议主席的常设代表组成，主席职务自然不会旁落于国家安全事务助理的掌控之外。该小组负责审查一切提交给国安会正式会议的文件，同时还有权对国安会部际小组和其他临时小组发出指示，是新的政策协调机制的权力中枢。国安会副部长委员会则由副国务卿担任主席，参与者包括常务副国防部长、国家安全事务助理、中央情报局局长和参谋长联席会议主席。虽然副部长委员会的出席者级别更高，但主要负责处理审查小组指派、由部际小组提交或者性质上属于行动协调的事务。国安会部际小组吸收了约翰逊政府时期设立的由助理国务卿担任主席的部际小组，负责处理一些更细节的协调问题以及提出一些逐级上报的政策建议。在这三个常设机制之外，NSDM2 还规定可以额外设置临时委员会。①

NSDM3 主要是对国务卿传统权力的承认和对国务卿本人的安抚，该备忘录重申国务卿仍然是美国总统在外交政策上的首席顾问，负责指示、协调和监督美国外交政策在海外的执行。因此，在政策执行领域，国安会副部长委员会和国安会部际小组都应当对国务卿负责。②不过从尼克松政府的实际表现来看，国务卿不仅没能在政策制定中发挥多少作用，也没能在政策执行中扮演其按规定本该扮演的角色。不过，尼克松自己确立的秩序也多少束缚了白宫的手脚。在很多情况下，白宫只能蓄意欺骗国务院和其他政府机构。例如，在至关重要的美苏限制部署反弹道导弹协议上，负责谈判的国务卿罗杰斯、军控和裁军署署长杰拉尔德·史密斯（Gerald Smith）就对美苏双方的“秘密渠道”和已经达成的协议内容一无所知。③ 有些时候，尼克松甚至

① “National Security Decision Memorandum 2,” January 20, 1969, Nixon Library, https://www.nixonlibrary.gov/sites/default/files/virtuallibrary/documents/nsdm/nsdm_002.pdf.

② “National Security Decision Memorandum 3,” January 20, 1969, Nixon Library, https://www.nixonlibrary.gov/sites/default/files/virtuallibrary/documents/nsdm/nsdm_003.pdf.

③ 理查德·里夫斯：《尼克松：孤独的白宫主人》，第 343 – 344 页。

会要求苏联人帮忙伪装，欺骗自己的下属。以此而言，尼克松政府中的国家安全事务助理及其下属幕僚的权力远远超过了 NSDM1－3 的规定。归根到底，尼克松的政治风格正是秘密和欺骗。

第三节　大放异彩

尼克松时代的到来标志着国安会进入了“成熟期”。与杜鲁门和艾森豪威尔时代所设想的完全不同，国安会幕僚体系逐渐发展起来，从理论上并不预设政策立场、居于各部门之间的协调者变成有自身独特政策偏好的决策参与者。和其他机构一样，国安会幕僚拥有政策制定权，能够参与决策；与其他机构不一样，国安会幕僚还能代表总统，履行着政策协调和政策监督的职能。某种程度上，在美国国家安全的政策竞技场中，国安会幕僚既是裁判员，又是运动员，直接代表总统意志，在官僚斗争中占尽优势。在专职国安会幕僚的人数上，从杜鲁门到约翰逊时代，这一数字从未超过 20 人，但在尼克松和紧随其后的福特时代，这一数字接近 100 人。[①] 此后，该数字迅速回落，直到威廉·克林顿时期将国际经济议题纳入国安会后，幕僚规模才重新回到了这一高水平。国安会幕僚的发展使得国安会的部长级会议变得不再必要。国安会幕僚在很大程度上直接服务于总统，而不是服务于最高层次的跨部门协调机制。在尼克松就任后的头一年，国安会共召开了 37 次部长级会议，这也产生了艾森豪威尔式国安会已经“复活”的假象。随后，会议召开的频率迅速下降，1970 年全年仅为 21 次，1971 年的头 10 个月更是仅有 10 次。真相也因此大白，与肯尼迪和约翰逊一样，国安会的部长级会议只是尼克松拿来将已经决定的政策“合法化”工具，大部分决策早已在总统和国家安全事务助理的文

① Christopher C. Shoemaker, *The NSC Staff: Counseling the Council*, Boulder: Westview Press, 1991, pp. 17－18.

件往来间做出。[①]

国安会幕僚权力的增长集中体现在国家安全事务助理的地位提升上。正是在基辛格时期，总统国家安全事务助理（The Assistant to the President for National Security Affairs）的头衔才最终确立下来。需要补充的是，国安会幕僚是白宫幕僚（White House Staff）的一部分，他们在头衔上有明确的阶级区分。原本国家安全事务助理的头衔都是较低的总统特别助理（Special Assistant to President），但是基辛格尚未正式上任时，霍尔德曼就告知他其头衔中的“特别”一词将被拿掉。[②] 这意味着国家安全事务助理在获得内阁地位后，又跻身白宫中地位最高的幕僚之列。[③] 就职之后，基辛格根据 NSDM2 很快获得了国家安全事务助理的“应有”权力，其中最主要的包括作为审查小组的主席控制国安会的文件流转（特别是哪些备忘录应该提交给总统），主持国安会的危机管理机制——1969 年 4 月设立的华盛顿特别行动小组。[④] 除此之外，基辛格还额外拥有《国家安全研究备忘录》这一新工具。一方面，这一系列备忘录可以做到为局势的发展未雨绸缪，制订长期的战略规划。作为一名杰出的严肃学者，基辛格完全具备思考和准备这类文件的能力。对于基辛格打造的这一备忘录体系，很多亲眼目睹过的人都赞不绝口。[⑤] 另一方面，基辛格在完全控制了这一备忘录后，又可以要求各部门不断参与撰写和修改数量众多的备忘录。在第一年中，基辛格就让各部门起草了 85 份《国家安全研究备忘录》（NSSM）。通过让政府的各部门忙于撰写文件，基辛格和尼克松可以更加

① 夏尔－菲利普·大卫著，李旦、王健、徐翊等译：《白宫的秘密》，北京：中国人民大学出版社 1998 年版，第 201 页。

② 尼尔·弗格森：《基辛格：理想主义者》，第 834 页。

③ Zbigniew Brzezinski, “The NSC’s Midlife Crisis,” *Foreign Policy*, No. 69, Winter, 1987 – 1988, p. 86.

④ John P. Burke, “The National Security Advisor and Staff: Transition Challenges,” *Presidential Studies Quarterly*, Vol. 39, No. 2, 2009, p. 307.

⑤ 戴维·罗特科普夫：《操纵世界的手：美国国家安全委员会内幕》，第 140 – 146。

便利地策划秘密外交行动。[①] 当然，并没有任何文件赋予或者规定基辛格参与秘密外交行动的权力，他唯一需要的只是尼克松的信任和批准。

在风起云涌的尼克松时代，走向外交前台、熟谙媒体与发表的基辛格作为新闻界的“宠儿”经常引起尼克松的嫉妒，其与罗杰斯的持续争论也不时让尼克松考虑是否应该要求基辛格辞职，但是二者在外交政策和行事方法上的相同之处帮助他们克服了这些矛盾。在1972年连任成功后，尼克松制订了一项政府改组计划，试图更进一步地强化“孤独的秩序”。每一位留任或者接受新职务的人都要亲笔签署一份5页纸、拥有15项条款的单子。其中一些说法是史无前例的，例如“不应鼓励内阁部长期望自由接近总统或者经常与总统商议问题……内阁会议将不常召开”，“部长和顾问都是总统的人而不是各部的傀儡……也不是为各部向总统辩护的人”。[②] 但是改组计划没有对国安会机制和基辛格产生多少影响。总体来看，NSDM2体系在尼克松时期一直在高度稳定地运行，仅仅发生了一些细节上的变化。这些调整包括在1970年9月14日通过NSDM85将国安会审查小组调整为国安会高级审查小组，明确了其参与者应当是国家安全事务助理、国防部副部长、副国务卿以及中央情报局和参谋长联席会议的长官。[③] 这一指令将国安会的政策审查和行动协调机构（副部长级委员会）调整到了同一官僚层级。另外，随着第一次国际石油危机的爆发，外交政策与经济问题的联系也得到更多重视。在1974年2月和4月，因“水门事件”不断发酵而风雨飘摇的尼克松政府仍然先后颁布了NSDM244号和253号备忘录，建立由国家安全顾问主持的国安会国际能源审查小组，授权财政部副部长列席国安会情报委员会。这是将国际

① 夏尔-菲利普·大卫：《白宫的秘密》，第200页。

② 理查德·里夫斯：《尼克松：孤独的白宫主人》，第579-585页。

③ “National Security Decision Memorandum 85,” September 14, 1970, Nixon Library, https://www.nixonlibrary.gov/sites/default/files/virtuallibrary/documents/nsdm/nsdm_085.pdf

能源问题进一步纳入国家安全议程。①

1973 年 5 月，“水门事件”的烈火终于烧到了白宫的最核心层，尼克松被迫放弃了霍尔德曼和埃利希曼，黑格和莱尔德分别继承了二者职务。基辛格也在利用这一状况，他认为如果白宫幕僚因为“水门事件”遭受大规模调查，无疑将影响其履行国家安全事务助理的职责。同时，由于后院失火，尼克松对于已经成为“政治明星”的基辛格更加倚重，试图借助其威望巩固自己的政治地位。因此，基辛格通过黑格游说尼克松，获得了让其兼任国务卿的承诺。② 1973 年 8 月 22 日，在罗杰斯终于迫于压力辞职后，尼克松旋即“史无前例”地让基辛格身兼两职。总统本人因为国内丑闻而无暇他顾，其在国安会的副手官升白宫办公厅主任，强有力的竞争对手离开政府，这些因素使得基辛格在白宫的组织结构内更加如鱼得水。③ 由于白宫对内外事务划下了清晰的界线，对“水门事件”几乎一无所知的基辛格没有受到这一丑闻的严重伤害。这也使得尼克松—基辛格这对搭档的政治结局大不相同：与艾森豪威尔和肯尼迪掩盖了所有下属的光荣不同，虽然尼克松本人是美国外交政策的真正掌舵人，也是基辛格能够取得成功的关键，但尼克松在政治上的最终出局使得成绩和光荣在很大程度上被归于作为下属的基辛格。尼克松政府在 1974 年 8 月 9 日步入终点，而美国国家安全顾问的荣耀和地位则攀上了近三十年来的顶峰。

随着国安会幕僚规模的扩大，国家安全事务助理对下属的管理也成为一个重要问题。在原则上，基辛格坚持接近“学者”风格的领导

① “National Security Decision Memorandum 244,” February 8, 1974, Nixon Library, https://www.nixonlibrary.gov/sites/default/files/virtuallibrary/documents/nsdm/nsdm_244.pdf; “National Security Decision Memorandum 85,” September 14, 1970, Nixon Library, https://www.nixonlibrary.gov/sites/default/files/virtuallibrary/documents/nsdm/nsdm_253.pdf.

② 约翰·普拉多斯：《掌权者——从杜鲁门到布什》，第 402–404 页。

③ Joseph G. Bock and Duncan L. Clarke, “The National Security Assistant and the White House Staff: National Security Policy Decisionmaking and Domestic Political Considerations, 1947–1984,” pp. 264–265.

方式，那就是不分党派地任用有才之士，同时允许大家在敏感问题上畅所欲言，承诺不会像约翰逊政府那样压制在越南问题上的不同看法。因此，在尼克松政府运作之初，国安会幕僚士气高涨、团结一致。一手缔造了 NSDM2 体系的哈普伦就是基辛格“不拘一格”任用的典型。哈普伦于 1966 – 1969 年间担任过助理国防部长帮办，是政府内坚定的反战派。在被基辛格延揽至国安会后，参谋长联席会议主席惠勒等人对此表示了强烈不满。此外，基辛格还留用了罗杰·莫里斯（Roger Morris）这样厌恶尼克松的民主党人。[①] 这种管理风格也使基辛格在国安会幕僚中培养出了一大批能人。他的副手黑格和行政助理劳伦斯·伊格尔伯格（Lawrence Eagleburger）后来都当上了国务卿。除了之前提到的莱克之外，军事助手布伦特·斯考克罗夫特（Brent Scowcroft）还在福特和里根两届政府担任国家安全事务助理，另一名军事助手罗伯特·麦克法兰（Robert Macfarlane）也在里根时期担任过国家安全事务助理。其他日后出任高官、赫赫有名的下属更是数不胜数。[②] 不过，就如同尼克松和基辛格之间的关系绝非亲密无间一样，在总统和国家安全事务助理对国安会幕僚的领导过程中也存在着猜忌和阴谋。

1969 年 5 月 9 日，美国秘密轰炸柬埔寨遭到《纽约时报》曝光，基辛格怀疑罗杰斯和莱尔德有意破坏该政策，但是尼克松却更加怀疑属于东部自由派的哈普伦等人，随后联邦调查局就在基辛格和黑格的指示下监听了哈普伦以及另外两位国安会助手赫尔穆特·索南费尔特（Helmut Sonnenfeldt）和丹尼尔·戴维森（Daniel Davidson）。1971 年 6 月，《纽约时报》公布了一大批关于越南战争的秘密档案，泄露这批档案的正是基辛格在哈佛大学的学生、短暂在国安会工作过的丹尼

---

① Seymour M. Hersh, “Kissinger and Nixon in the White House,” *The Atlantic*, May Issue, 1982, https://www.theatlantic.com/magazine/archive/1982/05/kissinger-and-nixon-in-the-white-house/308778/.

② 戴维·罗特科普夫：《操纵世界的手：美国国家安全委员会内幕》，第 149 – 150 页。

尔·埃尔斯伯格（Daniel Ellsberg），这一事件加重了尼克松的怀疑，也迫使基辛格必须用更激烈的做法来自保。① 正如入侵柬埔寨导致莱克等人辞职一样，基辛格在本质上是全心全意赞同尼克松的外交策略的，即在战略收缩的同时采取强硬策略，这使得其更加反战的下属无法对基辛格保持忠诚，这正是层出不穷的泄密问题的源头。这一矛盾导致哈普伦和很多自由派国安会助手离开了白宫。之后，哈普伦仍然继续遭到政府的监听。随着“水门事件”的事发，对哈普伦的监听也遭到曝光，这直接引发了针对基辛格的长期法律诉讼。直到1991年12月，基辛格致信向他致歉，承认其默许了对后者的监听，之后又放任调查人员处理相关事务，因此对监听负有“道德责任”，这才使得哈普伦撤回了诉讼。② 除了政策分歧之外，窃听事件还说明基辛格对其下属或者朋友并不诚实，而且并不介意为了维护自身与总统的关系而损害下属利益。这种并不怎么掩饰的作风使得他很难聚拢人心。到1969年9月时，他在2月份召集的第一批下属就已经离开了40%。③ 与整体尼克松政府一样，基辛格领导的国安会幕僚班子虽然取得了辉煌成就，但也同样存在严重的道德瑕疵和政治污点。

第四节　更换“船长”

杰拉尔德·福特（Gerald Ford）是一位最意外的中途接任的美国总统，他的在职时间非常短暂。在“水门危机”的高潮之中，尼克松政府的副总统斯皮罗·阿格纽（Spiro Theodore Agnew）正因为另一件舞弊案深陷诉讼之中，再加上阿格纽平素就毫无威望，因此尼克松最

---

① 理查德·里夫斯：《尼克松：孤独的白宫主人》，第72、350－353页。

② Walter Pincus, “20 – Year – Old Wiretap Suit Against Kissinger Settled,” *The Washington Post*, November 13, 1992, https://www.washingtonpost.com/archive/politics/1992/11/13/20-year-old-wiretap-suit-against-kissinger-settled/648b6c12-48e7-4d38-a8b9-f51bd2792468/?utm_term=.c24ff3501c1a.

③ 约翰·普拉多斯：《掌权者——从杜鲁门到布什》，第331页。

终选择提拔福特作为副总统，这实际上意味着将总统宝座交给了他。这也使得福特成为美国唯一一位没有经历过总统大选考验的三军最高统帅。福特乐于继承尼克松的国安会遗产，其中包括不顾过渡团队的反对意见，坚持让基辛格继续兼任国家安全事务助理和国务卿。① 之所以如此，部分原因是福特毫无准备地当上了美国总统，他对尼克松政府的外交政策知之不多，也不是外交方面的行家，在国际事务上并不像尼克松那样有明确的想法和目标。② 因此，福特愿意依靠“旧臣”，以保持政策的延续性。

由于缺乏经验，福特对基辛格的依赖超过了杜鲁门对艾奇逊、艾森豪威尔对杜勒斯以及约翰逊对腊斯克的倚重。③ 基辛格的兼职加之福特的信任，使得美国的外交决策显得更加平衡，不再是国安会幕僚的一枝独秀。另一方面，福特的个性与尼克松差异极大，他是一位典型的美国政客和世家子弟，乐于与人交往、听取各方意见，同时也不惮于当面争执，懂得妥协的艺术。这使得白宫的外交决策不再是一个内外有别、秩序井然的孤独世界。在外交政策上，福特经常咨询各类顾问，特别是一批由原来国会众议院同事们组成的“厨房内阁”和企业界朋友。在这些顾问中，总统的演讲撰稿人罗伯特·哈特曼（Robert Hartmann）和从1974年10月任白宫办公厅主任（黑格被说服去担任地位更高的北约盟军司令）的唐纳德·拉姆斯菲尔德（Donald Rumsfeld）最有影响力。④ 不过，即使是福特非常信任的拉姆斯菲尔德，也没能获得霍尔德曼那样的权力。拉姆斯菲尔德被视为一位协调

① 约翰·普拉多斯：《掌权者——从杜鲁门到布什》，第420页。

② 戴维·罗特科普夫：《操纵世界的手：美国国家安全委员会内幕》，第180页。

③ Zbigniew Brzezinski, “The NSC’s Midlife Crisis,” Foreign Policy, No. 69, Winter, 1987 - 1988, p. 82.

④ Joseph G. Bock and Duncan L. Clarke, “The National Security Assistant and the White House Staff: National Security Policy Decisionmaking and Domestic Political Considerations, 1947 - 1984,” p. 265.

者而非“守门人”，不少顾问被允许不通过白宫办公厅直接与总统接触。[①] 至此，由尼克松、霍尔德曼、埃利希曼和基辛格构筑起的冷峻白宫彻底解冻，恢复到以往“百家争鸣”的常态。

不过，改变领导风格并不意味着福特希望改变国安会的运作方式及其在美国外交决策中的地位。直到 1975 年 11 月 2 日的“万圣节前夜大屠杀”之前，虽然不再那么秘密地行事，但是基辛格仍然能够通过国安会的正式机制执掌整个美国外交决策。这一“尼克松式”的做法招致了不少批评。国会“关于执行外交政策的政府组织委员会”(Commission on the Organization of the Government for the Conduct of Foreign Policy，又名 Murphey Committee）在 1975 年 6 月公布调查报告，严厉批评国家安全事务助理及其国安会下属不断扩大职责的行为。报告特别主张，只有总统有权在白宫分配任务，国安会幕僚无权也不应该向各部门发出指令；同时，国家安全事务助理也不应该同时担任其他官方职务。[②]

然而，这一报告未能说服福特改变现有的国安会体系。尽管福特在 1975 年 11 月迫使基辛格放弃了国家安全事务助理的头衔，让其专职担任国务卿，但是与此同时基辛格和国安会幕僚的主要竞争对手国防部长詹姆斯·施莱辛格（James R. Schlesinger）也被迫辞职。国家安全事务助理一职由基辛格的副手、空军中将布伦特·斯考克罗夫特(Brent Scowcroft）接手。基辛格兼任时期的结束当然意味着总统在一定程度上的“收权”，但是福特仍然希望由基辛格继续负责制定外交政策，而基辛格和斯考克罗夫特也保持着非常密切和融洽的合作关系。福特纠正了尼克松政府后期过于不正常的制度安排——有时总统国家安全事务助理基辛格会批准国务卿基辛格提交的备忘录，当事者

① 夏尔-菲利普·大卫：《白宫的秘密》，第 128 页；约翰·普拉多斯：《掌权者——从杜鲁门到布什》，第 448 页。

② Richard A. Best, Jr.,“The National Security Council: An Organizational Assessment,” December 28, 2011, CRS Report for Congress, p. 14.

本人对此都会觉得“有些古怪”①，但是并没有从结构上改变国安会幕僚掌控整个美国外交决策部门的状况。

除了批评国安会幕僚权力过大之外，民主党控制的国会还希望能够将国安会作为一个综合讨论国内外政策的平台。当然，提出这一倡议的目的一方面是因为国际经济问题越来越重要，另一方面是要通过国会拥有更强发言权的国内问题打开国安会的“黑箱”，增强国会对国安会的了解和监管。② 墨菲委员会的报告中就提出了不少进行制度改革的建议。不过，福特并不准备让步。1975 年 12 月，他动用总统否决权否决了由密苏里州民主党参议员威廉·斯图尔特·希明顿（William Stuart Symington）发起的针对《1947 年国家安全法》的修正案，该修正案主张将财政部长确定为国安会的法定成员。福特的理由是在现有国安会机制下，财政部长完全可以充分参与经济相关议题的政策制定，同时无须参与其他与经济无关的大量议题。③ 面对改革呼声，1976 年 2 月 19 日，福特政府颁布了涉及国安会职能和架构的 11905 号行政令。发布这份行政令的主要原因是美国在 20 世纪 60 年代针对古巴领导人菲德尔·卡斯特罗（Fidel Castro）的秘密刺杀行动遭到曝光，引起舆论大哗，公众纷纷要求加强对情报部门的监管。在 11905 号行政令中，福特重申由国安会负责指导和监督所有海外情报活动，并且在国安会框架内设立了外国情报委员会（Committee on Foreign Intelligence）和行动顾问小组（The Operations Advisory Group）

---

① 戴维·罗特科普夫：《操纵世界的手：美国国家安全委员会内幕》，第 180 页。

② Rick Inderfurth, “Abolish the National Security Council,” June 21, 1992, *The Washington Post*, https://www.washingtonpost.com/archive/opinions/1992/06/21/abolish-the-national-security-council/f275e650-c7eb-4c3b-b663-2cb521a50bbd/?utm_term=.5ac8e04b259a.

③ Richard A. Best, Jr., “The National Security Council: An Organizational Assessment,” p. 15; “S. 2350 (94th): A Bill to Amend the National Security Act of 1947, as Amended, to Include the Secretary of the Treasury as a Member of the National Security Council,” https://www.govtrack.us/congress/bills/94/s2350.

两个次级委员会，分别审查海外情报机构的情报收集、项目管理和行动计划，监督它们执行总统政策，确保情报活动合法合规。这两个委员会都是副部长级别，前者由中央情报局局长担任主席，后者由总统在法定成员中指定。副国家安全事务助理将列席两个委员会，同时行动顾问小组的工作人员将由国安会幕僚充任。[①] 这两个新委员会分别取代了之前的国安会情报委员会和"40"委员会。这一调整重申了国安会对美国情报机构及其海外行动的权威和责任，没有弱化国安会幕僚在这两个委员会中的影响力。

正因为机制上的一脉相承，在福特的短暂任期内，国安会的运作状况与尼克松时期高度相似。从1974年8月10日的第一次会议到1976年10月19日的最后一次会议，福特政府任内总共有38次国安会正式会议的记录。扣除其中在日期上的重复记录，共有34次会议。这一数字基本与1971－1972年间的尼克松政府持平。其中有14次会议的主题是战略武器限制谈判，接近"半壁江山"；另外有7次则与南越一步步走向崩溃、美国彻底撤离印度支那地区相关。[②] 不管是形式上还是内容上，福特政府的国安会都是对尼克松时代的延续和模仿。其中区别在于，尼克松的外交是"低开高走"，逐步脱离困境、到达辉煌，而福特的外交则是"高开低走"：缓和政策在美国公众和战略界中变得越来越不受欢迎，关于美军撤出的停火协定很快就名存实亡，越南依然战火不断。1975年4月30日越南局势终于迎来了最终结局——越共军队占领西贡总统府，这标志着越南北方的完全胜利和美国政府越南政策的彻底失败。除了越南之外，美国于1975年夏天发现苏联正在干预安哥拉内战，基辛格认为这是美国在越南的失败

① "President Gerald R. Ford's Executive Order 11905: United States Foreign Intelligence Activities, February 18, 1976," https://fas.org/irp/offdocs/eo11905.htm.

② David Coleman, "NSC Meetings in the Ford Administration," https://historyinpieces.com/research/nsc-meetings-ford-administration-2；另有统计数据认为是31次正式会议，参见夏尔－菲利普·大卫：《白宫的秘密》，第235页。

所诱发的新扩张。两个月后，于芬兰赫尔辛基签署的《欧洲安全与合作会议最后文件》（Helsinki Final Act of the Conference on Security and Co - operation in Europe）在政治上也是一场灾难。虽然日后看来这一协定对于美国与苏联“争夺人心”非常有利，但当时美国国内和欧洲都有批评该文件“过于软弱”的强烈呼声。在会议上，福特采纳了基辛格而非哈特曼的建议，在赫尔辛基发表了更为温和的对苏讲话，也没有会见著名的异议者亚历山大·索尔仁尼琴（Aleksandr Solzhenitsyn）。对于最终文件，索尔仁尼琴斥之为“对东欧的背叛”，而共和党右翼、准备在1976年党内初选中挑战福特的里根也宣称所有美国人都应该反对这份文件。就连政府内国防部长施莱辛格也一直在批评与苏联的限制战略武器谈判对美国不利，与主持该谈判的基辛格针锋相对。正是因为福特在“缓和”政策上承受的政治压力越来越大，他的国内政治官员和国安会幕僚在赫尔辛基会议期间爆发了严重冲突，双方互相不告诉对方自己为福特草拟的演讲稿内容。随后，内斗消息的外泄还对福特政府的团结和声誉产生了严重负面影响。[①] 可以说，福特政府不得不承受尼克松—基辛格积极推进的缓和战略的所有消极反馈，也不得不吞下1976年总统大选落败的苦果。

小结 辉煌与隐忧

尼克松和基辛格构建的国安会架构取得了辉煌的成就，但是一直以来这些成就都不足以为机制本身“正名”，对这一“集权主义”“秘密主义”架构的批评也一直不绝于耳。除了对美国政治发展的负面影响之外，批评者的理由主要有两点：一是这一时期的国安会幕僚基本抛弃了索尔斯和卡特勒看重的“协调者理念，成为一个独立的政策制定单元，时常与其本应配合、支持的国务院和国防部竞争，而且常常占据上风。在批评者看来，这使得总统很难获得关于某一议题不

① 约翰·普拉多斯：《掌权者——从杜鲁门到布什》，第449页。

偏不倚的信息。国安会幕僚既是运动员又是裁判员，这在很多人看来是不可接受的。二是国安会幕僚不应该在执行外交政策时“喧宾夺主”。特别是在很多情况下，这意味着故意对本应知情的部门加以隐瞒和欺骗。其结果一方面是政府内部互不信任，提高了决策成本。例如，尼克松和基辛格构建了一个秘密王国，但是他们没有想到的是，无法及时掌握白宫动态的参谋长联席会议主席托马斯·穆勒（Thomas H. Moorer）居然会指示派驻国会安的联络官伦勃朗·罗宾逊去设法窃取相关信息，而后者指示负责打印国安会文书的查尔斯·雷德福（Charles Radford）军士从基辛格和黑格的书桌、文件袋甚至是公文包中窃取了5000多份文件，包括最为机密的记录。[①] 很难想象，如果美国的外交决策机制长期处于这种状态，其还能够正常运作。

另一方面，如果将国安会幕僚与国务院、国防部等政府机构相比，就会发现二者在人手、经费和海外行动能力上都相差悬殊。如果缺少协调，让前者去单独执行复杂的外交活动，很可能事与愿违。在这两点弊端中，第二点尤其被视为国安会幕僚的大忌。当然，基辛格式的“后门”外交在行动性质上还处于可以接受的范围内，其后美国的历任国家安全事务助理或多或少地都会执行几次类似的使命，但是如果涉足更加复杂的活动，就很可能触及红线。里根时期的“伊朗门事件”就暴露了这一点。[②] 以此而言，虽然尼克松—福特时期，国家安全事务助理及其幕僚在美国外交中大放异彩，但是其中同样孕育着不安和危险。对这一模式的批评是有其道理的。

与此同时，也必须认识到这样一个兼具政策协调、整合、监督和执行功能的国安会幕僚体系才是当今人们所熟悉的“帝国中枢”。如果仅仅看到基辛格在世界舞台上的东奔西走，就称其为“行动型国安

① 理查德·里夫斯：《尼克松：孤独的白宫主人》，第422－424页。

② John P. Burke, “The National Security Advisor and Staff: Transition Challenges,” *Presidential Studies Quarterly*, Vol. 39, No. 2, 2009, pp. 300－301.

会”（Operational NSC）[1]，也是完全错误的。事实上，该机制已经具备了艾森豪威尔式国安会所可能拥有的全部功能。即使在艾森豪威尔极度看重的战略规划上，尼克松的国安会也还是要领先一步。如果要比较国安会的机制化和管理的严密程度，尼克松同样不逊色于艾森豪威尔。尼克松时期，在国安会的正式会议即部长级会议之下，还存在着高级审查小组、副部长委员会和部际小组三个层级。即使认为国安会部长级会议已经名存实亡，尼克松任内国安会机制的其他部分还是一架精密运行的机器，而不是罗斯福、肯尼迪那样随性而为的艺术品。从形态上看，未来诞生于老布什任内的“斯考克罗夫特模式”（Scowcroft Model）明显脱胎于这一时期，只是在设计上更加简洁、强化了国安会正式会议的作用。

在福特执政的最后一段时间里，他选择斯考克罗夫特代替基辛格担任国家安全事务助理。在短短的一年多时间里，这一选择被证明是非常明智的。同为军人，斯考克罗夫特不像黑格那样野心勃勃，而是马歇尔式的军人，他信奉做好“幕后英雄”、不当主角，这与索尔斯和卡特勒对这一职务的认识正好不谋而合。对外，斯考克罗夫特不愿抛头露面，也不和媒体打交道；对内，这位空军中将重新分配了国安会中各次级委员会的主导权。对于最重要的高级审查小组，斯考克罗夫特仍然和前任一样将其牢牢掌握在自己手中，但是对于其他委员会，则尽可能予以分权。负责危机管理的华盛顿特别行动小组交给了身为国务卿的基辛格，国防审查委员会交给了拉姆斯菲尔德，负责秘密行动的“40”委员会则交给了新任中央情报局局长、共和党的政治新星乔治·赫伯特·沃克·布什（George Herbert Walker Bush）。斯考克罗夫特将严格的管理流程和适当的分权结合起来，很快就使得福特政府恢复了“团队精神”，国安会的正式会议也重新成为实际的决策

① Mark Safranski, “The NSC Is Broken… and It's Time to Fix It,” February, 2015, http://www.thechicagoprogressive.com/WORLD.htm.

核心。[1] 这一段短暂时光说明，一个规模更大、职能更全的国安会幕僚体系与充分发挥国安会正式机制以及各部门在外交决策中的作用并不矛盾，二者并不是非此即彼的关系。只要选择一名像斯考克罗夫特这样合适的国家安全事务助理，一个更强有力的国安会幕僚体系反而有利于各部门在决策中发挥作用。然而不巧的是，接任斯考克罗夫特的是另一位和基辛格一样拥有强大个性和强烈政策主张的人，这也使得“第一次斯考克罗夫特时代”的经验未被充分重视，这就埋下了里根执政之初对国安会机制“矫枉过正”的种子。

① 约翰·普拉多斯：《掌权者——从杜鲁门到布什》，第239页。

第五章

卡特：盛极而衰

约翰·肯尼迪、理查德·尼克松还有吉米·卡特，他们都选择了总统模式，绝不允许任何内阁成员在制定和管理美国外交政策时发挥中心作用，对国务卿也同样如此。

——美国国际战略研究中心顾问兹比格涅夫·布热津斯基《国安会的中年危机》，1987 年发表于《外交政策》杂志冬季号①

在对华政策上，两人更是各持己见，分歧很大……不管怎样，两人及其支持者在政策方针和个人风格上，有着极大的冲突，并严重影响了卡特政府。

——美国国防部前部长哈罗德·布朗
2004 年时的回忆②

第一节　自我毁灭的缓和

吉米·卡特（Jimmy Carter）是一位海军核工程师和成功的农场主，他之所以能够在 1976 年大选中获胜，很大程度因为民众对盘踞

① Zbigniew Brzezinski, "The NSC's Midlife Crisis," *Foreign Policy*, No. 69, Winter, 1987 - 1988, p. 82.

② 戴维·罗特科普夫著，孙成昊、赵亦周译：《操纵世界的手：美国国家安全委员会内幕》，北京：商务印书馆，2013 年版，第 217 页。

在华盛顿的政治精英非常失望。因此，卡特这样一个“哈里·杜鲁门之后最没有总统气质的领导人”、来自美国政治核心边缘的南方州州长才能入主白宫，这也开创了美国政治中“边缘人”更容易入主白宫的新模式。[①] 与尼克松和福特时代相比，卡特时期的美苏力量对比并未发生特别显著的变化，但是这位前佐治亚州州长看待世界的方式却与“东部权势集团”有很大差异。卡特不再将世界上的一切事务都视为“东西”之间的问题，他认为美国与很多第三世界国家之间的关系不应根据它们与苏联关系的好坏加以判断。美国在国际事务上应该摆脱一切都以苏联为重心的思维模式，更加客观地处理比“东西”问题更为广泛的“南北”问题，更加注重美国与欧洲和日本的合作。[②]

显然，这一路线意味着美国将对苏联在第三世界国家的一些行动“放手不管”，也意味着日益不受欢迎的缓和政策的延续。卡特的想法符合越战后出现的新自由主义者的胃口，但却不受更加保守的群体欢迎。卡特在很长一段时间内都将自己的外交政策归纳为“维护和平、促进人权”，但是在批评者看来，和平与人权固然重要，但考虑这两个目标不应脱离与苏联对抗的背景。换言之，如果追求和平与人权不利于对抗苏联、不利于维持或者增强美国的力量，那么就不应追求。因此，卡特在上任之后执意推动的向巴拿马归还巴拿马运河就成了冷战以来最不受美国国内欢迎的对外政策之一。

对此，卡特本人有清楚的认识：“在当年准备参加选举的参议员中，二十位投票赞成的只有七位保住了国会席位。条约的十一位支持者在两年后（1980 年）的选举中败选，其中还包括一位总统。”甚至到 2000 年按照条约真正移交主权时，时任总统克林顿及其他高官仍

---

① 戴维·罗特科普夫：《操纵世界的手：美国国家安全委员会内幕》，第 187、191 页。

② 理查德·克罗卡特著，王振西、钱俊德译：《五十年战争：世界政治中的美国与苏联》，北京：社会科学文献出版社，2015 年版，第 313－314 页。

然不愿意牵扯其中，只能让“始作俑者”卡特代表美国参加仪式。[①] 简而言之，从1977年到1980年之间的世界是一幅苏联积极进取而美国对此无动于衷的图景。与尼克松那种在战略上收缩、战术上强硬，时刻盯紧苏联的缓和不同，卡特的政策更多体现了对抗意志而非能力的缺失。这可以称为“新缓和”。

“新缓和”本身有助于鼓励而非抑制苏联的扩张性政策。在整个20世纪70年代，第三世界国家开始给予苏联越来越多的“机会”，美国在越南遭遇的失败、苏联在安哥拉内战中的意外胜利都极大地鼓舞了苏联。更重要的是，如果苏联不能抓住世界范围内进步和革命运动风起云涌的机会，就会丧失在国际共产主义运动中的旗手地位。因此，勃列日涅夫这一代苏联领导人决心在这些新出现的、事关苏联“荣誉”的问题上展现出坚定的革命意志和政策立场。[②] 苏联并不认为自身在安哥拉或者埃塞俄比亚这样的第三世界国家的行动违背了缓和政策，其主张这些行动并不涉及美苏关系。

无独有偶，“新缓和”的主要支持者、卡特的密友兼国务卿塞勒斯·万斯也是如此看待第三世界国家问题。在万斯看来，美国在东非放任苏联支持埃塞俄比亚的政策是完全成功的。这既挫败了索马里对埃塞俄比亚欧加登地区的进攻，又能让苏联有效管理埃塞俄比亚，防止其反过来攻入索马里。因此，没有必要将肃清苏联在非洲之角的影响作为美国的目标，这一地区的形势也不应影响美苏限制战略武器谈判。[③] 虽然勃列日涅夫和卡特政府中的一些人能够或真或假地“分割”看待美苏关系和他们各自与其他国家的关系，但是美国社会对于苏联影响的不断扩大却越来越不能容忍，缓和政策的社会基础日益削

① 吉米·卡特著，刘一然、常江译：《卡特自传：从农场到白宫》，南京：译林出版社，2017年版，第167页。

② John Lewis Gaddis, “Grand strategies in the Cold War,” in Melvyn P. Leffler and Odd Arne Westad, eds., *The Cambridge History of the Cold War, Vol. II, Crises and Détente*, Cambridge: Cambridge University, 2009, p. 19.

③ 理查德·克罗卡特：《五十年战争：世界政治中的美国与苏联》，第346、349页。

弱。最终，伊朗、尼加拉瓜的危机和苏联入侵阿富汗导致缓和政策被彻底埋葬，对美国社会而言这些国际危机意味着卡特政府的外交政策因为“过于软弱”而归于失败。

糟糕的是，卡特的外交政策还加速了缓和政策自我毁灭的进程。当时很多人认为，卡特在最关键的美苏关系问题上，没有一个稳定的政治理论，给人一种“随风倒”的印象，这突出地体现为他的对苏战略观始终在摇摆，未能一以贯之地执行任何一条外交路线。在1977年和1978年间，卡特对苏联的态度过于乐观，甚至觉得支持缓和政策的万斯都跟不上自己的步调。在至关重要的限制战略武器谈判上，卡特认为万斯与军控和裁军署署长保罗·沃恩克（Paul Warnke）的立场过于保守。1977年3月27日，卡特突然亲自出席了总统本不应参加的特别协调委员会（Special Coordination Committee/SCC）会议，在会上决定美国政府的正式核裁军提案将由副国家安全事务助理戴维·艾伦（David Aaron）负责制定。这实际上剥夺了国务院在这一问题上的核心地位，使得万斯带着一项新的、过于大胆的军备限制方案前往莫斯科。其结果是：苏联对美国突如其来的激进提案疑虑重重，最终在3月30日予以拒绝。这一结局使得卡特政府的外交政策看上去不切实际、哗众取宠，也加剧了国务院对白宫的不满。[①] 另一方面，在1979年和1980年的危机中，卡特又没有坚持缓和政策的勇气。在苏联入侵阿富汗后，卡特在一次电视采访中公开承认这一事件改变了他对苏联的看法。这一表态在政治上实属“天真幼稚”，等于是亲口承认自己原有政策的失败和没有定见，使得美国民众严重怀疑卡特的领导力。[②] 作为反制措施，停止对苏出口小麦、抵制莫斯科奥运会的

---

① William Newmann, “Causes of Change in National Security Processes: Carter, Reagan, and Bush Decision Making on Arms Control,” *Presidential Studies Quarterly*, Vol. 31, No. 1, 2001, pp. 83 – 84.

② 夏尔-菲利普·大卫著，李旦、王健、徐翊等译：《白宫的秘密》，北京：中国人民大学出版社，1998年版，第279页。

政策又过于冒进、不受欢迎，反而让卡特政府的形象变得更加糟糕。①

诚然，卡特在很大程度上误解了美国社会对后越南战争时代美国外交的期待，他错误地认为美国民众在外交问题上具有很大弹性，因而没有更为稳定的立场。这使得美国公众在很大程度上既不支持也不理解卡特的外交政策。② 更重要的是卡特过于迅猛的政策变向直接导致其外交决策机制无法适应这种变化，最终导致内部分裂。在某种程度上，这种分裂正是在大选中压垮卡特政府的“最后一根稻草”。

第二节　均衡型团队

与罗斯福和肯尼迪等民主党前辈相似，卡特试图打造一个让政府每一位重要官员都能够发挥相当作用的国家安全决策机制。他多次指责尼克松和福特政府的外交决策风格，严厉批评基辛格的“独行侠”（Lone Ranger）外交是“名过于实”，承诺要构建一个“车轮体系”（Spokes of the Wheel），尽可能地在决策中容纳不同部门的意见。③ 卡特想要一个均衡型团队，既不过度集权于白宫，也不完全放手交给国务卿。用很早就追随卡特、在其胜选后为组建国家安全团队出谋划策的布热津斯基的话来说，“均衡”就是“总统十分强势（如肯尼迪），配以相对强势且可靠的国务卿（如腊斯克），再加上同样自信活跃的白宫官员（如邦迪）”。④ 在这一点上，卡特并非说说而已。与强调秩序、希望减少与下属接触的尼克松不同，卡特改变了白宫中强调等级和集权的气氛，为此在 1979 年之前甚至没有任命一位白宫办公厅主

① 戴维·罗特科普夫：《操纵世界的手：美国国家安全委员会内幕》，第 236 页。

② Andrew Z. Katz, “Public Opinion and the Contradictions of Jimmy Carter’s Foreign Policy,” *Presidential Studies Quarterly*, Vol. 30, No. 4, 2000, p. 662.

③ Christopher C. Shoemaker, *The NSC Staff: Counseling the Council*, Boulder: Westview Press, 1991, p. 34.

④ 戴维·罗特科普夫：《操纵世界的手：美国国家安全委员会内幕》，第 192 页。

任。对于决策模式，卡特表示："我希望我的七八个合作者能够直接向我提出建议……我一直认为一小组决策者聚在一起、平等地讨论问题是最为有效的方式。"① 与肯尼迪一样，卡特任命的都是自己真正信任并愿意让其发挥作用的人，他们包括副总统沃尔特·蒙代尔（Walter Mondale）、国家安全事务助理布热津斯基、国务卿万斯和国防部长哈罗德·布朗（Harold Brown）。这些重要顾问都来自著名的三边委员会（Trilateral Commission），他们政见相同、互相了解。其他一些"三边主义者"也担任了重要职务，例如常务副国务卿沃伦·克里斯托弗（Warren Christopher）、裁军和军控署署长沃恩克和主管东亚事务的助理国务卿理查德·霍尔布鲁克（Richard Holbrooke）。② 此外，卡特本人也是三边委员会的重要参与者。从卡特政府的起点来看，其似乎完全是肯尼迪政府的翻版：一名偏好开放决策体系的总统和一群意气相投的顾问。在当时看来，绝对不会想到这样的团队中也会出现严重的内部分裂。

在确定了主要团队成员后，具体搭建国安会框架的是新任国家安全事务助理布热津斯基及其副手戴维·艾伦。艾伦原本是副总统蒙代尔在参议院时的顾问，他的新职务也标志着在卡特政府中副总统的政治地位和影响力的迅速提高，开始真正参与核心决策。他们俩的任务是尽快按照卡特的精神草拟一份国安会组织方案，其核心是平衡国家安全事务助理和其他重要顾问之间的权力分配。第一版方案基本继承了尼克松和福特时期的架构，设有七个部长级委员会，其中军控、机密情报和危机处理委员会由国家安全事务助理掌控，其他四个则分别由国务卿、国防部长、财政部长和中央情报局局长主持。但是卡特认为该方案过于臃肿，要求重新设计一个"简单清楚的机制"。③ 因此，第二版中国安会只剩下两个下属委员会。

① 夏尔－菲利普·大卫：《白宫的秘密》第 258－259 页。

② 戴维·罗特科普夫：《操纵世界的手：美国国家安全委员会内幕》，第 189 页。

③ 同上，第 194 页。

国安会的新组织架构于1977年1月20日公布，共有两份文件。有趣的是，第一份文件《第一号总统指令》（Presidential Directive 1/PD 1）的主要内容是宣布这一文件系统的诞生：卡特政府将建立两套新的国安会备忘录体系，它们分别是《总统参考备忘录》（Presidential Review Memorandum/PRM）和《总统指令》，分别取代了尼克松和基辛格使用的《国家安全研究备忘录》和《国家安全决策备忘录》。当然，在功能上，新的备忘录体系和之前完全一样：《总统参考备忘录》（PRM）仍然是各部门提交给国安会的上行备忘录，主要内容是政策参考和分析；《总统指令》（PD）仍然是总统向各部门传达指示的下行备忘录。[①] 第二份文件是《第二号总统指令》，其开宗明义地阐述了卡特政府国安会的组织原则，那就是"在确保国家安全事务助理继续统筹和促进外交与防务政策决策的同时，将更多的责任赋予各行政部门和机构"。在这一原则基础上，国安会设立了政策审查委员会（Policy Review Committee/PRC）和特别协调委员会（Special Coordination Committee/SCC）。两个委员会都是部长级委员会，所有国安会的法定成员都能参与。前者的职权是审查宏观的外交、防务和国际经济政策，后者则是用于处理敏感问题和危机管理。政策审查委员会会议的主席由总统根据每一次会议的讨论主题来指定；特别协调委员会则始终由国家安全事务助理主持。此外，还保留了基辛格时代的各国安会部际小组，仍然对政策审查委员会负责。[②] 显然，虽然卡特反复强调要在自己的国安会中增强内阁成员的作用，不能重蹈尼克松政府中国家安全事务助理权力过大的覆辙，但是其机制设计在原则上几乎是完全照搬。用戴维·艾伦的话来说，本届政府和前任在国安会的结构和运作上几乎如出一辙，而且也是有意如此。

新方案虽然简化了部长级委员会的数量，但是很快布热津斯基和

---

① "Establishment of Presidential Review and Directive Series/NSC," Presidential Directive 1, January 20, 1977, https://fas.org/irp/offdocs/pd/pd01.pdf.

② "The National Security Council System," Presidential Directive 2, January 20, 1977, https://fas.org/irp/offdocs/pd/pd02.pdf.

艾伦就建立了一大批通常由各部门副部长和助理部长级官员参加的“迷你特别协调委员会”（Mini－SCC），和基辛格那样实际控制着国安会的运作。① 同样，在政策审查委员会之下也设立了很多由副部长级官员主持的“迷你政策审查委员会”（Mini－PRC）。客观而言，这一分工表面公平，但实际上更偏向国家安全事务助理，因为危机管理之类的迫切事务更为重要。因此，随着万斯和布热津斯基之间的斗争越来越激烈，当时很多国务院官员开始指责布热津斯基从一开始就对万斯采取了“先发制人”的打击，违背了卡特在国安会设计上的本意。但是，万斯本人事先就知道这一安排，至少在当时并没有表示出多少不满。②

之所以如此安排，也可能是因为卡特还有类似林登·约翰逊的一面，更偏爱通过“星期二午餐会”式的非正式渠道做出决策。在卡特执政的四年间，总共只召开了35次国安会正式会议，而在尼克松和福特的八年间，该数字为125次。从一开始，卡特就认为需要一个更加亲近的非正式场合来与主要顾问交流意见，这也得到了万斯和布热津斯基的赞成，他们认为这将是对国安会正式机制的有效补充。卡特政府的“常规”非正式渠道由两个部分组成，分别是“VBB午餐会”（VBB lunches）和“星期五对外政策早餐会”（Friday Foreign Policy Breakfast Group/FFPB）。“VBB”是万斯、布热津斯基和布朗的首字母连写，这是一个像腊斯克、麦克纳马拉和邦迪式的“三巨头”会议。其一般在星期四举行，内容一方面要解决政策审查委员会和特别协调委员会会议中悬而未决的问题；另一方面则要为“星期五对外政策早餐会”预热。“星期五对外政策早餐会”则如其名称显示的那样于每周五的早上举行，卡特要求参加这一会议的人越少越好，严禁任何助

① “David Aaron, Exit Interview,” Oral History, Jimmy Carter Library, p. 2, https://www.jimmycarterlibrary.gov/assets/documents/oral_histories/exit_interviews/Aaron.pdf.

② 戴维·罗特科普夫：《操纵世界的手：美国国家安全委员会内幕》，第195页。

手出席。其成员最初有总统、副总统、国务卿、国家安全事务助理和总统特别助理汉密尔顿·乔丹（Hamilton Jordan）。实际上乔丹承担着白宫办公厅主任的职责，也是原竞选主管，是卡特在政治上最信任的人。布朗直到1978年才参与进来，因而从1977年3月起就启动了“VBB—FFPB”机制，是由万斯和布热津斯基两个人挑大梁。① 正是因为与国安会—政策审查委员会/特别协调委员会平行的非正式机制存在，万斯在与卡特的沟通上没有任何障碍，丝毫不存在像罗杰斯那样“被排挤”的情况。就此而言，卡特又确实建立了一个均衡型团队。在其中，国家安全领域的主要顾问都能够充分发表意见、发挥作用。

在新机制中，布热津斯基得益良多，他在卡特政府的第一次内阁会议上就被明确授予了内阁成员的地位，这也是历史上的首次。至此，国家安全事务助理总算是名实相副。虽然地位更高，但是与过于关注争权夺利的基辛格不同，同样是一流学者的布热津斯基却不难相处，他打造了一个兼具创造力和团队精神的国安会幕僚班子。根据卡特本人的回忆，他的国家安全事务助理从未遭到下属的非议和不满。②与基辛格时期相比，国安会幕僚的规模略有精简，从接近50人减少到35人。在危机重重的卡特政府后期，也只是稍微增长到40人左右。和基辛格时期相同的是，这仍然是一个较为平等、没有那么多等级和头衔的团队。除了布热津斯基和艾伦之外，几乎所有其他幕僚都平起平坐。③ 在这三十多名下属中，有一半以上拥有博士学位，还有萨缪尔·亨廷顿这样的一流教授。幕僚班子的内部会议更像是学术讨论而非政府公务，政策辩论经常非常激烈。布热津斯基也并不强求观

---

① William W. Newman, *Managing National Security Policy: The President and the Process*, Pittsburgh: University Pittsburgh Press, 2003, pp. 72 – 73；夏尔 – 菲利普·大卫：《白宫的秘密》，第262页。

② Gerry Argyris Andrianopoulos, *Kissinger and Brzezinski: The NSC and the Struggle for Control of US National Security Policy*, New York: St. Martin's Press, 1991, p. 133.

③ Zbigniew Brzezinski, "The NSC's Midlife Crisis," Foreign Policy, No. 69, Winter, 1987 – 1988, p. 91.

点一致，不要求下属必须遵循某一方针，鼓励争辩且不轻易怀疑下属的忠诚。正因如此，布热津斯基领导下的国安会幕僚班子高效而团结，克服了基辛格时期存在的内部不和。[①] 这一精英团队的内部组织结构仍然继承了“小国务院”的传统，根据地缘和议题进行分工。负责地缘事务的幕僚被分为两类：第一类是应当从战略角度予以关注的区域，包括西欧、苏联/东欧、中东/北非和东亚/中国；第二类则更侧重于从卡特强调的“南北问题”的角度来予以关注的区域，包括南亚/联合国事务、撒哈拉以南非洲和拉丁美洲/加勒比。议题分类则包括防务协调、情报协调、国际经济、科技和全球议题。其中，全球议题涵盖广泛，包括安全援助、核不扩散、核能合作和人权、难民问题。当然，尽管布热津斯基领导下的国安会幕僚也是精英团体，但是与肯尼迪时代不同，绝大部分的国安会幕僚不能直接与总统接触。[②] 他们更多是为布热津斯基而非卡特工作。

第三节　左右不定

与罗斯福一样，卡特不仅喜欢而且鼓励顾问之间的竞争。他早就清楚地认识到布热津斯基和万斯在个人性格和政策主张上的差异。正因如此，卡特才认为这两位顾问将在政府中发挥“互补”作用。卡特固然欣赏布热津斯基的创造力，但同样认为万斯的谨慎是不可或缺的品质：“国务院的惰性本身就是一种有益的约束，它能够阻止过于仓促的行动和未能充分评估的计划。在很多方面，塞·万斯身上就折射出他所领导的组织的性格。”[③]

---

① 夏尔－菲利普·大卫：《白宫的秘密》，第270－271页。

② Luis da Vinha, *Geographic Mental Maps and Foreign Policy Change: Re－Mapping the Carter Doctrine*, Boston: Walter de Gruyter GmbH, p. 138.

③ Jimmy Carter, *Keeping Faith: Memoirs of a President*, Toronto: Bantam Books, 1982, p. 53; Luis da Vinha, *Geographic Mental Maps and Foreign Policy Change*, p. 133.

对于试图自己掌控外交决策的卡特来说，只要保证不要太出格，顾问之间的政策竞争将是良性的，有利于做出正确的选择。需要强调的是，无论是在正式的国安会—政策审查委员会/特别协调委员会机制还是非正式的“星期五对外政策早餐小组”—“VBB 午餐会”机制中，万斯和布热津斯基所代表的国务院和国安会幕僚进行的都是一场大体公平的较量。首先，卡特自己就很愿意听取各个部门的不同意见；其次，布热津斯基虽然很有主见，想干出一番超越基辛格的大事业，“但他没有利用自己的特殊地位，在这个环境中搞不正当手段”。在官僚政治中与万斯位置更相近的布朗看来，“布热津斯基总是公事公办，准确地向总统反映他人的观点，然后给出自己的建议，并未强迫总统妥协”。[①]

在国安会框架下的政策和地位竞争中，万斯和国务院所代表的行政部门也不是没有领先过。在 1979 年前，通常由万斯主持的政策审查委员会会议要多于布热津斯基主持的特别协调委员会会议。1979 年后，特别协调委员会会议的召开次数才逐渐反超。万斯领导的政策审查委员会具有两点竞争优势：第一，除了特别协调委员会具体拥有的职能之外，其他所有长期对外政策规划理论上都应该由政策审查委员会负责，其管辖权更广；第二，除了国务院之外，国防部、中央情报局以及其他政府部门也需要通过政策审查委员会来发挥自身作用，不大可能在机制上支持特别协调委员会。[②] 这些部门的首长在对总统影响力和专业威望上并没有逊色万斯或者布热津斯基太多。例如中央情报局局长斯坦斯菲尔德·特纳（Stansfield Turner）就是卡特的老朋友，同时还是一位罗德学者（Rhodes Scholar）和原美国海军第二舰队司令。因此，如果特别协调委员会要挑战政策审查委员会，在很多情况下会演变成“一对多”的“改变现状”的战役，这对前者来说并

---

① 戴维·罗特科普夫：《操纵世界的手：美国国家安全委员会内幕》，第 217 页。

② Christopher C. Shoemaker, *The NSC Staff: Counseling the Council*, pp. 36 – 37.

不容易。1978 年 1 月，卡特签署了改革美国情报机构的 12036 号总统行政令，其主要目的是提高美国情报机构在海外活动的“道德标准”和规范性，特别是禁止直接介入刺杀行动，这同样影响到了国安会的职权分工。该行政令授予政策审查委员会更多的权限，例如确定对海外情报的需求和优先目标，审查情报部门的预算和情报质量等；同样，特别协调委员会也得以监督海外情报收集和反间谍活动。[①] 这也是卡特政府时期唯一一次的国安会机制变化，其基本上维持了白宫幕僚和行政部门大致旗鼓相当的态势。

当然，在卡特的国安会机制中代表白宫的布热津斯基和其他部长们不可能处在完全对等的地位。毕竟，所有的国安会会议——无论是政策审查委员会还是特别协调委员会，都是由国安会幕僚来操办和支持的，他们掌握着撰写和分发备忘录的权力。在批评者看来，布热津斯基虽然没有像基辛格那样成为所有关键委员会的主席，但是同样在幕后控制了外交决策。他有权按照自己的理解整理会议记录、撰写报告，也可以按照自己的理解将卡特的指示转化为书面报告，还控制着所有会议的日程安排和各个部门的往来电报。[②] 理论上看，这些权力完全可能导致一场“不公平竞争”，让均衡型团队“名不副实”。至今为止，还确实有不少观点认为布热津斯基是另一个基辛格，卡特政府的外交失序和最终分裂也应当归罪于不断扩张权力的国家安全事务助理。之后的里根政府在某种程度上就是如此看待这一问题。

不得不说的是，将卡特政府在外交政策上遭遇的挫折归咎于国家安全事务助理的“不正当”影响力是不准确的，甚至恰好相反。相对中立的中央情报局局长特纳是这样对比尼克松政府和卡特政府中的“府院之争”：“在之前的尼克松政府中，作为国家安全事务助理的基辛格和国务卿以及国防部长发生过不少冲突。但是因为尼克松愿意更

① “United States Foreign Intelligence Activities, Executive Order 12036,” January 24, 1978, https://fas.org/irp/offdocs/eo/eo-12036.htm.

② Gerry Argyris Andrianopoulos, *Kissinger and Brzezinski*, p. 142.

多听从基辛格的意见，所以在外交政策上不存在僵局，走上了一条生机勃勃的新路。然而，卡特却时常在布热津斯基和万斯之间摇摆，这使得他们的影响总是相互抵消。”[①] 显然，特纳认为卡特政府的最大问题不是布热津斯基影响过大，而是总统在国家安全事务助理和国务卿之间摇摆不决。正是因为万斯始终拥有着较高的地位和影响力，因此他在伊朗人质危机期间的辞职才会造成重大政治冲击。相反，如果罗杰斯向尼克松提出辞职，那么就不会产生多少影响，因为众所周知这位国务卿无足轻重。事实上，尽管尼克松对于基辛格的权力欲望非常警惕、在政治上也并不完全信任，但是他敢于用彻底偏向基辛格的方式来解决其与罗杰斯的冲突。在赢得 1972 年底的大选后，尼克松甚至立即决定让罗杰斯在 1973 年 6 月 1 日离职。[②] 从好的一面来说，卡特对朋友和顾问更有人情味；但是从不那么好的一面来说，他让国家安全事务助理和国务卿在冲突中势均力敌，而这会造成整体外交政策既不够大胆又不够谨慎。

1979 年 8 月的“古巴旅危机”就突出反映了这一时期卡特在外交决策中“左右摇摆”的特点。苏联自 1962 年导弹危机以来就一直在古巴拥有少量驻军，大约不到 3000 人。但是到了卡特政府时期，这一消息又变成一个“新情报”，并且被泄露给国会和媒体。反对卡特政府与苏联进行军控谈判的保守派抓住这一契机，制造出所谓的“驻军危机”。在这一人为的“乌龙危机”中，布热津斯基负有一定责任，那就是在最初没有详细审查“新情报”，就主张干脆利用这一事件对苏联强硬表态。然而，卡特却不同意这一意见，转而违背国安会的通常分工原则，将该事件交给万斯领导的政策审查委员会处理。此后，由于万斯处理不慎，古巴旅的风波越闹越大，卡特开始寻求外部政治支援，他准备邀请包括麦克乔治·邦迪、迪安·腊斯克、克拉

① Stansfield Turner, *Terrorism and Democracy*, Boston: Houghton Mifflin, 1991, p. 58.

② 理查德·里夫斯著，吴雯芳译：《尼克松：孤独的白宫主人》，北京：商务印书馆，2016 年版，第 450 – 451，第 585 页。

克·克利福德、亨利·基辛格和威廉·罗杰斯在内的众多前国家安全领域的达官显贵召开“智者会议”。对这一想法，布热津斯基坚决反对，他认为请局外人帮忙风险太大，不一定符合卡特政府的利益。然而，卡特拒绝了布热津斯基的忠告，仍然在9月28日和29日接连两天举行了有17名外部人士参加的“智者会议”。最终，讨论的结果和流传出的报告是卡特政府“情报工作失误，这些部队对美国安全丝毫不构成威胁”，这让总统在公众面前显得愚蠢无能、管理混乱。事后，愤怒的布热津斯基严肃考虑辞去国家安全事务助理一职。① 1979年被普遍认为是布热津斯基在外交政策中已经“占据主导”的时期，但是事实上卡特并不一定会在关键问题上听从他的意见，甚至还反常地让万斯负责一项典型的危机处理工作。这也从侧面说明卡特确实没有一个稳定的政策立场，这是导致信奉不同战略理念的布热津斯基和万斯能够在卡特政府内展开长期“拉锯战”的根本原因。

在1982年的一次访谈中，布热津斯基指出尽管卡特和万斯互相之间经历了“祛魅”的过程，相互之间也不是很满意，而颇多内部矛盾的外交顾问班子在决策上也捅了一些篓子，但是卡特从未考虑过要对自己的国家安全团队做出重大调整，更不会解除布热津斯基、万斯和布朗的职务。② 1979年7月17日，正处于第二次石油危机之中的卡特政府突然要求包括12名内阁部长在内的34名高级顾问集体提交辞呈，并且在随后的数天内解除了6名部长和3名内阁级官员的职务，其中包括财政部长迈克尔·布鲁门塔尔（Michael Blumenthal）、司法部长格里芬·贝尔（Griffin B. Bell）、白宫预算局长詹姆斯·麦金泰（James T. McIntyre）和能源部长詹姆斯·施莱辛格等要员。这是

① 约翰·普拉多斯著，封长虹译：《掌权者——从杜鲁门到布什》，北京：时事出版社，1992年版，第486-488页；夏尔-菲利普·大卫：《白宫的秘密》，第270-271页，第285页；戴维·罗特科普夫：《操纵世界的手：美国国家安全委员会内幕》，第213-214页。

② “Zbigniew Brzezinski Oral History, Assistant to the President for National Security Affairs,” February 18, 1982, https://millercenter.org/the-presidency/presidential-oral-histories/zbigniew-brzezinski-oral-history-assistant-president.

为了彻底解决卡特政府内部长期存在的有资历的内阁官员和相对年轻的白宫助手之间的“不和”，或者更准确地说是前者的所谓“不忠”问题。在这一前所未有的“大清洗”中，国家安全团队却没有受到丝毫影响。在这一重磅消息放出后，白宫很快就公开表态不会接受国务卿、国防部长和国家安全事务助理的辞呈。[①] 这次“大清洗”让卡特政府在国内外都近乎“名誉扫地”。在西方各盟国政府看来，卡特的这一举动完全是出于国内政治考虑，预示着他将要为了选举而放弃国际“治理”，这让深陷能源危机之中的诸国深感失望。[②] 不过，这反过来倒也说明，卡特认为国家安全团队中存在的都是“可以接受的”内部矛盾。可以预见，如果不是万斯在伊朗人质危机中“万念俱灰”，假设卡特还能成功连任，其下一任期在外交政策上很可能还将是这种摇摆不定的状态。

第四节　危机、机遇与分裂

有趣的是，压垮卡特政府外交决策机制的不仅是一系列危机，还有重大的战略机遇。其中，最重要的危机是伊朗，最重大的机遇则是中国。1978 年秋季一直被视为卡特政府内部影响力分配的分水岭，伴随着伊朗沙阿政权的危机、苏联入侵阿富汗和中美建交，布热津斯基在影响力上终于开始明显胜过万斯一筹，并牢牢地将这一优势保持到了卡特政府的终点。[③] 对此，布热津斯基自己有不同的看法。他清醒地认识到，即使是伊朗危机之初，卡特还是更倾向万斯的观点，甚至是有所同情，而且布热津斯基对苏联的强烈对抗意识和大胆的现实主义政策

---

① “Cabinet, White House Aides Offer to Resign,” *The Washington Post*, July 18, 1979.

② “Carter's Cabinet Shuffle Criticized in Foreign Newspapers as Political,” The *New York Times*, July 23, 1979.

③ Christopher C. Shoemaker, *The NSC Staff: Counseling the Council*, Boulder: Westview Press, 1991, pp. 34 – 35.

仍然让卡特难以心安。其间，国家安全事务助理甚至一度觉得自己已经失去了总统的信任。真正让布热津斯基拔得头筹的契机实际上是中美建交，在这一议题上他赢得了卡特的信任，而接下来苏联入侵阿富汗则让卡特在很大程度上接受了布热津斯基对苏联的看法。① 客观而言，布热津斯基自己的判断更为准确。在伊朗危机中，很难说布热津斯基和万斯谁表现得更好：两人都应该为事前误判形势负责，两人的互相拆台都让危机应对变得一团糟，更重要的是从结果来看，似乎谁的政策都无法挽救美国在伊朗的盟友。在这场危机中，没有人能够得分。

从 1978 年 1 月开始，美国在中东地区的主要盟友——伊朗开始不断爆发反对沙阿的游行。8 月 11 日，沙阿政府不得不颁布戒严令，并于 9 月 3 日重新组织政府，但是这一切都无济于事。9 月 8 日，首都德黑兰爆发大规模游行，引发了被称为“黑色星期五”的血案。此后，伊朗的政治暴力愈演愈烈。1979 年 1 月 12 日，流亡在外的伊朗宗教领袖鲁霍拉·霍梅尼（Ruhollah Khomeini）宣布重返伊朗，而沙阿则彻底丧失了维持政权的信心，沙阿本人于 1 月 27 日逃亡开罗。2 月 1 日，霍梅尼彻底接管了伊朗政权，新政权流露出不加掩饰的反美态度。在这场危机中，布热津斯基是一个彻头彻尾的“冷战斗士”。起初，他拒绝相信沙阿政权正摇摇欲坠的情报，不同意在国安会或者“星期五对外政策早餐会”上讨论国务院提交的相关备忘录，这严重误导了卡特政府。在危机爆发后，他又坚决反对美国驻伊大使威廉·沙利文（William Sullivan）提出的与伊朗反对派接触的建议，严厉禁止国务院与毛拉们接触。最后，他还说服卡特派遣北约欧洲司令部副司令罗伯特·休塞（Robert Huyser）于 1979 年 1 月 7 日前往德黑兰，负责考察伊朗军队并策划组建支持美国的军人政府，然而此举被证明是一场一开始就毫无希望的闹剧。② 当然，万斯和国务院也不会坐视

① “Zbigniew Brzezinski Oral History, Assistant to the President for National Security Affairs,” February 18, 1982, https://millercenter.org/the-presidency/presidential-oral-histories/zbigniew-brzezinski-oral-history-assistant-president.

② 夏尔-菲利普·大卫：《白宫的秘密》，第 290-295 页。

布热津斯基掌握对伊朗问题的主导权。万斯严厉禁止布热津斯基与伊朗驻美大使阿德斯尔·萨赫德（Ardeshir Zahidi）私下联络，甚至不惜为此一起去卡特面前对质。在卡特更加偏向强硬政策后，很多国务院官员更是对布热津斯基怒火中烧，不断泄露沙阿政权已经岌岌可危的内部信息。这种激烈内斗让卡特困惑不解，他在日记中将此部分归咎于媒体"老是添油加醋的报道"，毕竟"以前在中东、戴维营等问题上，我们总是相互询问意见，两派人从未有过纷争"。①

虽然布热津斯基和万斯的矛盾在沙阿政权的危机中升级，但这还不是卡特政府的"致命伤"，因为这是一场事后看来无论如何应对都难以讨好的危机。卡特虽然在最后关头朝着布热津斯基的方向迈出了一步，但还是徒劳无功，结局可谓平分秋色。真正的转折点是中美关系正常化。自卡特执政之初，国务院负责东亚事务的霍尔布鲁克就很注意与国安会负责对华政策的主管米歇尔·奥克森伯格（Michel Oksenberg）保持合作。他们建立起一个关于东亚政策的非正式机制，其成员还有负责国际安全和太平洋地区事务的国防部助理部长帮办和负责行动的中央情报局副局长。每周一下午这个小组都会在国务院办公室开会。②

然而好景不长，由于万斯和布热津斯基在对华政策上存在巨大分歧，这一领域的跨部门合作迅速转变为相互欺瞒：国务院主张坚持对苏缓和，不急于恢复对华外交关系，而国安会幕僚则主张对苏强硬，迫切希望能够尽快打出"中国牌"。1977 年 11 月，布热津斯基通过奥克森伯格与中国取得联系，然后说服卡特让他而不是万斯进行第二次中国之行。在此次出访过程中，布热津斯基坚决要求把包括霍尔布鲁克在内的国务院官员排除在核心议程之外。在出访中，随访的霍尔布鲁克多次要求参加与中国领导人的会谈，但是布热津斯基坚决不

① 戴维·罗特科普夫：《操纵世界的手：美国国家安全委员会内幕》，第 228 页；约翰·普拉多斯：《掌权者——从杜鲁门到布什》，第 532 页。

② 戴维·罗特科普夫：《操纵世界的手：美国国家安全委员会内幕》，第 218 页。

允，甚至丝毫不留情面地表示："去你的，我绝对不会同意。"[①] 最让万斯气愤的是，他还认为布热津斯基利用中美关系正常化的消息来破坏 1978 年 12 月 21 – 23 日于日内瓦举行的美苏军备控制谈判。在出发前的 12 月 13 日，万斯和卡特达成了在 1979 年 1 月 1 日公布中美关系正常化的消息。然而就在行前，布热津斯基成功说服卡特将公布日期提前到 12 月 15 日，并且对常务副国务卿克里斯托弗和霍尔布鲁克隐瞒了 6 个小时。这导致万斯在中东时才得知这一消息，而其将要面对的则是被这一消息激怒的苏联谈判代表安德烈·葛罗米柯，谈判最终毫无悬念地告于失败。[②] 一系列的事态发展似乎说明，布热津斯基的对苏强硬政策不仅具有预见性，还在中美关系正常化上取得了丰硕成果，而万斯的对苏缓和政策则无济于事。这使得布热津斯基对于逐渐内外交困的卡特拥有了更大的影响力。就此而言，中美关系正常化这一外交机遇才是打破"僵局"、让卡特逐渐倒向布热津斯基的关键，这也预示其安全团队的内部关系即将彻底破裂。

1978 年 11 月 4 日，伊朗人质危机爆发，66 名美国公民遭到扣押，这迅速成为压倒一切的头号问题。伊朗人质危机是一次典型的卡特式决策：起初他倾向于万斯的意见，试图通过外交手段解决问题，没有采取出动直升机救援或者在伊朗港口布雷等激进措施。这一路线坚持到 11 月 28 日的特别协调委员会会议后不久。[③] 随后，一波未平，一波又起。12 月 27 日，苏联进军阿富汗，这让卡特在国内的政治处境变得更加艰难，也使得其必须展现出更加强有力的立场。1980 年 4 月 11 日，卡特在戴维营召开了国家安全委员会正式会议，万斯因休假未能出席。会上，克里斯托弗代表万斯提出了反对意见，然而卡特

① 戴维·罗特科普夫：《操纵世界的手：美国国家安全委员会内幕》，第 219 – 223 页。

② "Vance and Brzezinski: Feuding Chapter by Chapter," *The New York Times*, May 26, 1983.

③ 戴维·罗特科普夫：《操纵世界的手：美国国家安全委员会内幕》，第 231 – 233 页。

下定决心准备武力救援。结果 4 月 24 日的救援行动彻底失败，万斯立即提交了辞呈，这构成了卡特政府的双重失败。事实上，卡特是非常想留任万斯的。4 月 21 日，卡特曾经私下向万斯表示，后者可以公开表达自己的真实立场、批评人质救援行动，或者谎称自己支持该行动。无论做出何种选择，万斯都可以继续担任国务卿。这说明，虽然卡特在伊朗人质危机的最后解决方案上听取了布热津斯基的意见，但是并不代表他彻底地放弃了万斯及其更加温和的外交路线。正是因此，当时的《华盛顿邮报》并未将万斯的辞职完全归咎于布热津斯基，而是认为他们是卡特的“双重牺牲品”——总统从未真正地贯彻过任何一人的外交战略。①

承受了双重打击的卡特立即任命了缅因州民主党参议员、前副总统候选人（1968 年搭档汉弗莱）艾德蒙·马斯基（Edmund Muskie）为新任国务卿。这显然是一项瞄准选举的政治任命。对于国务卿一职，马斯基表示：“我曾经雄心勃勃地谋求过很多职务，但是从来没有想过这一个。”刚一就任，马斯基就立即开始了政治活动，不经卡特同意就召开了关于其就任国务卿的新闻发布会，把包括为人质危机收尾在内的大部分实际工作都交给了克里斯托弗。② 这样一来，布热津斯基就失去了在政府中的最主要竞争者。但是万斯的辞职还是让他受到了广泛批评。美国舆论和国会普遍认为卡特政府的国家安全事务助理对外交决策的影响过大，要求对国家安全事务助理的任命需要国会批准，国会中应该加强对国安会幕僚监督的呼声也高涨起来。在政府甚至是国安会内部，副总统蒙代尔的一些助手也开始将布热津斯基视为“负资产”，试图将其“剥离”。③ 在这些压力之下，布热津斯基做了一些表面让步。例如，马斯基终于争取到了万斯一直没能获得的

① “Why Vance Quit,” *The Washington Post*, April 29, 1980.

② “Edmund S. Muskie, 81, Dies; Maine Senator and a Power on the National Scene,” *The New York Times*, March 27, 1996.

③ Richard A. Best, Jr., “The National Security Council: An Organizational Assessment,” December 28, 2011, CRS Report for Congress, p. 17.

权力，能够在国安会幕僚向总统提交会议记录之前看到里面到底写了什么，还可以做出修改。但是，马斯基依然看不到布热津斯基本人在记录封面上所写的总结意见。而且，国家安全事务助理还会向总统标明国务卿做出的修改。因此，布热津斯基不无嘲讽地指出马斯基从这一“成功”中“一无所获”，他对于在卡特连任之后赢得与蒙代尔的助手们或者马斯基的权力之争也充满信心。[①] 当然，这种微不足道的斗争和胜利已经失去意义，卡特很快就丢掉了政权，并且被美国公众近乎永久性地视为一个糟糕的、没有原则的外交决策者。

小结 总统国家安全事务助理的危机

卡特政府是美国国安会发展史上一个非常特殊的时期。在美国公众眼中，布热津斯基及其领导的国安会幕僚扮演了和尼克松时期相同的角色，总是能排除异己、独揽大权。如果仅仅只是“骄横跋扈”的话，那么情况还不算糟糕，毕竟美国人民相当讲求实际，只要能够有好结果，他们能够接受某些“必要的恶”。然而，问题在于卡特政府在外交政策上还不能同尼克松政府相提并论。尽管卡特也取得了一些成绩，但是其核心团队的分裂给了自身沉重一击。其最终产物伊朗人质危机是一次糟糕程度堪比“猪湾事件”的大失败，而考虑到“猪湾事件”只是肯尼迪在上任之初犯下的错误，卡特政府在执政四年之后还犯下如此差错真是让人觉得不可思议。正是因为卡特的失败以及布热津斯基就是卡特的基辛格的印象，导致国家安全事务助理甚至是整个国安会机制都在卡特下台后步入了一段黑暗时光，它们在决策中的地位和作用将跌落到历史低点。事实上，直至21世纪的今天，虽然国安会重新成为“帝国中枢”，但是总统国家安全事务助理却再也

① “Zbigniew Brzezinski Oral History, Assistant to the President for National Security Affairs,” February 18, 1982, https://millercenter.org/the-presidency/presidential-oral-histories/zbigniew-brzezinski-oral-history-assistant-president.

没有完全恢复旧日的辉煌，这就是所谓的盛极而衰。

值得强调的是，虽然基辛格和布热津斯基同被视为强势国家安全事务助理的代表，但是卡特和布热津斯基的关系绝非是尼克松和基辛格的关系的再版，布热津斯基对国家安全事务的控制力远远弱于基辛格，这可能是他没能像后者那么成功的重要原因。和肯尼迪一样，卡特对国家安全领域的主要顾问们非常信任，从未考虑过撤换他们，这对布热津斯基来说既是一种保障，也是一种束缚。从好的一面来说，他始终得到总统的信任；但是从坏的一面来说，这种信任又总是不够充分。在中美建交问题上，布热津斯基之所以取得了迅速成功，可能并不在于卡特在该问题上给予的特别信任，而是因为时机使然。双方强烈的相互需要使得这种关系正常化能够快速实现，这使得卡特没有了摇摆的必要和时间。可以设想，如果这一进程未能如此顺利，那么卡特政府在外交决策上的缺点很可能就会又一次暴露出来。单就这一点来说，卡特这位“工程师和农场主”学到了肯尼迪的表面，却不具备这位东北部天主教“贵族”的强大内心，缺少了能够将不同性格甚至都很强势的顾问团结在一起的坚定信念。正是因为卡特自己没有一条成熟的外交路线，所以万斯和布热津斯基才没法团结在一起，只能竞相影响卡特变幻不定的想法。

从国安会的机制发展来看，这一时期将尼克松时期更为有力的国安会幕僚体系和约翰逊时期更为倚重资深官员的非正式机制结合在一起，较为全面和均衡。如果卡特本人能够发挥出较强的领导能力，弥合好万斯和布热津斯基之间的分歧，那么原本能够形成一种既有创造力又有协调性的国家安全决策机制。从霍尔布鲁克和奥克森伯格的“东亚非正式部门”可以看出，“斯考克罗夫特模式”中第三极的政策协调委员会正在自发地形成。如果国务卿和国家安全事务助理没有交恶，将会产生一个非常强有力的政策团队。

此外，还有一些较为次要的传统被“继承”下来，例如之后的每一位总统都会在上任之初改变国安会的上行和下行备忘录的名称。除了彰显总统本人的个性之外，这种举动完全没有实际意义，只会给后来的研究者们增添麻烦。当然，还有一些传统会到此为止。从邦迪、罗斯托、基辛格到布热津斯基，除了斯考克罗夫特执掌国安会幕僚的一小段时间外，所有这些国家安全事务助理都是学术界鼎鼎有名的人物，他们领导的小团队也或多或少地更像是学术团体而非官僚机构。这一点在布热津斯基时期表现得最为突出，也使他赢得了下属的广泛赞誉。他们之所以能够登上国家安全事务助理的高位，并不是因为之前就是总统的密友或者政治伙伴，而是因为专业知识和政策声誉。这种用人取向也说明这一时期的美国总统需要的或许并不是一位“中间人”，而是需要一位真正的“智囊”，否则就难以处理日益复杂的国际事务。在布热津斯基之后，由专业知识分子“垄断”国家安全事务助理一职的盛况一去不复返，越来越多的政客开始掌握国安会的中枢神经，这可能表明这一职务对创造力的需求在冷战晚期和后冷战时代日益降低。

卡特所处的是一个由缓和走向“二次冷战”的时期。在很大程度上，他的一项判断是正确的，那就是第三世界国家中的种种动荡更多是内生性的，而不是因为美国或者苏联的扩张和对抗。第三世界国家中的很多行为体更多是利用了超级大国，而不是为超级大国的意识形态服务。将美苏关系和第三世界国家“分别处理”的战略在很大程度上决定了卡特政府内部必须具有相当程度的多元性，必须有一位万斯和一位布热津斯基以供灵活选择立场。然而，灵活处理需要更强的领导力，否则很容易给人一种“墙头草”的印象，卡特正是因此断送了连任。好在有失必有得。虽然卡特在万斯和布热津斯基之间的徘徊导致了团队的破裂，但他仍然维持住了与万斯的个人友谊。在离开白宫后，他们两家还在一起共度了几个晚上。[①] 对于美国来说也同样如此，尽管在这一时期美国经常显得软弱可欺，但始终避免了再次在非洲或者中东掉进越南那样的泥潭。反倒是强盛一时的苏联最终在阿富汗不能自拔。以此而言，卡特外交团队和国安会的表现绝非当时看上去那么糟糕。

① 吉米·卡特：《卡特自传：从农场到白宫》，刘一然、常江译，南京：译林出版社，2017 年版，第 179 页。

第六章

里根：国安会的“中年危机”

对于自由世界的敌人、我们潜在的对手，要使其明白和平是美国人的最高愿望。我们可以谈判、妥协，但决不会屈服，现在不会，永远不会。请不要误会我们的忍耐，我们努力避免冲突但绝不代表屈服。当国家安全受到威胁，我们会采取行动。我们将保持压倒性的力量，因为我们知道，拥有足够力量才能确保我们不会使用这些力量。

——美国第40任总统罗纳德·里根

1981年1月20日于就职演讲

第一节 “自由世界的敌人”

罗纳德·里根（Ronald Reagan）1981年出任总统之初面临经济表现不佳、失业率持续上升、房屋和汽车销量下降等诸多国内问题，直到1983年国内经济状况才有所好转。[①] 冷战依然是里根政府必须面对的国际形势主题和严峻安全挑战。20世纪70年代末，卡特执政之初所采取的对苏缓和政策和后期的强硬政策均未能阻止苏联在全球的

① Heather Lehr Wagner, *Great American Presidents: Ronald Reagan* (Philadelphia: Chelsea House Publishers, 2004), p. 61.

扩张态势。里根承诺要与卡特不同，恢复美国自身的军事、经济实力以及在全球的势力范围和影响力。里根执政初期承受着苏联全球扩张的外部压力，中后期则逐渐扭转美苏争霸态势，从苏攻美守转向美攻苏守，尤其加大了对中东欧反共力量的经济支持，并在阿富汗、安哥拉和尼加拉瓜等第三世界国家加紧“推回”苏联影响力。

里根政府对外政策的延续与调整均源自美国对当时国际形势的判断。里根任内，国际秩序和机制正承受巨大压力，权力在全球出现多极化趋势，美国的相对实力正在下降，但依然是西方世界的领头羊。里根执政后，白宫每年均会推出《美国国家安全战略》报告，外界借此能更全面地了解美国官方对国际形势和安全挑战的认知以及相应的战略构想。里根政府在 1987 年和 1988 年推出两份《美国国家安全战略》，对上述问题做出了细致勾勒与总结。① 里根政府认为，国际形势正在发生巨变，第二次世界大战后的时代已经在 20 世纪 70 年代终结。这主要表现在以下几个方面：第一，美国在欧洲和东亚经济政策的成功改变了美国同盟体系中的财富和实力分配；第二，苏联军事实力不断增强，战略核能力几乎与美平起平坐，其影响力不断扩展到古巴、尼加拉瓜、中东、东南亚和非洲等地；第三，第三世界的政治觉醒和一些国家的内战和地区冲突有可能将美苏拖入直接军事对抗。

在里根政府眼中，苏联是与美国在经济、社会和政治理念上都存在根本不同的敌人，对美国的国家安全利益构成了最严峻的全球性威胁。苏联的军事实力和外交政策在全球范围内挑战了美国的关键利益，例如渴望改变既有国际秩序并确立苏联式霸权、试图分化西方联盟和谋求在发展中国家颠覆对美国友好的政府，此外苏联领导下的华约组织的军事能力也威胁到美国和欧洲盟友的利益。

因此，里根政府对苏联继续采取遏制政策，着重从国防、经济和

---

① The White House, *National Security Strategy of the United States* (1987), January 1987, http://nssarchive.us/NSSR/1987.pdf; The White House, *National Security Strategy of the United States* (1988), January 1988, http://nssarchive.us/NSSR/1988.pdf.

第三世界政策等领域着手。1983 年 1 月 17 日，里根签署第 75 号《国家安全决策指令》（National Security Decision Directive/NSDD），提出“在可持续的基础上，于各国际领域与苏联有效竞争，推回苏联的扩张主义”。[①] 里根政府坚持在军事上推行“以实力求和平”的政策，大幅增加美国军费。1983 年 3 月 23 日，里根在演讲中正式提出“战略防御倡议”（又被称为“星球大战”计划）。尽管外界对“战略防御倡议”有不少质疑，但这一倡议确实有助于对苏联施加心理和军备压力，一定程度上加速了苏联走向解体。冷战局势在 1985 年米哈伊尔·戈尔巴乔夫（Mikhail Gorbachev）执政后发生变化，苏联开始放弃争取军事优势，转为裁减军备，从对外扩张转向全面收缩。美国因此开始逐渐拉大优势。

里根在强调现实主义政策的同时也希望能够缓和国际形势，谋求再次启动与苏联的协商对话。在 1987 年的《美国国家安全战略》报告中，里根政府提出塑造全球领导力的战略目标之一是既要在道德层面将“民主”的美国与“专制主义”的苏联相区隔，也要积极寻求与苏联领导人共同防止战争、维护和平。[②] 不过由于苏联方面缺少回应和苏联领导人的频繁更替，美苏元首之间并未立即实现会晤。戈尔巴乔夫执政后，情况有所变化，冷战僵局开始松动。1985 年 11 月 19 日—21 日，里根与戈尔巴乔夫在瑞士日内瓦举行首次峰会，双方在削减核武器上达成共识，但在“战略防御倡议”问题上分歧严重。1986 年 10 月 11 日—12 日，双方在冰岛首都雷克雅未克举行第二次峰会。1987 年 12 月 7 日—10 日，美苏领导人再次在华盛顿会晤。在这次会议上，双方签署了《美苏消除两国中程和中短程导弹条约》（简称《中导条约》）。1988 年 5 月 29 日—6 月 1 日，里根任内的第四次美苏领导人峰会在莫斯科举行。在里根口中，“邪恶帝国”苏联不见了，

---

① FAS, “NSDD 75 on ‘U. S. Relations with the USSR’,” January 17, 1987, https://fas.org/irp/offdocs/nsdd/nsdd-75.pdf.

② The White House, *National Security Strategy of the United States*, January 1987, p. 3, http://nssarchive.us/NSSR/1987.pdf.

取而代之的是“我的朋友”戈尔巴乔夫。里根与戈尔巴乔夫不同寻常的“友情”甚至被称为冷战中最重要的一对私人关系。[①]

除了苏联之外，地区和低烈度冲突、核扩散、国际恐怖主义和毒品走私等问题都对美国国家安全构成威胁。其中，恐怖主义是里根政府面对的较为突出的国家安全挑战。在中东地区，美国利益屡屡受到恐怖主义侵害。在打击恐怖主义问题上，里根在竞选时曾表达出比卡特更为强硬的态度，但是在执政后他却发现中东地区的恐怖主义威胁远比想象中复杂和严重。恐怖主义的阴霾几乎伴随着里根的整个任期，发生了一些重大事件，包括 1983 年恐怖分子袭击美国驻贝鲁特大使馆和贝鲁特机场的美国海军陆战队营房。里根在自传中写道：“当美国人在海外沦为人质时，我认为国家应该做什么是简单明了的……那就是无论这些美国人身处何地，我们都必须竭尽全力恢复他们的权利。在八年总统任内，我都是这么想的。”[②] 因为深受黎巴嫩人质事件的困扰，里根政府还因此一脚陷入“伊朗门事件”的泥沼，造成其任内最严重的执政危机。

里根政府还把苏联扩张和恐怖主义这两大威胁联系起来看待。美国政府认为，即使苏联没有直接指挥多数恐怖主义组织，但是也向那些“参与恐怖活动的革命力量提供了大量军火、资金和顾问”。[③] 实际上，里根政府在寻找苏联与恐怖主义联系的过程中出现了把反恐议题“政治化”的倾向，试图将其打造为对付苏联的公关工具和外交杠杆。[④] 这种“政治化”反而阻碍了国际反恐和美苏在其他重要议题上的合作。

---

① Stephen F. Knott and Jeffrey L. Chidester, *Presidential Profiles: The Reagan Years*, New York: Facts on File, 2005, p. 98.

② Ibid., p. 83.

③ The White House, *National Security Strategy of the United States*, January 1987, p. 6, http://nssarchive.us/NSSR/1987.pdf.

④ Marc A. Celmer, *Terrorism, U. S. Strategy, and Reagan Policies*, New York: Greenwood Press, 1987, p. 114.

第二节　要高效，不要高调

在美国政界和学界大部分人眼中，里根前任卡特的标签就是“外行”和“缺乏经验”。这也难怪，50 岁出头当选总统的卡特只在政治圈中摸爬滚打了不到 10 年，他在白宫的多数幕僚同样缺乏从政经验，这在第二次世界大战后的美国总统中并不多见。在 1976 年的竞选中，卡特打出了“圈外人”的政治牌，声称要挑战建制派的“老面孔”，批评传统的华盛顿政治已经不合时宜。然而，卡特及其幕僚无法就什么是华盛顿的新做法和新规则达成共识，这为之后的执政埋下了很多隐患。

卡特这位相对而言的“政治小白”执政之初就在涉及国安会运作的关键官员任命上慢了好几拍，没拿出总统的魄力和决断力，成为外界诟病其国安会效率、要求后届政府引以为戒的一个重要方面。卡特对政界人士不够熟悉，不得不依赖一些“陌生人”的建议。尽管卡特在 1976 年底和 1977 年初四处寻觅人才，但进程极其缓慢，很多重要职位直到卡特宣誓就职的一年后仍然空缺或者留任了福特政府官员，造成国安会在部分议题上存在政策惰性和协调迟滞，如国安会的伊朗问题专家加里·西克（Gary Sick）就是从福特政府留任。[①] 为了让内阁发挥更关键的作用，卡特还放任一些内阁官员自行任命重要职位，导致一些官员“忤逆”白宫授意，拒绝白宫推荐的备选人。国防部长哈罗德·布朗就两次拒绝白宫要求，不放下属去国安会担任重要职位人选，反而向外界宣称是他们自己拒绝出任。这影响了国安会幕僚的及时到位。

卡特任内国安会的跨部门协调作用发挥得不够充分，未将国务院、国防部、财政部等行政部门各自制定的外交、国防和国际经济政

① Diane Kaufman and Scott Kaufman, *Historical Dictionary of the Carter Era*, Plymouth: Scarecrow Press, 2013, p. 243.

策整合为更为全面的国家安全政策，也未理顺国安会幕僚与其他内阁部门的关系。外界的批评集中体现在万斯领衔的国务院和布热津斯基挂帅的国安会幕僚的权力之争上。国安会幕僚和国务院这两位“老大”的矛盾在1978年公开表述的分歧上体现得淋漓尽致。当时14名众议员向总统致信，要求其澄清美国政府在与苏联关系和非洲问题上的立场到底是什么。历史上，国务院总希望自身能够成为制定和协调美国对外政策的核心，然而决策权力向白宫日益集中的趋势却是不争的事实。卡特总统对于国务院明显不愿全心全意执行白宫的命令感到心烦意乱。布热津斯基在《实力与原则》一书中直言不讳地表示，自己“对国务院娴熟地延迟执行自身不喜欢的政策感到很惊讶”，[①] 这体现了这位总统国家安全事务助理对国务院的极度不满。有鉴于此，担任国家安全顾问一职的布热津斯基提出了对国安会的大胆改革建议，要求将国安会和国家安全顾问“合法化”，要求总统任命国家安全顾问时必须得到参议院批准，这实质上扩大了国安会幕僚的外交职能、将权力进一步向白宫聚集。[②]

不少关注国安会的人士不约而同地认为，在卡特任内，国安会未能扮演“坦诚斡旋人”（honest broker）的角色，非但不能促进白宫与国务院的关系，还力图充当总统谋士与智囊，忽略了自身所应承担的政策协调与管理职能，俨然成为又一个“小内阁”，出现严重“偏科”。在战略决策能力很强的布热津斯基领导下，国安会幕僚挖空心思地向卡特建言献策，忘记了自身协调者的定位。[③] 例如，在如何对待伊朗伊斯兰革命的态度上，布热津斯基的个人政策倾向对卡特的决

① Duncan L. Clarke, “Why State Can't Lead,” *Foreign Policy*, No. 66 (Spring, 1987), p. 131.

② Zbigniew Brzezinski, *Power and Principle: Memoirs of the National Security Adviser*, 1977 – 1981, New York: Farrar, Straus and Giroux, 1983, pp. 535 – 538.

③ “National Security Policy Integration,” Washington: President's Reorganization Project, September, 1979.

策影响巨大。[①] 1979 年 9 月，曾在尼克松政府国安会担任高级官员的菲利普·奥迪恩（Philip Odeen）就撰写报告警告卡特，除了政策建言外，国安会不能忽略自身的其他机制作用。[②] 国安会幕僚迎合了卡特的急迫需求和个人便利，但是从长远看不利于政府实现长期和战略性目标。他们会放大总统当下关注的但未必是最重大的问题，却忽略了真正的重要议题。国安会过度关注本应由国务院负责的政治和外交议题，却鲜有关注国防和经济议题。同时，国务院、国防部和参谋长联席会议时常无法参与总统决策，一些高级军官不仅对卡特执政初期的政策不满，也对政策出炉的过程怨声载道。这种沮丧失望情绪加剧了对卡特国家安全政策过于软弱的批评。此外，布热津斯基还承担了政策“发言人”的角色，其媒体曝光度相比前几届政府的多数国家安全顾问有过之而无不及。

国家安全顾问任职头两年出现在《纽约时报》的次数[③]

邦迪	罗斯托	基辛格	斯考克罗夫特	布热津斯基
38 次（1961 年）	32 次（1966 年）	154 次（1969 年）	16 次（1976 年）	147 次（1977 年）
15 次（1962 年）	18 次（1967 年）	146 次（1970 年）		145 次（1978 年）

卡特卸任之前，美国政界和学界对国家安全顾问“应该做些什么不应做些什么”已经有了不成文的共识。[④] 这一共识源自 20 世纪 60 年

① Michael A. Ledeen and William H. Lewis, “Carter and the Fall of the Shah: The Inside Story,” *Washington Quarterly*, Vol. 3, No. 2 (Spring, 1980), pp. 3 – 40.

② Philip Odeen, “National Security Policy Integration” (Report to the President under the Auspices of the President's Reorganization Project, September, 1979), reprinted in Senate Foreign Relations Committee, *The National Security Adviser*, p. 109.

③ 数据来源：I. M. Destler, “A Job That Doesn't Work,” *Foreign Policy*, No. 38 (Spring, 1980), p. 84.

④ Senate Committee on Foreign Relations, *Hearing*, *The National Security Adviser: Role and Accountability*, Washington, D. C.: Government Printing Office, 1980, pp. 139 – 150.

代，经过尼克松—基辛格时代和“水门事件”而进一步增强。简单而言，国家安全顾问和国安会必须扮演好连接各部门的“中枢”作用，必须保持中立。即使是作为国家安全顾问而权倾一时的基辛格也表示，总统应当把国务卿作为主要顾问，国家安全顾问还是应当扮演高级管理者和协调者角色，确保总统能够听到各部门的重要意见。[①] 如果国家安全顾问只根据自身喜好推动特定政策选项，反而无法做到“眼观六路，耳听八方”。在国际关系领域，任何一个议题都不是孤立存在，大国关系更是“牵一发而动全身”。1978 年，当布热津斯基亲自参与制定对华政策时，却没能顾得上考虑中美关系正常化对美苏第二阶段限制战略武器谈判的影响，缺少应有的全面战略视野。

与布热津斯基的看法不同，研究美国国家安全委员会的资深专家 I. M. 德斯特勒（I. M. Destler）提出了限制国家安全顾问权限甚至废除该职位的建议。经过长时间的观察，德斯特勒认为国安会的主要问题之一就是国家安全顾问的定位。德斯特勒在卡特执政末期的 1980 年撰写文章，旗帜鲜明地批评国家安全顾问一职已经“异化”，其过度参与具体的政策推进、损害了自身的决策过程管理职责、干涉了国务卿的职权。[②] 德斯特勒甚至认为新总统在 1981 年上任后应废除国家安全顾问一职，降级为由国务卿挑选的国安会行政秘书。

包括德斯特勒在内，奥迪恩、波特·罗克曼（Bert Rockman）和格拉厄姆·艾利森（Graham Allison）等学者都对新一届政府的国安会机制改革提出了看法和建议。这些建议的重点在于白宫和内阁各部门的“责任分摊”，强调国安会“低调”的协调属性，而不是“高调”的决

① Henry Kissinger, *White House Years*, Boston, Mass.: Little, Brown and Co., 1979, p. 30.

② I. M. Destler, “A Job That Doesn't Work,” *Foreign Policy*, No. 38 (Spring, 1980), pp. 80 - 88.

策属性。①

第一，调整国家安全顾问和国安会的地位。第一种选择是继续提升国安会和国家安全顾问的地位作用。国家安全顾问可以更名为“政府首席部长”，统领国务院和国防部等行政部门，其幕僚人数应予以增加，该职位的任命必须由参议院批准。这一选择的好处是明确了可以在国际事务上为总统代言的官员，坏处在于总统可能将其视为竞争对手，或者新的首席部长会因为过于讨好总统而忽略了协调各部门的职能。第二种选择是让国安会和国家安全顾问充分发挥白宫事务协调作用。有学者认为国家安全顾问和国安会应鼓励“多方辩护”，甚至运用了毛泽东的“百花齐放”来形容决策机制应达到的理想状态。② 还有学者认为，在这种情况下，国家安全顾问一职应该予以降级，使其类似国安会行政秘书，其服务对象不仅是总统，还应包括国务院和国防部等行政部门。这一选择的弊端在于国安会可能过于聚焦具体管理事务而忽略协调职能。第三种选择是协调者外加机制性的国家安全幕僚团队。这个组合包括一个白宫高级顾问和独立的总统办公室国安团队。前者类似总统的政治幕僚，随总统更迭而变换人选，后者则是从事国家安全工作的职业官僚。这种模式如果运作顺畅，可以确保美国外交政策的连续性和稳定性。

第二，国家安全顾问和国安会幕僚应明确定位和首要职能，专注于管理跨部门决策流程、监督政策执行，不能只顾提供政策建议而忽略协调作用。国安会协调机制应包括政策规划、重大问题决策、决策流程管

---

① I. M. Destler, “National Security Management: What Presidents have Wrought,” *Political Science Quarterly*, Vol. 95, No. 4 (Winter, 1980 – 1981), pp. 587 – 588; Philip A. Odeen, “Organizing for National Security,” *International Security*, Vol. 5, No. 1 (Summer, 1980), pp. 111 – 129; Bert A. Rockman, “America’s Departments of State: Irregular and Regular Syndromes of Policy Making,” *The American Political Science Review*, Vol. 75, No. 4 (Dec, 1981), pp. 911 – 927; Graham Allison, “An Executive Cabinet,” *Society*, Volume 17, Issue 5 (July, 1980), pp. 41 – 47.

② Bert A. Rockman, “America’s Departments of State: Irregular and Regular Syndromes of Policy Making,” *The American Political Science Review*, Vol. 75, No. 4 (Dec, 1981), p. 923.

理和确保政策执行四部分。国安会应未雨绸缪，提前就政府可能遭遇的危机准备好应急方案，避免遇到问题后再仓促上阵。国安会还要加强与国务院、国防部等部门的协作，确保防务和外交政策协调一致。作为最重要的政策协调机制，国安会还要为军方的防务政策规划提供外交和经济领域的相关背景信息。

第三，跨部门机制的主要协调责任应由国务院承担，国防部也要在其中发挥关键作用。新一届政府可以成立由国务院与国防部共同牵头的跨部门委员会，实际的政策规划则应由负责地区事务的跨部门小组负责。小组应由一名助理国务卿牵头，成员应来自国安会、国防部、参谋长联席会议、中情局、财政部以及其他相关部门。跨部门委员会应指定可能的紧急情景供跨部门小组商讨并制订预案，不定期审核小组预案报告，以确保“上下一心”。

第四，国安会幕僚应持续不断地在白宫和内阁各部门之间“旋转”任职，以此塑造其对白宫和内阁部门的共同认知与理解。1977 年，有 60% 的国安会幕僚没有在内阁部门工作的经历。此外，光幕僚个人拥有工作经历还不够，还须建立幕僚集体决策的良好机制。艾利森提出建立“内阁官员执行委员会”，作为高层政策评估的平台。① 在设想中，该委员会既能让主要部门的负责人和谐参与，又能避免全体内阁官员“一拥而上”的混乱。这个委员会相比内阁全体更小，其需要重点考虑谁应加入委员会、谁又应被排除在外。

第三节　“暖心的无情者”

撰写过里根传记的美国历史学家埃德蒙·莫里斯（Edmund Morris）曾表示：“我越研究他（里根）就越困惑，直到后来我发现包括他的妻

---

① Graham Allison, “An Executive Cabinet,” *Society*, Volume 17, Issue 5 (July, 1980), p. 46.

子在内所有认识他的人也同我一样困惑，我才没有那么绝望。”[①] 美国战略界和学界对里根褒贬不一，基辛格认为里根虽然缺乏学术根基，但制定了特别连贯和聪明的外交政策。美国历史学家约翰·加迪斯（John Gaddis）把冷战结束归功于里根。美国前国务院官员和学者雷蒙德·加特霍夫（Raymond Garthoff）则对里根政策加速了苏联解体这一看法持怀疑态度。[②] 还有不少媒体认为里根“懒政”，不够聪明，决策大多依靠幕僚，同时放任幕僚不加管束，最终导致了“伊朗门事件”。但是不管怎样评判里根，有一点不可否认，即里根的个人特性、领导风格对包括国安会在内的白宫决策机制产生了重要影响。了解和洞悉里根的个人特征成为分析这一时期国安会的重要视角。

里根的一大缺陷是缺乏“举贤任能”的选人用人辨识能力，更多依赖自己的冲动和直觉，缺乏管理能力和技巧。当时的一幅漫画形象地说明了这一点：两个人坐在俱乐部的扶手椅中，其中一人对另一人说：“总统的身边人干得太糟糕了，究竟是谁雇佣了这些人？”人无完人，作为总统当然会有看错人的时候，但是里根的问题在于其挑选人员的方式基本毫无改变。他更多依靠对身边人的直觉判断而不是通过当面谈话考察内阁职位的候选人。例如，当里根总统于1982年想要任命乔治·舒尔茨（George Shultz）担任国务卿时，只是给人在欧洲的舒尔茨打了个电话，没有等待舒尔茨回国后再认真深入交谈。

对此，曾经在里根政府的国安会负责拉美政策的康斯坦丁·门杰斯（Constantine Menges）引述了里根一位朋友的解释，认为这与里根曾经

---

① 参见 Edmund Morris, *Dutch*: *A Memoir of Ronald Reagan*, New York: Random House, 1999.

② Henry Kissinger, *Diplomacy*, New York: Simon and Schuster, 1994, p. 765; John Lewis Gaddis, *The United States and the End of the Cold War*: *Implications*, *Reconsiderations*, *Provocations*, New York: Oxford University Press, 1992; Raymond Garthoff, *The Great Transition*: *American – Soviet Relations and the End of the Cold War*, Washington, D. C.: Brookings Institution Press, 2000.

在影视圈摸爬滚打有关。[1] 里根出演电影时只考虑自己应该如何表演，不会考虑幕后摄像、灯光等辅助人员的角色。这导致里根有一种根深蒂固的思维模式，即认为只要自己努力做好，其他人也会做好，电影就能成功，治国理政也同样如此。

多次参加各类白宫和国安会会议的门杰斯用“被动性果断”来形容里根的决策风格。里根在面对国安会提出的诸多选项时不会犹豫不决，能够做出选择，但他的性格是不喜欢主动拿出自己的主意和看法，更愿意“守株待兔”，等待大家把某个议题摆上桌面，然后再做决定。这也带来一个问题，即议题和看法的呈现方式将左右里根的决定。如果里根有机会听到全面讨论，那么他往往可以做出较为明智的抉择。但如果只听到一种声音，他也不会再找其他人论证，直接就选择这个唯一方案。因此，一些看透决策规律的白宫幕僚利用了里根被动性的弱点，企图塑造美国对外政策。

里根的被动性源自他容易相信他人以及缺乏足够的怀疑精神。从道德意义上讲，这种性格并无好坏之分，但作为总统却显得不够“精明”。总统应该对手下幕僚有一定的辨别能力。如果幕僚很容易博得里根的信任，自然也就很容易得到总统授予的权力。能够轻易得到的权力往往不被珍惜，信任的“滥用”有时会让国家蒙受损失，最终让里根本人饱受指责，“伊朗门事件”就是典型案例。

被动性并不代表里根是个“软柿子”，他温和的外表之下还有着“政策硬汉”的性格。由于当选总统前在传媒和电影行业深耕数十年，里根很擅长与各类人物打交道，能够让身边的人感到愉快。来到白宫后，大家发现里根看似和颜悦色的“老好人”，却绝非想象中的那样容易被说服。尼克松和里根任内的资深白宫幕僚马丁·安德森（Martin Anderson）如此形容里根：他是我认识的最强硬的人，比前任总统卡

① Constantine C. Menges, *Inside the National Security Council: The True Story of the Making and Unmaking of Reagan's Foreign Policy*, New York: Simon and Schuster, 1988, p. 385.

特、福特和尼克松都要强硬得多。一旦里根认为自己是对的或者什么事情非常重要，他就会坚持不懈地推动。里根平时很注重照顾他人感受，但在推动政策时就顾不上了，绝不会因为担心别人的感受而改变政策方向。面对批评，里根能够“温柔以待”，更不会以他人的痛苦为乐。因此，里根是独一无二的总统，是看似矛盾的“暖心的无情者”。[①]

有很多例子可以证明里根在推动政策时的执着。在卡特执政末期，美国政府承诺要向沙特出售机载预警与控制系统，这一尚未兑现的承诺随后被里根政府继承。这一政策承诺遭遇来自犹太裔游说集团的强大阻力，他们把这一举动视作对以色列安全的重大威胁，但里根认为军售有助美国在中东巩固和加强影响力。当 54 名参议员致信里根希望他不要批准军售时，里根反而决定亲自参与推动政策。在这一问题上，他格外认真，使出浑身解数，最终说服参议院以 52 票对 48 票批准了对沙特军售。这成为当时总统游说国会的最有效案例之一。[②]

“抓大放小”、下放权力并让更多人参与决策是里根一直以来的做法。早在竞选期间，里根就设立了 48 个政策小组，涉猎的议题包括社会福利改革、国防军事、经济政策和对外关系等。[③] 正式就任后，里根组织了内阁级委员会以及次内阁级协调机制，商讨超越某个具体内阁部门职权范围的议题。一方面，这样的机制确保那些不是特别重要的议题能够在内阁层面或者之下先行讨论，总统则可集中精力处理核心议题，不会被琐事缠身；另一方面，广泛授权下属也可以制造出所谓的“隔离”效果，一旦某些政策受到外界批评，总统可以直接“甩锅”给幕僚，表示自己并不知晓具体细节。

不过，即使里根性格温和、下放权力，仍然有一些白宫幕僚抱怨总

① Martin Anderson, *Revolution*, New York: Harcourt, 1988, p. 162, p. 288.

② Mitchell Bard, “Interest Groups, the President and Foreign Policy: How Reagan Snatched Victory from the Jaws of Defeat on AWACS,” *Presidential Studies Quarterly*; Vol. 18, No. 3 (Summer, 1988), pp. 583 – 600.

③ Wallace Earl Walker and Michael R. Reopel, “Strategies for Governance: Transition and Domestic Policy Making in the Reagan Administration,” *Presidential Studies Quarterly*, Vol. 16, No. 4 (Fall, 1986), pp. 734 – 760.

统与下属接触太少，不注重决策流程，缺乏明确的政策目标，只有对自己的形象才格外在意。担任过财政部长的幕僚唐纳德·里甘（Donald Regan）表示，在任职期间从来没有和里根面对面的会谈过。里根总统从来不告诉这位财政部长自己的经济政策是什么，里甘只能通过阅读总统的演讲和报纸来揣摩里根的意思。里根在决策过程中“不善言辞”，但对自己展示给公众的形象却格外重视。此后又出任白宫办公厅主任的里甘在回忆录中还抱怨道，里根很少关注决策细节，却十分重视自己的公众形象。他在书中提到，里根总统每一次公开露面都要精心准备，说的每一句话都有提示卡片，站的位置会提前用粉笔在地上标记出来。[①] 相反，在政府内部的小范围闭门会议上，里根反而非常放松，不需要提示卡片。在大规模会议上，里根甚至会心不在焉，不听其他人发言，直到别人冲着他说话才回过神来。

不同的人看待里根会有不同的结论。在不少人眼里，里根是一个工作努力、聪明睿智且颇有领导风范的总统。在工作上，里根经常阅读各类文件，凡是需要他签署的材料，无论是5页还是500页，他从不遗漏。每天晚上，里根都会收到需要过目的若干摞材料。[②] 在外交场合，里根能够与其他国家的领导人和官员谈笑风生、推杯换盏，在对外政策上给人留下“我说了算”的印象。苏联驻美国大使阿纳托利·多勃雷宁（Anatoly Dobrynin）回忆他第一次与里根和国务卿舒尔茨会面的场景时表示：“很显然，舒尔茨在白宫的表现证明里根才是真正的老板，国务卿只是执行里根的指令罢了。舒尔茨很少能够在里根谈话时插话，基本上从头到尾都在附和。我甚至有一种感觉，也许是错觉，国务卿舒尔茨似乎有一点害怕总统。”[③]

---

① Donald T. Regan, *For the Record: From Wall Street to Washington*, New York: Harcourt Brace Jovanovich, 1988.

② Donald T. Regan, "The Reagan Presidency in Perspective," *Presidential Studies Quarterly* (Summer, 1988), pp. 414－420.

③ Anatoly Dobrynin, *Confidence: Moscow's Ambassador to America's Six Cold War Presidents*, New York: Random House, 1995, p. 521.

第四节 “内阁至上”与“伊朗门事件”

“伊朗门事件”是里根国安会的分水岭。在“伊朗门事件”之前，里根试图将“反联邦机构建制”落实为具体的决策机制安排，建立所谓的“内阁型政府”，让内阁官员发挥更大作用，提升他们在总统决策程序中的能见度。因此在一开始，里根试图更多依赖来自内阁部门的官员，而不是白宫助手。此外，由于执政之初里根要面对比较严峻的国内和经济问题，他也没有花费太多心思在国安会的机制建设上。直到近一年后，明确国安会机制调整的文件才“姗姗来迟”。

1982 年 1 月 12 日，里根签署题为“国家安全委员会架构”的《国家安全决定指令第 2 号》，确定了国家安全委员会的政策角色和机制。[①] 在延续了对国安会的传统定位后，指令率先明确了国务卿、国防部长和中央情报局局长三名内阁官员在国安会中的作用和分工，形成了里根执政前期主导国安会决策体制的“三驾马车”。例如，文件清楚规定国务卿、国防部长和中情局局长分别为总统之下负责外交、国防和情报事务的首要顾问，负责外交、国防和情报政策的制定与执行，各自在法律范围内指导、协调、监督涉及外交、国防和情报事务的跨部门活动。文件对于总统国家安全事务助理的职权却着墨不多，其定位更像是总统的行政助理或秘书，可以在总统同意的情况下设计、协调和落实国家安全政策，确认国安会会议议程，提前准备重要文件（甚至规定正常情况下要在会前分发完毕），管理国安会的人事和行政事务。

在“三驾马车”的构架下，国安会中还设立了四类跨部门小组（Interagency Groups），负责支持外交、国防和情报三个主管部门。这些跨部门小组的职责是设定政策目标、设计政策选项、提供政策建议、商

① The White House, “National Security Decision Directive Number 2,” January 12, 1982, https://www.reaganlibrary.gov/sites/default/files/archivesreference/scanned/-nsdds/nsdd2.pdf.

讨各部门项目对外交政策和总体国家安全的影响以及落实国安会交办的其他任务等。跨部门小组的具体情况如下：

一是“外交政策高级跨部门小组”（The Senior Interagency Group - Foreign Policy/SIG - FP）。该小组的宗旨是为国安会制定外交政策、处理外交事务提供协助和建议。小组成员包括中央情报局局长、总统国家安全事务助理、常务副国务卿（担任小组组长）、国防部常务副部长（或负责政策的国防部副部长）、参谋长联席会议主席，商讨具体事务时与议题相关的部门代表也会受到组长邀请与会。外交政策高级跨部门小组的具体职责包括以下几点：

（1）确保需要跨部门协商的重要外交议题能够得到全面、迅速的讨论；

（2）处理下级跨部门小组提交的跨部门问题，如果该问题需要更高层官员商讨，应向国务卿汇报或上报国安会；

（3）确保能够挑选出需要优先解决的外交政策和事务议题；

（4）监督已批准政策的执行状况；

（5）评估跨部门海外项目和活动的质量和效率。

二是“国防政策高级跨部门小组”（The Senior Interagency Group - Defense Policy/SIG - DP）。该小组的宗旨是为国安会制定国防政策、处理国防事务提供协助和建议。小组成员包括中央情报局局长、总统国家安全事务助理、常务副国务卿、国防部常务副部长（担任小组组长）和参谋长联席会议主席，商讨具体事务时与议题相关的部门代表也会受到组长邀请与会。国防政策高级跨部门小组的具体职责包括以下几点：

（1）确保需要跨部门协商的重要国防议题能够得到全面、迅速的讨论；

（2）处理下属跨部门小组提交的跨部门问题，如果该问题需要更高层商讨，应向国防部长汇报或上报国安会；

（3）监督已批准政策的执行状况。

三是“情报高级跨部门小组”（The Senior Interagency Group - Intelligence/SIG - I）。该小组的宗旨是为国安会制定情报政策、处理情报事务提供协助和建议。小组成员包括中央情报局局长（担任小组组长）、总统国家安全事务助理、常务副国务卿、国防部常务副部长、参谋长联席会议主席，商讨具体情报事务时与议题相关的部门代表也会受到组长邀请与会。情报高级跨部门小组的具体职责包括以下几点：

（1）确定国家海外情报工作的需求和重点；

（2）审议国家海外情报项目、预算提案和其他中央情报局局长提出的事项；

（3）审议中央情报局局长提出的关于敏感海外情报搜集的提议；

（4）研究美国反间谍行动的标准和原则；弥合各部门在执行反间谍政策时的分歧；监督反间谍政策是否符合法律和总统行政令的规定；

（5）商议和批准任一情报机构负责人提交的反间谍行动计划；

（6）向国安会提交他国情报和安全机构对美国利益威胁的年度评估，其中包括对美国反间谍行动效果的评估；

（7）对美国海外情报搜集和反间谍行动进行年度评估并向国安会汇报；

（8）在总统指令下，执行其他联合评估并批准相关情报活动。

四是“地区及功能性跨部门小组”（Regional and Functional Interagency Groups）。这一类小组主要为支持上述三个小组而设立，大致可进一步分为三类：

第一类是支持外交政策高级跨部门小组的小组，这些小组由国务卿设立，与国务院各地缘局和职能局相对应。小组成员包括中情局局长、总统国家安全事务助理、参谋长联席会议主席、相应的助理国务卿（担任小组组长）以及由国防部长指定的国防部代表，商讨具体事务时与议题相关的部门代表也会受到组长邀请与会。负责国际经济事务的小组除上述成员外，还包括财政部代表、商务部部长以及美国贸易代表。负责军控事务的小组除上述成员外，还应包扩军备控制和裁军署署长。

第二类是支持国防政策高级跨部门小组的小组，这些小组由国防部长设立，与国防部下属各局对应。小组成员包括分管的国防部副部长或助理部长（担任小组组长）、国务院代表、中央情报局局长、总统国家安全事务助理和参谋长联席会议主席，商讨具体事务时与议题相关的部门代表也会受到组长邀请与会。为处理紧急事态，各跨部门小组还会成立全职工作组，这些工作组将协助国安会管控危机。

第三类是支持情报高级跨部门小组的小组，这些小组由中央情报局局长设立。负责反间谍的跨部门小组成员包括国务院代表、国防部长、中央情报局局长、联邦调查局局长、总统国家安全事务助理、参谋长联席会议主席、国家安全局局长以及相关的其他情报机构代表。

里根国安会的第二次重大调整出现在“伊朗门事件”之后。在1987年2月特别审查委员会提交有关“伊朗门事件”的报告前，里根就已经对国安会机制做出了部分调整，如任命弗兰克·卡卢奇（Frank Carlucci）担任国家安全顾问，针对已有的秘密行动项目开展法律和政策审查等。随后，里根在1987年3月31日发布了题为“落实总统特别审查委员会建议”的《国家安全决定指令第266号》，从根本上改变了《国家安全决定指令第2号》确立的“内阁至上”的机制理念。[①]《国家安全决定指令第266号》主要从四个方面对国安会进行了调整：

第一，明确国安会核心成员的职责。除了依旧按照1947年《国家安全法》规定了国安会和国务卿、国防部长、中央情报局局长等核心成员的职责外，指令要求从“伊朗门事件”中汲取教训，明确了国安会幕僚的“参谋”职责。指令明确规定，尽管不少国安会幕僚来自其他联邦行政部门，但只要在国安会内，就必须在美国宪法和法律的框架下行事。也就是说，这些官员必须懂得“角色转换”，只有从国安会回到原有部门后，才能执行政策。

第二，明确国家安全顾问的职责。相比《国家安全决定指令第2号》，新指令对国家安全顾问的职责有更为全面的规定。例如，国家安全顾问应当管理国安会的日常流程，应当是总统在所有国家安全事务上

---

① The White House, “National Security Decision Directive Number 266,” March 31, 1987, https://www.reaganlibrary.gov/sites/default/files/archives/reference/scanned-nsdds/nsdd266.pdf.

的首席幕僚。国家安全顾问应当拥有直接向总统汇报的权利，并且有义务让总统和白宫办公厅主任知晓重大事项。

指令进一步细化了国家安全顾问在管理国安会流程中的关键作用：一是确保议题讨论的顺畅，包括要尽可能地囊括重大议题、议题能够得到充分讨论、能够充分权衡各个政策选项的利弊得失、情报和信息尽可能丰富、充分考虑是否合法以及政策执行中的困难。二是确保政策能够按照总统意志执行。根据国家利益和形势变化，国家安全顾问可以不时重新评估既有政策。三是发挥沟通上下的作用。国家安全顾问必须确保国安会参会者能够清楚了解总统决定，及时记录通过国安会提出的建议和总统决策。此外，国家安全顾问在忠实传达国安会参会人员的建议时，也可以向总统提出个人观点和建议。

第三，明确国安会幕僚的职责。指令尤其细化了国安会行政秘书的职权。例如，要求行政秘书遵循法律和政府准则、负责领导其他行政幕僚，在行政后勤方面支持国安会和国家安全顾问的工作。在国家安全顾问的指示下，行政秘书应拟定和执行涉及国安会幕僚规模、选拔标准和工作时间的政策。一方面，国安会幕僚必须规模小、能力强，同时还应平衡各联邦机构和政府内外的人员数量，不得有所偏废；另一方面，国安会幕僚必须组织清晰，能够实现垂直领导和对上级负责。指令还特别提及，必须配备一名专门为国家安全顾问、行政秘书和其他国安会幕僚提供法律建议的法律顾问，以确保整个国安会机制及其幕僚都能充分考虑法律问题。

第四，明确国安会会议（国安会部长级会议）和跨部门协调流程。在国安会会议方面，指令规定会议应在总统指定或国家安全顾问和法定成员的建议下召开。国家安全顾问应出席所有国安会会议，负责在总统指示下安排会议议程。国安会法定成员和顾问应当出席会议，其他内阁级别官员和相关机构负责人可以应总统要求或者与议题相关时参会。在跨部门协调方面，指令要求国家安全顾问重新审视此前设立的高级跨部门小组和地区及功能性跨部门小组，参考特别审查委员会提出的建议，考虑是否应当做出调整，例如是否需要设立由国家安全顾问牵头的跨部门高级委员会。在秘密行动和雇用政府外人员方面，国安会的计划和协调小组（Planning and Coordination Group/PCG）将审查所有秘密行动，确保此类行动合乎法律与政策要求。国家安全顾问还将审查当前批准和协调秘密行动的流程，严肃相关程序，尤其是要明确国安会幕僚不得执行秘密行动、严格限制使用私人或者外部组织作为中间人执行秘密行动，对此相关执行机构必须加强监督。

此后，里根政府又分别于 1987 年 6 月 9 日和 1987 年 12 月 15 日出台了题为《国家安全委员会跨部门流程》的《国家安全决定指令第 276 号》以及题为《秘密行动》的《国家安全决定指令第 286 号》，对国安会跨部门协调机制和秘密行动管理做出进一步规定。① 《国家安全决定指令第 276 号》明确了国安会的法定成员会议下还应设立分层级的跨部门协调机制：

一是设立国家安全计划小组（National Security Planning Group/NSPG）。该小组是对《国家安全决定指令第 266 号》提出的设立国安会高级委员会的落实，参与人员包括总统、副总统、国务卿、国防部长、司法部长、财政部长、国家安全顾问、白宫办公厅主任、中央情报局局长、参谋长联席会议主席和白宫管理与预算办公室主任。该小组的职责是代表国安会监督和审查国家安全政策的制定和落实。

二是设立高级审查小组（Senior Review Group/RG）。该小组为部长级跨部门协调机制，由国家安全顾问、国务卿、国防部长、白宫办公厅主任、中央情报局局长和参谋长联席会议主席等人员组成。国家安全顾问可以邀请其他联邦机构负责人或者下属人员参加相关会议。国家安全顾问负责主持小组会议，代表国安会审查、协调和监督国家安全政策的执行。

① The White House, “National Security Decision Directive Number 276,” June 9, 1987, https://www.reaganlibrary.gov/sites/default/files/archives/reference/scanned-nsdds/nsdd276.pdf; The White House, “National Security Decision Directive Number 286,” December 15, 1987, https://www.reaganlibrary.gov/sites/default/files/archives/reference/scanned-nsdds/nsdd286.pdf.

三是设立政策审查小组（Policy Review Group/RG）。该小组是副部长级跨部门协调机制，参与人员包括副国家安全顾问、副总统办公室代表、副国务卿或助理国务卿、副国防部长以及其他与议题相关的行政部门官员，副国家安全顾问负责主持会议。该小组的主要职责是日常审议国家安全政策并提出建议。

此外，《国家安全决定指令第 266 号》设立的计划和协调小组仍将负责协调具体的秘密行动项目。《国家安全决定指令第 286 号》则设立了审议和批准特种行动项目的新流程。例如，正常情况下，任何有关特种行动的“总统决定”（Presidential Findings）和备忘录草案都应经过国家安全计划小组审议，并与国安会法律顾问讨论后再提交总统。在每一个自然年，国家安全计划小组至少要召开一次审议所有特种行动的会议，并提出延续、修改或废止行动的建议。

小结　在动荡中调整

面对纷繁复杂的冷战形势，里根对美国面临的安全挑战有着较为严峻的判断，总体上仍然对国安会委以重任，相信强有力的协调机制对确保美国取得冷战胜利至关重要，这也是美苏争霸大背景下难以逃脱的必然选择。然而，由于其自身“反建制”和“大放权”的反传统特征，国安会一开始并未充分汲取此前的发展经验，更多被里根的个人领导风格主宰，一度陷入协调无力的局面。

从 1947 年以来的国安会历史来看，在里根之前，不同总统对国安会的调整都不尽相同，总统的个性对国安会机制的影响超越了国安会本身的内生特征和机制惯性。[①] 里根延续了这一规律，对国安会做出了与前任都大为不同的调整，将国安会打上了深深的“里根烙印”。里根任内国安会的最大特点在于“伊朗门事件”造成的外部压力让里根突然

---

① Paul Stevens, “The NSC: Past and Prologue,” *Strategic Review* 17, Number 1 (Winter, 1989), p. 55.

“清醒”，在调查“伊朗门事件”的特别审查委员会的建议下，对国安会机制做出较大调整。只是这些变化对于里根的白宫岁月而言有些姗姗来迟。

里根政府1982年出台的《国家安全决定指令第2号》明确贯彻了“内阁至上”的理念，核心决策责任集中于各内阁官员，国安会只能发挥最小程度的支持作用。在国安会的弱协调机制下，各部门条块分割严重、各自为战，每个部门直接对总统负责，国家安全顾问一职一度无所事事。由于里根对监督政策执行并不上心，总统“缺位”加上国家安全顾问“失能”恶化了国安会的运转情况。此外，国安会幕僚还参与了不该参与的秘密行动，从负责规划和协调的总统行政机构沦落为国务院和中央情报局的附属物。①

《国家安全决定指令第2号》对国安会的责任分工也不算成功。在一些涉及国家安全的实际问题上，很难实现指令所预期的目的。历届美国政府国安会的经验已经证明，想要有效应对国家安全事务必须拥有良好的统筹协调机制，而里根执政之初设立的高级跨部门小组无法实现这一目标。这是因为国务院、国防部和中央情报局等资源丰富、领导强势的部门非到万不得已并不愿意利用跨部门协调机制。本应承担协调重任的国家安全顾问又难有作为、五易其主，直到“伊朗门事件”后的弗兰克·卡卢奇，国家安全顾问才在调整后的国安会机制下发挥了应有作用。②

“伊朗门事件”是里根任内国安会发展的转折点。痛定思痛，里根政府对国安会进行了较大幅度的调整，尤其是增强了国家安全顾问的职

① 戴维·罗特科普夫著，孙成昊、赵亦周译：《操纵世界的手：美国国家安全委员会内幕》，北京：商务印书馆，2013年版，第277页。

② 里根执政期间，共有六人担任过国家安全顾问，按顺序分别是理查德·艾伦（1981年1月21日－1982年1月4日）、威廉·克拉克（1982年1月4日－1983年10月17日）、罗伯特·麦克法兰（1983年10月17日－1985年12月4日）、约翰·波因德克斯特（1985年12月4日－1986年11月25日）、弗兰克·卡卢奇（1986年12月2日－1987年11月23日）以及科林·鲍威尔（1987年11月23日－1989年1月20日）。

权与地位、优化了国安会框架下的跨部门机制，在一定程度上让国安会在政策和协调功能之间找到了更好的平衡点。《国家安全决定指令第266号》《国家安全决定指令第276号》《国家安全决定指令第286号》基本遵循了特别审查委员会针对“伊朗门事件”提出的国安会改革方案，里根甚至在委员会建议内容的基础上，提出“要把屋子收拾得更有序”。[①] 总体而言，“伊朗门事件”后的里根政府很快把国安会的改革建议落到了实处，让不同部门的官员在国安会中拥有了更强的参与感和责任感。比如，《国家安全决定指令第266号》设立的计划和协调小组在不到两年时间里就开了近170次会议，而且通常都是各个部门主动要求开会。[②]

不过，布热津斯基主张的将国家安全顾问“合法化”的改革建议并未被里根政府接受。实际上，如果真正按照布热津斯基的建议执行，“合法化”的国家安全顾问虽然能够提高这一职位的重要性，但也会带来不少隐患。首先，权力高度集中于白宫和国安会幕僚将让情报机构、国防部、国务院和其他部门的作用无法得到有效发挥，总统反而无法获取全面、充分、平衡的专业信息；其次，国安会幕僚在“合法化”后很有可能变成为总统直接出谋划策的外交事务部门，不仅无法扮演“坦诚斡旋人”的角色，还会进一步加剧国家安全顾问与国务卿之间的争斗；最后，白宫和国安会关注的往往是紧迫的问题，一些次重要的长期性问题无法引起足够关注，决策者容易陷入“只见树木不见森林”的误区。

① “President's Address to the Nation,” *23 Weekly Compilation of Presidential Documents 219*, 221 (March 4, 1987).

② Paul Schott Stevens, “The Reagan NSC: Before and After,” *Perspectives on Political Science*, Volume 19, Number 2 (Spring, 1990), p. 122.

第七章

老布什："样板工程"

美国若不追求高尚的道德准则，就不能称之为完整。今天作为美国之人民，我们胸怀这样一个目标——让这个国家面容更慈善，让世界面容更仁和。

——美国第41任总统老布什
1989年1月20日于就职演讲

第一节 "新世界秩序"

乔治·赫伯特·沃克·布什（下文简称老布什）曾任里根的副总统，但他在1989年1月宣誓就职时世界却正在发生翻天覆地的变化。南斯拉夫正面临国家解体和种族冲突的危机；1989年5月，匈牙利开放与奥地利的边境；1989年9月，波兰统一工人党组成了第一个由反对派出任总统的政府，团结工会领袖列赫·瓦文萨（Lech Walesa）任总统，波兰出现第二次世界大战后东欧的第一个非共产党领导的政府；1989年11月9日，柏林墙倒塌。1989年前后的东欧剧变为苏联解体埋下了引线。1990年8月2日，伊拉克入侵科威特引发了美国参战的海湾战争。1991年12月25日，苏联解体，这也是老布什任期内发生的最重要的国际事件，国际格局自此从两极走向单极。然而，随着苏联解体，国际形势也发生了出乎美国意料的巨大转折。冷战的终结并没有消除随之而来的地区"热战"，例如海湾战争和巴尔干半岛的冲突。

对于不确定性增强和迅速变换的国际形势，美国面临的国家安全挑战也更加复杂，老布什一度试图维持一种保持现状的外交战略，倾向限制美国在国际事务中的参与。但随着苏联实力的衰退以及海湾战争的爆发，一项追求限制进攻性武力使用、提升集体安全、促进大国合作的战略框架逐渐浮现。1990 年 9 月 11 日，在伊拉克入侵科威特一个月后，老布什在演讲中首次提出“新世界秩序”的概念，表示：“在这一关键时刻，他们（美国士兵）正和阿拉伯人、欧洲人、亚洲人以及非洲人共同捍卫新世界秩序的原则和梦想。”这一新世界秩序意味着“一个新时代”“不受恐怖主义的侵扰，更强有力地追求公正，更加安全地追求和平”。[①] 海湾战争无疑成为老布什践行这一概念、谋求国家利益、树立全球领导地位的最佳机遇。一些美国学者认为这一概念的提出和实践标志着美国外交已从两极对抗转向多边主义，并指出在特定条件下多边主义外交是较有吸引力的战略。[②]

总体而言，老布什政府对美国面临的国际形势变化和国家安全挑战的认识均能在 1990 年 3 月、1991 年 8 月和 1993 年 1 月发布的《美国国家安全战略》报告中有所体现，[③] 这也是其外交政策调整的依据与出发点。老布什政府认为国际形势正处于四十年未有之变局，变化的性质、程度和速度都前所未有。美国在 20 世纪 90 年代面临的国际

① George H. W. Bush, “Address before a Joint Session of the Congress on the Persian Gulf Crisis and the Federal Budget Deficit,” September 11, 1990, http://www.presidency.ucsb.edu/ws/? pid = 18820.

② Inis Claude, Jr, *The Persian Gulf Crisis*: *Power in the Post – Cold War World*, edited by Robert F. Helms II and Robert H. Dorff, Westport: Praeger, 1993; David Lake, *Entangling Relations*: *American Foreign Policy in Its Century*, Princeton: Princeton University Press, 1999, pp. 217 – 218.

③ The White House, *National Security Strategy of the United States*, March 1990, http://nssarchive.us/NSSR/1990.pdf; The White House, *National Security Strategy of the United States*, August 1991, http://nssarchive.us/NSSR/1991.pdf; The White House, *National Security Strategy of the United States*, January 1993, http://nssarchive.us/NSSR/1993.pdf.

安全形势富有希望，但不确定性也前所未有。

从全球层面看，美国认为苏联解体前的国际形势和安全环境呈现如下特点：第一，苏联出现危机。美国认为形势正朝着对西方国家有利的方向发展。苏联经济困顿、体制僵化，为了应对内部危机不得不在海外实施战略收缩。东欧剧变发生后，老布什政府进一步判断，意识形态在苏联外交中的重要性日益下降，苏联在军事上与美国发生冲突的风险下降到第二次世界大战后的最低点，苏联也不可能对北约发动突然的全方面军事打击。不过，美国认为苏联仍然是军事超级大国。因此，美苏关系仍将是竞争性的，必须提防美苏对抗的风险再次上升。第二，工业民主国家面临挑战和机遇。挑战在于，经济调整时代的贸易争端会导致西方国家内部的政治和安全关系紧张；机遇在于，西欧和东亚地区盟友实力逐步壮大。第三，全球经济的竞争性将前所未有。由于科技创新和全球市场的发展，东亚和西欧的地区经济迅猛发展，这些经济层面的变化也将造成安全层面的影响。第四，第三世界国家的冲突风险上升。美苏两极格局削弱后，美苏争霸在第三世界国家造成的冲突会减少，但其他原因造成的冲突或将继续威胁美国利益，尤其是随着化学、生物和核武器的扩散速度加快，这一安全挑战将更为突出。

在地区层面，老布什政府重点聚焦以下几点：第一，新欧洲的局面逐渐形成。欧洲正经历根本性转变，东欧剧变和两德统一加速了整个欧洲的政治变化，欧洲爆发军事冲突的阴云消散。但东欧内部的经济和安全形势不容乐观，针锋相对的民族主义和领土纠纷难以平息。第二，民主和经济转型浪潮正席卷西半球。然而，拉丁美洲的民主机制仍然较为脆弱，美国必须加以应对。第三，在东亚和太平洋地区，苏联势力消退，但影响力尚存。越南、柬埔寨和朝鲜面临新的压力。第四，在中东，伊拉克出兵科威特是“分水岭”事件。美国应确保地区稳定、盟友安全以及石油运输畅通，阻止大规模杀伤性武器及导弹扩散，打击恐怖主义，推动巴以和解等。第五，在南亚次大陆，中程导弹部署和核扩散的隐患依然存在。

苏联解体后，老布什政府对国际形势的总体判断变得更为乐观，1993 年《美国国家安全战略》报告序言的标题为《追求和平转变的美国领导》，认为美国已站在历史的十字路口，并总结了国际形势的新时代特点：一是越来越多的人民和国家引入民主和自由市场机制的价值观；二是中美洲、南亚、非洲南部以及中东正通向和平；三是欧洲结束分裂状态，中东欧走向政治和经济自由；四是苏联解体后，热核战争威胁基本消除，苏联扩张威胁不复存在；五是美国和其他工业国家发展经济所需的石油运输安全得到了保障。

不过，老布什政府没有因为冷战结束而得意忘形，依然认识到美国国家安全正面临多重挑战，而且这些挑战比以往更加复杂、模糊和分散，既有政治的、经济的、军事的，也有单边的、多边的以及短期的和长期的。政治上，美国仍需促使中东欧以及苏联国家尽快实现民主转型，并确保世界其他国家的“脆弱民主”不会出现逆转。美国还必须鼓励朝鲜、越南、老挝和古巴等国的民主改革，进一步确保“民主国际秩序的稳定”。经济上，美国仍面临保护、扩大开放市场的挑战。同时，美国还需面对诸如日本、德国在内的强大经济竞争对手。军事上，地区不稳定形势依然威胁全球安全，美国必须承担保护本国民众、利益以及盟友的责任。美国仍然受到先进传统武器、射程更远的弹道导弹、大规模杀伤性武器等扩散的威胁，恐怖主义和国际毒品贸易形势依然严峻，维和行动的复杂性前所未有。

第二节　前车之鉴

在前任里根执政期间，“伊朗门事件”的出现成为其国安会的绝对“硬伤”。“伊朗门事件”东窗事发后，里根总统痛定思痛，在 1986 年 12 月 1 日要求成立托尔委员会（Tower Commission）。该委员会由三人组成，包括得克萨斯州前参议员约翰·托尔（John Tower）、卡特总统任内的前国务卿埃德蒙·马斯基以及福特总统任内的前国家安全顾问布伦特·斯考克罗夫特。委员会有两大任务：一是审视国安会幕僚究竟该发挥怎样的作用；二是调查向伊朗出售军火的具体情节。1987 年 2 月 26 日，委员会发布了题为《里根应为松散管理风格和漠视政策细节负责》的报告。

这份报告篇幅很长，谈了很多关于"伊朗门"的细节，对于国安会机制也指出了很多切中要害的问题。这些问题不仅对里根触动很大，还对之后美国政府如何组织国安会有一定参考价值。报告认为，"伊朗门"折射出美国对外决策机制尤其是国安会存在巨大弊病，在反恐、伊朗—伊拉克战争、军事支持伊朗这三个方面采取了互相矛盾的政策。在国安会决策机制上，报告一针见血地指出了若干问题：①

第一，涉及"伊朗门"的决策并未经过国安会全面讨论与评估。相关决定只是通过非正式交流渠道进行过讨论，既没有走国安会的正式讨论程序，也没有经过跨部门论证，更没有因为其是秘密行动而经受更严格的审核。国安会最高级别的"九人组"会议从来没有因为商讨"伊朗门事件"聚齐过，副部长级会议也只是间断性地碰头讨论。② 因此，问题并不在于国安会没有架构，而是这一架构被彻底忽略了。

第二，国安会内部人员互不信任成为不进行全面商讨的重要原因。一些国安会高级官员担心，一旦其他人员知道此事，可能会把信息泄露给媒体，从而威胁人质安全。

第三，国安会人员过于迁就总统。正如里根任内的白宫通讯主任戴维·格根（David Gergen）所言，白宫官员基本上把里根看作"国家宝藏"而不去挑战他，很少主动与里根讨论某些政策决定会产生何

① "Excerpts from the Tower Commission's Report," http://www.presidency.ucsb.edu/PS157/assignment%20files%20public/TOWER%20EXCERPTS.htm#PartIV.

② 涉及"伊朗门"的决策期间，国安会最高级别会议成员包括总统（里根）、副总统（老布什）、国务卿（舒尔茨）、国防部长（温伯格）、国家安全顾问（麦克法兰/波因德克斯特），此外也会邀请中央情报局局长（凯西）、参谋长联席会议主席（克罗）和白宫办公厅主任（里甘）。

种可能以及何种后果。[①]

第四，国安会高级官员没有承担应尽责任。由于里根总统较为“放任自由”的管理模式，部分国安会高官实际上承担了更多重任，但却未能发挥关键作用。从国安会最初设计上讲，国家安全顾问麦克法兰和约翰·波因德克斯特（John Poindexter）本应扮演“坦诚斡旋人”的角色，规划和引导会议流程，准备立场文件，保证会上各方能够充分辩论。然而，麦克法兰和波因德克斯特却让自己沦为了国安会普通一员，为了某一具体政策问题争论不休。

第五，国安会人员超越职责执行秘密行动。相关执行工作十分不专业，最后竟然由国安会人员一手执行，国安会官员奥利弗·诺斯（Oliver North）中校几乎做出了有关该项行动的所有决策。本应在秘密行动中扮演重要角色的中情局却作用有限。两位参与此事的中情局官员一个为诺斯提供后勤和资金保障，另一个成为诺斯与情报机构的联系人。由于政府很多部门对该项行动一无所知，诺斯实际上无法从政府获得相关经验与资源，只能依赖私人中间人、商人和合同雇员，带来巨大隐患。

报告对总统和国安会主要官员提出了数点建议：其一，总统必须在一开始就为国安会成员定下规矩，比如成员之间的工作关系、议事流程、总统对国安会的期待等。其二，国安会只有在总统的正确领导下才能有效运转。一方面，总统在管理国安会时应当把政策评估和执行交给幕僚们；但另一方面，当遇到极其复杂、风险极高的行动时，总统必须确保国安会能够顺利解决问题。在针对“伊朗门”的调查中，委员会发现国安会幕僚的共识是，总统的首要目标是能够让美国人质被释放。但是，仅仅设立首要目标是不够的，总统还必须确保采取的战术和方法能够真正达到目标。其三，国安会其他核心成员以及

① Mark F. Ettin, “The Babel of Tower: The Process and Dynamics of Reagan's National Security Council Group as Presented by the Tower Commission Report,” *Group Analysis*, Vol. 21 (1988), p. 68.

国家安全顾问必须承担相应责任。"伊朗门事件"的发生不仅与里根总统有关，也与国家安全顾问及其他主要官员疏于关注这一事件有关。实际上，里根政府任内对国安会流程有明确的规定，只是这一流程被国安会的核心官员忽略，也没有人坚持强调流程的必要性。国家安全顾问必须促进国安会内部的合作，而不是激化斗争。其四，国安会要因时因人灵活调整。世上并不存在建立国安会的完美方案，由于国安会在总统领导下制定和执行国家安全政策，这一机制就必须适应总统个人的行事风格和管理逻辑。因此，国安会的形式不能拘泥于定式。

除了里根推动的自我检查外，美国学界也对里根执政期间的国安会提出若干批评和建议。一种观点认为，里根任内国安会的最大弊病在于总统优柔寡断的决策管理模式，这一点在其处理中美洲政策上可见一斑。1981 年 1 月 21 日，里根宣誓就职后的第二天就召开第一次国安会会议，讨论有关萨尔瓦多的事项。在是否干涉、如何干涉萨尔瓦多事务上，里根的内阁产生分歧，副总统、国防部长、中央情报局局长、国家安全顾问和司法部长等大部分高官支持有限干预，少数高官则支持全面干预。① 然而，里根并未当场做出决定，也没有亮明自己的立场，在听完各方意见后未有太多评论就离开了会场，这也预示着此后里根政府在萨尔瓦多问题上的政策混乱。

从里根政府处理中美洲外交的案例中不难看出，为确保国安会有效运转，总统必须明确告知幕僚外交政策目标，并在决策流程中扮演监督和后续跟进的角色，保证政策目标能够切实达成。里根政府的国安会恰恰因为总统缺少监督和执行力而频频出错，引发官僚机构的内部争斗。1984 年，前总统肯尼迪的讲稿撰写人西奥多·索伦森出版了《另类总统任期》一书，认为美国总统政治已经陷入僵局，阻碍了政府的有效运行。② 不少美国学者则将里根任内国安会以及政府内部决

① Alexander M. Haig, Jr., *Caveat Realism, Reagan, and Foreign Policy*, New York: MacMillan Publishing Company, 1984, p. 127.

② Theodore Sorensen, *A Different Kind of Presidency*, New York: Harper and Row, 1984.

策流程的低效直接归咎于里根本人。里根尽管成功推动了多项内外政策议程，却很少有人称其高效。他的决策和管理风格被学界、媒体诟病为“自由散漫”，甚至有人称其“浑浑噩噩、如梦游一般”度过了整个任期。[①]

总统的“缺位”直接导致了国安会的混乱。第一，不同部门之间缺乏互信，互相质疑对方与总统有直接联系渠道、怀疑对方试图削弱自身决策地位；第二，不同部门都认为自己代表了总统意志；第三，不同部门都认为，总统做出错误决定是因为其他部门提供了不准确的信息；第四，不同部门互相攻讦，认为美国地区政策有误的原因在于对方。这种机构内耗大大削弱了里根的领导力，也让他的决定难以真正执行，正如里根时期的美国驻联合国大使珍妮·柯克帕特里克（Jeane Kirkpatrick）所言：“总统会三番五次做决定，但这些决定从来不会被执行……总统就应该说‘现在就做吧，就这么做，不要这部分，不能这么做’。”[②]

另一种观点认为，大家长期以来都从外交的视角讨论国安会，却忽略了国安会长期存在的弱点——无法有效规划与政治和军事相关的战略。实际上美国战略界和学界早已指出，国安会中长期存在的系统性、无序性正在里根任内愈演愈烈。布热津斯基于1986年10月在《华盛顿邮报》撰文称，第二次世界大战结束以来，“今天的美国顶层决策流程在机制上处于碎片化巅峰”。[③] 基辛格也认为，美国当时在军控政策上出现不协调，这是由于“制定国家战略的长期机制问题”，

① Nolan J. Argyle and Ryan J. Barilleaux, “Past Failures and Future Prescriptions for Presidential Management Reform,” *Presidential Studies Quarterly*, Vol. 16, No. 4 (Fall, 1986), p. 717.

② Lou Canon, *President Reagan: The Role of a Lifetime*, New York: Simon & Schuster, 1991, p. 373.

③ Zbigniew Brzezinski, “Reagan Is Leaving An Ominous Legacy In Foreign Policy,” *Washington Post*, October 5, 1986, https://www.washingtonpost.com/archive/opinions/1986/10/05/reagan-is-leaving-an-ominous-legacy-in-foreign-policy/11af257f-4a2c-4b45-9609-b83c7eb0a574/?utm_term=.d6e6e5b9192e.

也由于"国务院和国防部的关系已经达到最低谷"。[①] 这种体系上的混乱犹如隐藏的疾患，平时不显山露水，一旦发作就将排山倒海，引发巨大危机。

有学者建议，针对国安会的定位问题，应该继续学习和借鉴前总统艾森豪威尔。[②] 艾森豪威尔对国安会应发挥何种作用有清晰的看法，即不应只是简单的政策协调，也不是纯粹的日常决策，而应是制定国家战略。在有了这一清晰定位后，艾森豪威尔打造了明确的国安会架构和流程，设立国安会计划委员会来执行战略规划功能，再设立行动协调委员会将战略落实为具体的政策行为。各个部门参与到整个流程的每一个环节，其政策执行功能也得到充分发挥，减少了部门间的争斗与摩擦，而白宫又能发挥总体控制的关键职能。必须注意的是，战略规划和政策落实并不能人为割裂，前者需要后者提供的全面信息，而后者在参与前者工作中也更能领会政策的战略意义。

国安会与国务院或其他部门的战略规划应有所区别。国安会的战略规划应是顶层设计，也就是规划国家层面的大战略；而国务院、国防部等部门所规划的应是具体领域的战略或部门行动战略。国安会国家层面的战略规划不能自我束缚于外交领域，必须涵盖军事、情报领域，并将其与国家安全的外交、政治、经济等领域相结合。严肃的战略规划必须基于对国际形势和美国国家利益和目标的分析。这种分析超越部门利益，会对部门责任、角色以及资源分配有直接影响。

在此情况下，国家安全顾问理应发挥"战略规划者"的作用。总统必须认可国家安全顾问是其主要的战略规划者，并视其为内阁级官员，其他部门的负责人也必须清楚这一点。国家安全顾问提供的建议

---

① Henry Kissinger, "Danger at the Summit," *Newsweek*, October 13, 1986, p. 41.

② Anna Kasten Nelson, "The 'Top of Policy Hill': President Eisenhower and the National Security Council," *Diplomatic History* 7 (Fall, 1983), pp. 307 – 326; Phillip G. Henderson, "Advice and Decision: The Eisenhower National Security Council Reappraised," in R. Gordon Hoxie, ed., *The Presidency and National Security Policy*, New York: Center for the Study of the Presidency, 1984, pp. 153 – 184.

应当与其他部门提交的建议有同等重要的地位，当然这并不意味着国家安全顾问的建议就是压倒性的。总统在某项具体决策上仍然有足够灵活的空间，可以考虑究竟是战术性、政治性或者个人性因素更重要，还是战略性因素更关键。

有学者提出，除了战略规划外，国安会还应承担一定的政策“监督”和“评估”功能。[①] 国安会至少应当有权按一定频率监督各部门对决策的落实情况，尤其是一些重大和政治敏感事项，或者直接牵涉到总统的决策。外界有时往往低估了行政部门故意忽略、曲解国家政策的程度，而这只是这些部门不同意决策时的普遍行为。为了确保部门政策不折不扣落实国家战略、有效协调职能部分重叠的部门齐心协力，国安会的政策监督职能至关重要。此外，国安会还应直接组建和领导一些正式机制评估部门政策落实的效果和影响。这种机制对于反思一些决策错误十分有益。

还有学者总结了里根任内国安会在“伊朗门事件”中暴露的问题，提出进一步完善国安会决策流程的建议，包括十条要点：第一，清晰、准确地确定问题；第二，全面、客观地搜集情报；第三，咨询专家；第四，积极广泛地听取主要与会者提出的政策选项；第五，在最高层全面评估政策建议；第六，对主要政策选项的影响做出清晰、客观的评估；第七，总统做出最终决定，并传达至政府各个层级；第八，遵守落实提议政策所应接受的法律约束；第九，仔细、系统地监督政策执行；第十，定期评估政策及项目。[②]

在众多有关国安会的文章中最值得注意的是，老布什执政前，曾经担任过总统国家安全事务助理的布热津斯基于1987年在《外交政策》杂志发表了《国安会的中年危机》一文，通过描述亲身经历详

---

① Carnes Lord, “Rethinking the NSC Role,” *Comparative Strategy*, Volume 6, Number 3, 1987, pp. 261 – 264.

② Cecil V. Crabb Jr. and Kevin V. Mulcahy, “The National Security Council and the Shaping of U. S. Foreign Policy,” *International Journal of Intelligence and Counterintelligence*, Vol. 3, No. 2, 1989, pp. 162 – 163.

细探讨了对总统与国安会关系以及国安会运作的看法，一针见血地指出国安会存在的问题，并提出相应建议。[①] 他认为，总统与国安会的关系决定了国安会的演进。这一关系总体上分为两类：一类是总统深度参与制定国家战略，坚持参与国家政策的日常落实；另一类是抓大放小，只掌控最高决策权，但不参与日常对政策落实的监督。前一类关系的结果往往导致更为强势的总统国家安全事务助理和较为弱势的国务卿，后一类则恰恰相反。布热津斯基指出，里根的执政和管理风格不能完全归入任何一类，他在外交政策领域是一个仪式性总统，但又未能将权力集中在若干内阁高官手中。在这种情况下，国安会既不是决策机构，也不是协调机构。在里根任内，国安会的作用一度被削弱，对外决策变得日益碎片化。

布热津斯基对如何完善国安会提出了若干建议：第一，总统既需要能力很强的国家安全顾问，也需要与总统关系密切的国务卿。第二，如果总统和国会认为有必要将国家安全顾问提升至协调国务卿、国防部长和中情局局长工作的地位，那就应该使国家安全顾问的任命需要得到参议院的批准。第三，应精心设置国安会幕僚的规模与背景。为确保战略规划和政策协调能力，国安会高级幕僚人数在30—40人足矣。但为了更好监督政策实施，国安会幕僚的数量应更多些，理想状况下为50人左右，其中大部分负责政策协调，小部分负责战略规划和监督政策实施。人员背景搭配也很重要，来自国务院、情报机构和军方的人员应基本保持同等比例。第四，国安会幕僚应明确各自重要职责，如负责战略规划、政策协调、政策监督等，但不应长期直接参与政府行动或参与秘密行动。第五，国安会应成为政府与国会商议、沟通的更大平台。政府制定和实施国家政策离不开国会的支持，国安会应考虑举行与国会领导人的月度非正式会议，帮助国安会从国内政治视角思考一些外交问题，探讨长期的国家政策目标。

---

① Zbigniew Brzezinski, "The NSC's Midlife Crisis," *Foreign Policy*, No. 69 (Winter, 1987 - 1988), pp. 80 - 99.

第三节　被低估的总统

与里根不同，出生于1924年的老布什从政拥有坚实的家族基础。老布什出身于经济精英家庭，成长于新英格兰，自小融入父母的传统社交圈，少年时代就在学校名列前茅。1941年12月发生的珍珠港事件让老布什深受触动，促使他决心参军，投身于第二次世界大战。老布什成为美国海军飞行员，在一次战斗中受伤但很快归队，获得了很多军事表彰。从美国名校耶鲁毕业后的20年中，老布什积累了相当的财富，有了5个孩子，最终踏入政坛。

当选美国总统前，老布什的政治经历相当丰富。1964年，老布什竞选参议员失利，但在两年后成功当选众议员，并连任两届。1968年，他一度可能成为理查德·尼克松的副总统候选人，但最终未能如愿。之后，老布什又陆续出任美国常驻联合国代表、共和党全国委员会主席和中央情报局局长。在里根执政期间，老布什出任副总统一职。8年后，老布什成功当选美国总统。尽管老布什在里根政府工作了8年，但他的执政风格却与里根截然不同。正如美国总统历史学家乔恩·米彻姆（John Meacham）所指出："乔治·H. W. 布什不是罗纳德·里根。老布什是不同的人，不同的领导方式——安静、沉稳、稳健、低调。"①

在里根身边担任副总统的老布什深知里根的问题所在。里根的管理风格属于"自由放任"，能够描绘宏伟前景，却不够脚踏实地，缺少必要细节。里根常常把责任下放给老布什这样的副手，这一执政风格遇到能力较强的国务卿舒尔茨还算幸运，可以增加决策灵活度，但也提高了幕僚曲解总统意思的风险。这在"伊朗门事件"中暴露无遗。老布什看在眼里，记在心里，就职后就决心要与里根不一样，有

---

① Jon Meacham, *Destiny and Power: The American Odyssey of George Herbert Walker Bush* (New York: Random House, 2015), p. 348.

些事情必须亲力亲为。这从老布什对里根的评价中可以看出来。他认为里根不太注意政策背后的细节，只是大致知道应该朝哪个方向走或者如何实现目标。

在商讨对策时，老布什更喜欢倾听各方意见并亲自参与讨论。在正式做出决定前，老布什喜欢聆听不同立场的人发表意见，这与里根总统更愿意看到一致意见极为不同。老布什想要打破里根时期大家假装一片和气的决策流程。为了彻底与里根时代的决策方式切割，老布什在当选后就要求里根的国家安全和外交团队人员不再留任。国务卿詹姆斯·贝克（James A. Baker III）多次表示，老布什和里根政府之间的过渡"并不友好"。在老布什政府担任国务院政策规划署主任的丹尼斯·罗斯（Dennis Ross）评论得更加一针见血："老布什执政以后，就是要从里根政府的错误中汲取教训。"①

与执政前只处理过国内事务的卡特和里根不同，在政坛摸爬滚打多年的老布什更加具有国际视野。老布什在选择幕僚时倾向于任用那些前政府中的内阁或其他高级官员，认为这些人更有能力做出恰当的决策。担任过副总统的老布什了解跨部门协调决策的重要性，十分强调部门间的合作，绝不允许将某个部门的观点排除在外。在老布什总统任内，决策的首要原则就是任何重要决策者都可以直接接触总统，这种较为轻松融洽的氛围与老布什的个性密不可分。正如有学者所说，老布什是一个事必躬亲、注重细节、强调战略的总统。②

老布什很娴熟地把这套美国在国际上坚持的理念引入政府的内部管理，如"民主"和"自由市场"，深信信息的多元化利于决策的成功。老布什不喜欢"一言堂"，更不喜欢某个幕僚过于突出。在老布什任内担任总统国家安全事务助理的斯考克罗夫特对此深有体会，他认为老布什如此厌恶信息来源的单一化主要是由于此前对基辛格的不

① 戴维·罗特科普夫著，孙成昊、赵亦周译：《操纵世界的手：美国国家安全委员会内幕》，北京：商务印书馆，2013 年版，第 300 – 304 页。

② Gillian Peele, "The Constrained Presidency of George Bush," *Current History*, April 1992, pp. 151 – 155.

满："老布什从基辛格身上学到了一点，不能依赖单一的声音，不管这个声音多么有道理都不行。老布什当了总统后认为这种方法是行不通的……他想要的是能够听到厉害的人、知识渊博的人在他面前争论，这就是他处理政策议题的方式。究竟什么是突出的问题，大家争论的点在什么地方。这些都能帮助他做决定。"①

值得一提的是，正是由于老布什的个性、管理风格与丰富经验，其对决策模式的把握更为灵活务实，执政之初就建立起有效的非正式决策机制。参与这一机制的共有八个人，常被外界称为"八人帮"，包括总统老布什本人、国务卿詹姆斯·贝克、国防部长理查德·切尼（Richard Cheney）、国家安全顾问布伦特·斯考克罗夫特、参谋长联席会议主席威廉·克罗（William Crowe）（后由科林·鲍威尔（Colin Powell）接替）、副国家安全顾问罗伯特·盖茨（Robert Gates）、白宫办公厅主任约翰·苏努努（John Sununu）以及副总统詹姆斯·奎尔（James Quayle）。"八人帮"在老布什执政首年的年中时就已经常态化。尽管国安会内部也有类似的非正式小组会议，但是贝克、切尼和斯考克罗夫特三个人每周都会举行早餐会，这发挥了重要的协调作用。② 许多国务院、国防部和国安会幕僚之间的政策分歧往往通过早餐会的形式就能得到妥善化解。而三位成员也都是参与国安会部长级委员会会议的"大佬"，早餐会有助于他们在正式会议前"通通气""对对表"，提前达成一些共识。这提升了国安会正式会议的效率，实质上加强了跨部门的协作。

但是，这并不意味着老布什希望用非正式流程取代正式决策流程，二者更不是一种竞争关系。幕僚们都很清楚，老布什最后还是会

① Jeffrey A. Engel, "A Better World … but Don't Get Carried Away: The Foreign Policy of George H. W. Bush Twenty Years On," *Diplomatic History*, Vol. 34, No. 1 (January 2010), p. 42.

② James Baker, *The Politics of Diplomacy*, New York: G. P. Putnam's and Sons, 1995, p. 25; John Bolton, "The Making of Foreign Policy in the Bush Administration," in *The Bush Presidency*, edited by Kenneth Thompson, New York: University Press of America, 1997, p. 110.

让大家都积极发声，不会将某个部门永远挡在决策的大门之外，建立在同僚友谊上的非正式流程是为正式决策服务或发挥补充作用。老布什选择了信赖的朋友出任关键幕僚是让自己可以有更多的决策灵活度，同时提升决策效率、设立非正式决策架构、优化跨部门决策、减少部门斗争。因此，白宫高级官员们事实上都将"八人帮"和早餐会视作正式决策流程的一部分。

然而，当时的美国民众对老布什却评价不高。二十余年后，当美国公众和学者目睹了小布什颇有争议的国家安全政策和杰布·布什（Jeb Bush）总统竞选失利之后，对老布什又有了新的认识。根据一份2014年盖洛普公司的民调，63%的美国受访人士对老布什的好感度达到41%，这一数字在当时健在的总统中仅次于威廉·克林顿。① 在同年针对研究美国总统的政治科学家调查中，老布什与杜鲁门、艾森豪威尔一起成为最被低估的美国总统。②

出现这一情况很可能与老布什"不善言辞"有一定关系。老布什不擅长说一些激情四射的话，他的话往往平平淡淡、味同嚼蜡。老布什坚信做人要正直，因此不愿意装腔作势地说一些充满哲学感的大话或口号，让外界难以找到"遏制""邪恶轴心"之类的标签式话语。正如老布什自己所言："坦率而言，我的问题就是不会说话。他们帮我写的演讲稿里有一些话让人很不舒服，我就会事先划掉。我不会引用雪莱和康德的话。我十二岁的时候也不会记得修昔底德对我来说意味着什么。"③ 不过，这并不表明老布什自我孤立。从执政的情况看，

---

① Jeffrey M. Jones, "Clinton, Elder Bush Most Positively Rated Living Presidents," June 20, 2014, https://news.gallup.com/poll/171794/clinton-elder-bush-positively-rated-living-presidents.aspx.

② Brandon Rottinghaus and Justin Vaughn, "New Ranking of U.S. Presidents Puts Lincoln at No. 1, Obama at No. 18; Kennedy Judged Most Overrated," *Washington Post*, February 16, 2015.

③ Catherine L. Langford, "George Bush's Struggle with the 'Vision Thing'," in Martin J. Medhurst ed., *The Rhetorical Presidency of George H. W. Bush*, College Station: Texas A&M University Press, 2006, p. 35.

他担任总统时很乐意与媒体打交道。上述特点充分证明，老布什更喜欢即兴讨论，而不喜欢空洞的原则性声明。即便是其任内提出的“新世界秩序”，对于如何定义其具体内容，老布什也没有特别清楚的阐释，留下许多可供解释的空间。

第四节 “三级委员会”体制

从政经验丰富的老布什执政后毫不犹豫，很快确定了国家安全委员会的人员构成和组织架构，并基本将这一组织结构保持了整个任期。1989 年 1 月 30 日，老布什政府出台题为《国家安全委员会体系组织》的《国家安全指令第 1 号》，再次强调了国安会的职能定位，明确设立了包括部长级委员会、常务副部长级委员会和政策协调委员会在内的“三级委员会”体制。① 老布什规定，国安会应当是总统就国家安全议题进行决策的主要平台。国安会应当协助和建言总统，整合各类涉及国家安全的政策领域，包括国内、国外、军事、情报和经济等。国安会连同其下属机制将是总统协调行政机构制定、落实国家安全政策的主要工具。

国安会的法定成员包括总统、副总统、国务卿和国防部长。国安会的法定顾问是中央情报局局长、参谋长联席会议主席和白宫办公厅主任，总统国家安全事务助理（国家安全顾问）应当出席国安会会议。除非会议主题另有要求，财政部长通常将参加国安会会议。当会议主题与其相关时，司法部长也将受邀参加国安会会议，包括涉及秘密行动的会议。当会议讨论需要时，总统也将邀请其他行政部门和机构负责人、国安会特别法律顾问以及其他高级官员参会。国安会在总统指示下定期开会。在总统领导下，总统国家安全事务助理将与国务卿和国防部长商量，确定会议议程，并准备好需要的会议文件。

---

① The White House, “National Security Directive 1,” January 30, 1989, https://fas.org/irp/offdocs/nsd/nsd1.pdf.

从组织架构上看，国安会下设有部长级委员会、常务副部长级委员会和政策协调委员会这“三级委员会”。国安会部长级委员会（The NSC Principal Committee/NSC/PC）是商讨国家安全政策的内阁级跨部门机制，其职责为审议、协调、监督国家安全政策的制定和实施。

部长级委员会成员有国务卿、国防部长、总统国家安全事务助理（该委员会主席）、中央情报局局长、参谋长联席会议主席和白宫办公厅主任。在议题相关时，财政部长和司法部长也将出席。在与国务卿和国防部长商议后，当会议讨论的主题需要时，总统国家安全事务助理可以邀请其他行政部门和机构负责人、国安会特别法律顾问和其他高级官员参加部长级委员会会议。总统国家安全事务助理将与国务卿和国防部长商量，确定会议议程，并准备好需要的会议文件。

国安会常务副部长级委员会（The NSC Deputies Committee/NSC/DC）是商讨国家安全政策的次内阁级跨部门机制，其职责为审议和监督国安会跨部门流程，就制定和执行国家安全政策提出建议。

常务副部长级委员会成员有总统国家安全事务副助理（该委员会主席）、负责政策的副国防部长、负责政治事务的副国务卿、中央情报局副局长、参谋长联席会议副主席。在总统国家安全事务助理的指示下，在与国务卿和国防部长商议后，常务副部长级委员会可以召集国务院和国防部副部长级的会议。在与国务卿和国防部代表商议后，当会议讨论需要时，总统国家安全事务副助理可以邀请其他行政部门和机构代表参加常务副部长级委员会会议。如果会议涉及秘密行动，司法部的代表也应参会。

总统国家安全事务副助理将与国务卿和国防部代表商量，负责召集会议，确定会议议程，并准备好需要的会议文件。常务副部长级委员会应当确保国安会和部长级委员会讨论的文件都已经对问题有了足够的分析，公正、充足地列明了事实，全面考虑了所有观点和选项，充分评估了前景、风险和每一项政策选择的后果。常务副部长级委员会还可以向设立的跨部门小组委派任务。

国安会政策协调委员会（NSC Policy Coordinating Committees/NSC/

PCC）的地缘委员会包括欧洲、苏联、拉丁美洲、东亚、非洲、近东/南亚。功能委员会包括防务、国际经济、情报以及军控。每一个国安会政策协调委员会都是在地区和功能领域制定和实施国家安全政策的主要跨部门机制。国安会政策协调委员会负责确认和制定供国安会考虑的政策议题，包括为此准备必要文件。

与国安会成员部门和机构相对应，每一个国安会政策协调委员会都应有该部门和机构的助理部长级别官员。委员会应由一位助理部长级官员担任主席，其安排如下：负责地缘事务的政策协调委员会由国务卿指派官员领导；负责防务事务的政策协调委员会由国防部部长指派官员领导；负责国际经济事务的政策协调委员会由财政部长指派官员领导；负责情报事务的政策协调委员会由中央情报局局长指派官员领导；负责军控事务的政策协调委员会由总统国家安全事务助理指派官员领导。

总统国家安全事务助理将指派国安会幕僚担任所有政策协调委员会的行政秘书。行政秘书应当协助委员会主席安排会议，确定议程，准备已采取措施和交办任务的简报，能够及时对决策做出反应，从更高级别的委员会领取交办任务，确保文件和建议能够及时上报给国安会常务副部长级委员会、部长级委员会以及国安会最高领导层。在与行政秘书商议后，当会议讨论需要时，政策协调委员会主席可邀请其他行政部门和机构的代表参会。

此外，在总统指示下，如有需要，在与国务卿和国防部部长商议后，总统国家安全事务助理可以设立新的政策协调委员会。在新的国安会体系下，里根政府任内原有的国家安全计划小组、高级审查小组、政策审查小组、计划和协调小组均予以撤销。

小结　稳中求进

由于老布什在当选总统前就拥有丰富的从政经验和国际视野，因此一开始就设立了高效的非正式决策流程。非正式流程往往体现了一届政府对制度压力的反应。在不影响国安会正式决策流程的情况下，老布什很好地构建了白宫内部的非正式议事流程。老布什的成熟之处在于并未用非正式流程取代正式流程，而是作为正式决策的基础和补充。这种做法可以为正式决策提供缓冲，促进同僚之间的信任和团结，帮助总统和幕僚更为融洽地互相学习，让团队从更为广阔的视角分析涉及国家安全的事务。正如美国学者威廉·纽曼（William Newman）的研究所示，老布什政府不仅形成了和谐的正式与非正式跨部门决策框架，还暗藏着总统与幕僚之间的信任框架，三个框架互为补充、相得益彰（参见表1）。对于总统和幕僚而言，信任框架看不见摸不着，不是一种实体的委员会或流程，但是更能体现出人际关系良好与否。老布什在这个框架上表现不俗。

表1　老布什任内国家安全委员会决策的三个协同框架①

<table>
<tr><th></th><th>正式跨部门框架</th><th>非正式框架</th><th>信任框架</th></tr>
<tr><td rowspan="4">由高及低</td><td>总统</td><td>总统</td><td>总统</td></tr>
<tr><td>国安会</td><td>包括总统的非正式小组</td><td>首屈一指的幕僚</td></tr>
<tr><td>次内阁级跨部门委员会或委员会</td><td>不包括总统的非正式小组</td><td>重要幕僚</td></tr>
<tr><td>跨部门委员会</td><td></td><td>不参与非正式小组、支持次内阁级国安会决策流程的幕僚</td></tr>
</table>

老布什任内国安会的成功很大程度上是基于对过去的反思。这一反思不仅体现在对里根政府"伊朗门事件"的引以为戒，还体现在老布什试图避免过去在政府工作时所目睹的一系列弊病。比如，他目睹了基辛格在决策流程中的"一手遮天"，与尼克松一起热衷于秘密外

① 表格参考 William W. Newman, "The Structures of National Security Decision Making: Leadership, Institutions, and Politics in the Carter, Reagan, and G. H. W. Bush Years," *Presidential Studies Quarterly*, Vol. 34, No. 2, (June 2004), p. 300。

交和行动，留下不好的先例；万斯和布热津斯基彼此争斗，加剧了国务院和国安会幕僚之间的内耗，影响内部决策流程顺畅；里根过于“放任自由”，对政策细节较少过问，最后酿成“伊朗门事件”的大错。在前任国安会的历史经验上，老布什敢于革新，努力创新，既设立了层次分明的国安会正式流程，也善于团结下属，打造了和谐融洽的非正式决策流程，大体上能够与正式流程互为补充。

不过有的时候，非正式流程发挥的作用甚至超过了正式流程。1989 年和 1990 年，国安会内阁级别会议召开较为频繁，但 1991 年只开了四次会，1992 年为三次。到了老布什执政中期，国安会正式会议已经让位给非正式会议，总统往往会根据议题叫上相应的幕僚参会。海湾战争期间，“八人帮”经常在白宫碰面开会。部长级委员会同样很少开正式会议，但幸好常务副部长级委员会并非如此。斯考克罗夫特认为这一级别的委员会会议必须得到保障，因此仅 1990 年一年，该委员会就开了近 160 次会议。常务副部长级委员会在国安会中扮演的角色十分关键，一是因为其组成人员级别够高，能够高效解决问题；二是因为这些参与者能够迅速向所属部门的领导直接请示。[①]

同时，总统国家安全事务助理斯考克罗夫特在国安会决策流程中发挥了重要的“润滑油”和“稳定器”作用。斯考克罗夫特并不想主导国家安全政策的制定，也并不想只是成为政府决策的协调者。他的角色更像是真正的国家安全事务顾问，既能促进各部门代表畅所欲言，又能在关键时刻建言献策。老布什如此评价斯考克罗夫特：“我有很多想法，都需要他（斯考克罗夫特）的经验和判断加以过滤。”[②]作为一名合格的“坦诚斡旋人”，斯考克罗夫特能够确保国安会机制不会偏袒任何一个部门，能够让各个部门的官员放心大胆地在国安会

① Karl F. Inderfurth and Loch K. Johnson, *Fateful Decisions: Inside the National Security Council* (New York: Oxford University Press, 2004), p. 99.

② Kevin V. Mulcahy, “The Bush Administration and National Security Policymaking: A Preliminary Assessment,” *International Journal of Intelligence and Counterintelligence*, Vol. 4, Issue 2, p. 173.

的机制下讨论各自想法。

总体而言，从过去的国安会建设汲取经验与教训后，老布什的国安会安排和运作可圈可点。老布什和斯考克罗夫特还为此后美国历届政府建立了相对稳定和可靠的国安会"三级委员会"标准体制，取代了里根政府时期名目繁多的跨部门委员会。这一体制的目标是让决策流程更具连贯性和兼容性，提升国安会幕僚尤其是总统国家安全事务助理的作用。尽管老布什和里根一样重视内阁官员的作用，但并没有将总统国家安全事务助理边缘化。从克林顿到唐纳德·特朗普（Donald Trump），之后的历任美国总统基本延续了老布什政府搭建的国安会框架，只是在具体部门和人员安排上进行调整。老布什的国安会也成功应对了两德统一、苏联解体等外交事件，发挥了白宫"神经中枢"应有的作用。

第八章

克林顿：继承传统

当然，我们不可能大包大揽。然而，一旦是涉及我们利益和价值观的地方，一旦是我们可以发挥重要作用的地方，美国必须领导。我们不能成为孤立主义者，也不能成为世界警察。但是我们可以并且应当成为全世界最好的和平制造者。

——美国第42任总统威廉·克林顿

1996年1月23日国情咨文演讲

面对互相依赖程度日益加深的世界，我们要以新想法和新行为迎接挑战。在这个时刻，国安会的作用从未如此重要。

——美国第42任总统威廉·克林顿

1997年9月18日国安会成立50周年致辞

第一节　后冷战时代的喜与忧

老布什虽然见证了冷战的结束，但本质上依然是一个标准的“冷战型”总统，执政前就有着丰富的外交、防务和情报经验。威廉·克林顿（William Clinton）则是第一位真正意义上的“后冷战”总统。与他的前任截然不同，克林顿在竞选期间就提出了响亮的口号：“根本问题是经济，笨蛋。”尽管美国民众同样希望美国能够尽享冷战终结的和平红利，但是国际形势的发展并不会以美国的意志为转移。冷战结束后，美国依然面临复杂多变的外部安全难题和挑战，克林顿不得不在偏重国内政策的同时将精力分配给国际问题。

冷战后“一超多强”的格局对美国来说喜忧参半。一些对美国不利的因素正在涌现，如西方联盟的内部凝聚力明显下降，欧盟和日本各有想法，不愿完全听命于美国。俄罗斯则始终无法顺利融入西方，中国、印度和巴西等国迅速发展壮大。① 但是总体而言，苏联解体让美国成为唯一的超级大国，在国际社会拥有独一无二的重要地位。抹除冷战的阴霾之后，美国对外政策焦点发生重大变化，不再必须将军事力量聚焦于某个特定国家。克林顿看到了全球化趋势，认识到国家间互相依赖的程度日益加深，经贸关系将逐渐成为美国外交中更加重要的组成部分。同时，克林顿执政初期在海地和索马里遭遇的两次外交挫折也改变了他对安全和外交政策的看法，直接影响到之后他在波斯尼亚和科索沃问题上的政策。此外，共和党控制的国会也一定程度束缚了克林顿的对外政策。

面对纷繁复杂的后冷战格局，克林顿政府成为迄今出台《国家安全战略》报告最多的政府。从 1994 年—2001 年的 8 年间，其共出台 7 份报告，标题从 1994 年—1996 年为《接触与拓展的国家安全战略》，从 1997 年—2000 年为《新世纪的国家安全战略》，2001 年则变为《全球时代的国家安全战略》。这体现出克林顿政府对国际形势和安全挑战的认识变化。② 1994 年的克林顿政府显然沉浸在冷战胜利的

① 王缉思：“冷战后美国的世界地位与外交战略（代序）”，载牛军主编：《克林顿治下的美国》，北京：中国社会科学出版社，1998 年版，第 19－20 页。

② The White House, *A National Security Strategy of Engagement and Enlargement*, July 1994, http://nssarchive.us/NSSR/1994.pdf; The White House, *A National Security Strategy of Engagement and Enlargement*, February 1995, http://nssarchive.us/NSSR/1995.pdf; The White House, *A National Security Strategy of Engagement and Enlargement*, February 1996, http://nssarchive.us/NSSR/1996.pdf; The White House, *A National Security Strategy for a New Century*, May 1997, http://nssarchive.us/NSSR/1997.pdf; The White House, *A National Security Strategy for a New Century*, October 1998, http://nssarchive.us/NSSR/1998.pdf; The White House, *A National Security Strategy for a New Century*, December 1999, http://nssarchive.us/NSSR/2000.pdf; The White House, *A National Security Strategy for a Global Age*, December 2000, http://nssarchive.us/NSSR/2001.pdf.

喜悦之中，认为美国已经迎来了“新时代”。其“新”在于冷战已经成为过去，苏联解体大大改善了美国的外部安全环境，抗击苏联势力扩展、预防核战争威胁不再是美国迫在眉睫、生死攸关的安全任务。

然而，国际形势的复杂性并没有因为苏联的解体而下降，美国仍然必须认真对待接踵而至的国家安全挑战，而且这些挑战还不断“更新换代”。克林顿政府在1997年的报告中曾明确宣示新时代美国面临的三大类安全挑战：一是地区和以国家为中心的威胁。比如一些国家拥有威胁美国关键利益的能力和意图。二是跨国威胁。包括恐怖主义、贩毒、非法军火走私、国际有组织犯罪、环境恶化、自然资源衰竭、人口快速增长和难民潮等。三是大规模杀伤性武器带来的威胁。在美国眼中，一些“逍遥法外的国家”可能会使用核、化学或者生物武器来对付手无寸铁的民众或者较为弱小的国家，破坏地区和全球安全。1998年美国国家安全面临的威胁又增加了危险科技扩散、外国情报搜集和“失败国家”等项；1999年又增加了环境和健康威胁。

从应对地区安全形势和挑战看，克林顿政府在贯彻“接触与拓展”的战略下做出了精心安排，这一战略一开始的三个核心目标就是提升国家安全、促进国家繁荣和推广美式民主，随后又演变为塑造国际环境、回应威胁危机以及为不确定的未来做好准备。从全球各个板块来看，欧亚地区虽然摆脱了冷战，但地区冲突并未烟消云散。原南斯拉夫地区的形势引发美国极大的关注与投入，因为克林顿政府坚信如果欧亚地区的政治、经济形势能够按照美国的想法发展，那么美国国内的工作岗位和海外投资机会都将增多。克林顿政府早早确定了原南斯拉夫地区政策的四大目标：防止冲突扩展为更广泛的欧洲战争，防止其威胁到美国盟友和中东欧的新生民主国家；控制冲突造成的难民潮；避免无辜民众伤亡；确保北约在后冷战时代欧洲的核心地位。

针对俄罗斯，美国认为其已经出现了经济转型的良好势头，但仍然有很多需要“加把劲”的地方，美国应当给予俄罗斯鼓励和支持。美国还要继续在原苏联地区搞民主输出，通过“接触与拓展”战略鼓动地区国家实行“民主改革”，通过进一步改造这些国家将其纳入美国的战略轨道。东亚和太平洋地区对美国愈发重要，克林顿提出了一项名为“新太平洋共同体”的融合战略，将安全需求、经济现实和民主人权结合起来。这一战略有三大支柱：第一，继续加大力度阻止在朝鲜半岛和南亚地区的大规模杀伤性武器的扩散；第二，为应对多方面威胁和机遇而发展出更多新的地区安排；第三，继续推动地区的“民主改革”。西半球的安全形势大为缓和，一些边境冲突得到解决，动乱有所减少，军控取得进展，北美自贸协定（NAFTA）在1994年正式生效。在中东和南亚，美国继续对伊拉克和伊朗实施双重遏制战略，持续推动中东和平进程。

在国内政策上强调经济的克林顿在制定国家安全战略时仍然不忘经济因素的重要性。在多份《国家安全战略》报告中，克林顿政府花费了大量笔墨阐释如何促进国内繁荣，强调这与维护美国国家安全息息相关。如必须提升美国的竞争力，包括减少联邦赤字、投资科技、促进商业和军事产业的融合、提升信息网络和其他关键基础设施、改善教育和培训体系。在国际领域则应加强宏观经济协调，拓展海外市场，促进美国企业“走出去”，扩大“开放市场领域”，深化美日、美欧经贸合作，重视能源安全，促进全球可持续发展，利用好亚太经济合作组织、美洲峰会等多边机制和平台。

除上述传统问题外，克林顿政府敏锐地察觉到了时代变化带来的非传统以及新兴跨国安全挑战。信息和科技是一把“双刃剑”，一方面有利于创造更加美好的未来，另一方面却对美国构成了新的安全威胁。科技革命让世界成为“地球村”，拉近了互相之间的距离，便利了信息、资金和理念的传播，但也让恐怖主义、有组织犯罪和贩毒用全新的方式挑战美国甚至全球安全。大规模杀伤性武器流向非国家行为体，这些行为体同样可以接触和使用其他先进科技，这对美国国家安全形成全新威胁。在科技的作用下，对美国构成安全挑战的国内国际边界正变得愈发模糊，国际事务与国内事务并不存在泾渭分明的分界线，国内政策与外交政策也不存在天然的分水岭。这一切必然会影响到克林顿政府对外决策机制的设计与安排。

第二节　立于巨人之肩

克林顿的前任老布什被外界称为“外交总统”，他波澜不惊地应对了一系列标志性历史事件，比如两德统一、苏联解体和海湾战争。这些多多少少应当归功于老布什本人的丰富经验和他的安全团队，尤其是为后几届政府设好模板、立下标杆的国安会制度及其人事安排。即便是对国安会机制向来较为苛刻的学界，也鲜有对老布什国安会的严厉批评。因此，对于克林顿政府而言，应更多借鉴老布什国安会的优点，并在此基础上根据自己的需求进行改革。

从人事层面看，老布什国安会取得成功的最突出原因是选对人、用对将。宣誓就职后，老布什就决心要建设运转顺畅、成熟稳定的国家安全决策机制。他选择的人往往符合两大标准，自己信得过、互相信得过。只有这样，大家才能和谐共处。对此，老布什任内的国务卿、老朋友詹姆斯·贝克曾在1995年出版的书中记录了对此的体会：

> “我特别幸运能够成为老布什国家安全团队的一员，这一团队的成员经验丰富、乐于分享，大家互相友爱、互相尊重。我们不仅很享受在一起共事，也互相信任。这并不意味着我们从来没有不同意见……但是我们的分歧从来没有上升到像基辛格和罗杰斯、万斯和布热津斯基那样的恶语相向，也不像里根年代国家安全团队的恶性竞争……因此，我始终认为，老布什执政最大的成就之一就是让国家安全机制按部就班发挥作用。”①

① James A. Baker III, *The Politics of Diplomacy: Revolution, War and Peace, 1989-1992*, Connecticut: Easton Press, 1995, pp. 21-22.

除了人事以外，老布什政府对国安会机制的最大贡献是确立了“三级委员会”体制，相比过去的国安会机制，这一安排在层级和流程上更为清晰。多数研究国安会的学者和观察者都认为这种设计是一种高效决策体制，避免了其前任犯下的一些错误。正因如此，这种“三级委员会”的设置也成为此后历届政府的国安会模板。

老布什任内的国安会还被屡屡评价为真正实现了“坦诚斡旋人”的角色定位。从操作层面看，这种定位既体现在内阁级别官员的互动上，也体现在次级官员的政策交流上。在内阁级别，各个联邦部门的负责人都对总统国家安全事务助理斯考克罗夫特主持的跨部门会议十分信任。而在副部长级委员会这个层面，大家也对国安会官员主持会议感到十分踏实，不会认为国安会将夺走他们在决策中的角色。在这种情况下，各部门官员愿意将真正的问题拿到国安会这个平台去讨论，因为他们相信国安会并不会坚持自己的意见、破坏整个跨部门协调机制。

尽管老布什的国安会模式已经立下标杆，但美国学界仍然对国安会乃至整个美国决策机制提出了改进意见。1992 年底，一批跨党派学者针对后冷战时代包括国安会在内的美国决策机制撰写了一份名为《新时代决策》的报告，提出了若干建议。这些学者大多拥有在美国政府和国会工作的经历，或是长期跟踪研究美国决策机制，包括曾担任负责东亚和太平洋事务的助理国务卿理查德·霍尔布鲁克、后来帮助克林顿组织国安会并出任国务卿的玛德琳·奥尔布赖特（Madeline Albright）、前总统国家安全事务助理弗兰克·卡卢奇等 30 位域内专家。[①] 这份群星璀璨的重磅报告代表了当时美国战略界对美国决策机制调整的共识。

报告开宗明义地点出了美国在新时代面临的新形势，如美国在全

① Carnegie Endowment for International Peace and The Institute for International Economics, “Special Report: Policymaking for a New Era,” *Foreign Affairs*, Vol. 71, No. 5 (Winter, 1992), pp. 175 – 189.

球的竞争力下降、经济发展停滞和冷战终结，这些都对美国的决策机制构成新挑战。总而言之，面临“后冷战时代”的克林顿就如同1933年面临经济危机时的富兰克林·罗斯福，或者是1947年面临冷战威胁时的杜鲁门，形势的巨大变化呼唤决策体制的相应调整甚至改革。但是，报告也认为，进行全面改革在时间和政治成本上都过于高昂，一些有的放矢的调整就足以发挥极大作用。

报告撰写人提出的首要调整原则就是用联系的眼光看问题。他们认为，在克林顿之前的政府过于割裂地看待美国面临的安全挑战，没有将经济议题和其他全球性议题放在一起考虑，如果继续这种方式将无法在“后冷战时代”制定出连续有效的国家安全战略。只有打破美国官僚机构之间的藩篱，将各个问题联系起来，才能让决策更为顺畅。在这一情况下，如何构建更加高效的跨部门流程就显得尤为重要。

现代美国政府既需要强大的内阁官员，又需要强大的白宫团队。从美国历史看，有时候内阁成员会不自觉地为所代表的部门谋利益，而忽略了“整体一盘棋”的全面谋略。这份报告在肯定国安会协调各部门利益和声音的同时提出了较为大胆的调整方案，将美国的决策协调事务交给三个平行的委员会：国家安全委员会、经济委员会和国内事务委员会。三个委员会的架构将仿照已经比较成熟的国安会，包括委员会本身定位、由总统主持以及由内阁部长级官员组成的正式机制，得到专业团队支持的总统幕僚、次内阁级协调机制，处理协调工作的白宫人员等。与国安会的总统国家安全事务助理相当，后两个机制的负责人将分别是总统经济事务助理和总统国内事务助理。三个“助理”都应当获得直接接触总统的权利，与此同时白宫办公厅主任需要继续发挥重要的协调作用。当遇到涉及不只一个委员会负责的事务时，委员会之间应当通力合作，而不是“争风吃醋”、尔虞我诈。

在国安会机制上，报告撰写人最主要的建议就是让国安会扩大其管辖议题和人事接触面。首先，国安会这一机制的重要地位不可取代。在世界仍然充满危险的情况下，国安会应当发挥关键的协调作用，确保总统能够做出正确决定，确保美国仍然能够成为世界领导。其次，国安会需要现代化，需要将政府经济决策和国内事务决策这两部分融入进来。只有这样，国安会才能更加有效应对新情况、新变化。最后，国安会的人事安排不能“偏科”。在克林顿执政前的五个总统国家安全事务助理中有四个来自军方，副总统国家安全事务助理也是军人出身居多。无论这些人再怎么优秀，也必定会更多关注国家安全的某些特定领域和议题。因此，总统国家安全事务助理应与新设立的总统经济事务助理和总统国内事务助理密切协调合作，加强国安会幕僚处理国际经济、环境和人道主义事务方面的能力。同时，1947年《国家安全法》规定的国安会法定成员只有总统、副总统、国务卿和国防部长四个人，法定顾问只有中情局局长和参谋长联席会议主席两个人，总统还应当在召集国家安全会议时邀请更多相关官员与会，例如财政部长。

与国安会相互配合的是新设立的经济委员会和国内事务委员会。这两个委员会都是在总统的领导下运行，其职能和人员在某些情况下可能出现重叠。因此，一些学者和专家认为这两个委员会应该合并，设立总统经济和国内事务助理，但多数人仍然认为合并之后的委员会所负责的议题过于宽泛。实际上，一些议题确实覆盖了两个委员会的职责范围，最后由哪个委员会负责应由总统或白宫办公厅主任决定。三个委员会的负责人必须确保相关委员会对跨委员会议题的知情权。具体而言，经济委员会主要负责与国家安全同等重要的经济议题，当涉及国际经济议题时经济委员会应与国安会合作，涉及国内事务时应与国内事务委员会合作。国内事务委员会则聚焦国内事务，包括住房、教育、交通、民权、治安和福利等议题。

就人员设置而言，在美国总统之下，经济委员会成员包括副总统、财政部长、白宫行政管理和预算局局长、国务卿、美国贸易代表、商务部长、劳工部长、农业部长、能源部长、经济顾问委员会主席和环境部长；国内事务委员会则囊括多数内阁级官员，除国务卿和美国贸易代表外，经济委员会成员应同时担任国内事务委员会成员，凡是涉及国内事务的内阁级官员都应参加委员会会议。当然，这并不意味着委员会会议需要所有成员参加，只有涉及自身事务时才需要参会。三个委员会负责人则可以随时列席其他委员会的会议。三个平行委员会的设置看似增加了机制，实际上却能发挥精简人员、加快流程的作用。在克林顿执政前，总统在内阁事务方面有四个助理，还有幕僚秘书（总统的助理）和幕僚秘书助理。在设立了国安、经济、国内事务三个委员会后，上述助理职位可以合并为一个，主要在白宫办公厅主任的领导下负责总统、白宫幕僚和内阁级官员之间的文件流转。

第三节 “新一代”总统

克林顿 1946 年出生于阿肯色州，从小成绩优异，属于典型的“别人家的孩子”。他高中毕业后进入乔治城大学，主修外交专业，毕业后得到罗德奖学金前往英国牛津大学学习，之后又考入美国耶鲁大学法学院。在耶鲁，克林顿结识了同校师姐希拉里·罗德姆（Hillary Rodham），他们俩在 1975 年结婚。克林顿在担任总统前就已经涉足政坛多年。毕业后，克林顿回到阿肯色州并在 1976 年担任该州检察长。1979 年—1981 年，克林顿出任阿肯色州州长，1983 年—1992 年再次担任该州州长。

克林顿在 16 岁左右就发现自己对投身公职更感兴趣。正如他在自传《我的生活》中所说：“大概在 16 岁时，我决定要成为一名公职官员。我喜欢音乐，觉得自己可以做得不错，但我知道自己永远不会成为约翰·克特兰或者史坦·盖兹。我对医学感兴趣，觉得自己可以成为好医生，但我知道自己永远不会成为迈克尔·狄贝基。但是我知道，自己可以在公共事业上做得很棒。”① 1963 年发生的两件事情让克林顿更加坚定成为公众人物的信念。一件事是他有幸去白宫见到了当时的总统肯尼迪；另一件事是在电视上看到了马丁·路德·金“我

① Bill Clinton, *My Life*, London: Arrow Books, 2005, p. 63.

有一个梦想”（I Have a Dream）的演说。[1]

克林顿当选总统后，美国不少人认为这象征着白宫迎来了“新一代”总统。在经历了共和党执政的12年后，民主党终于扬眉吐气，再次夺回执掌白宫的权力。一开始，克林顿对除涉及全球化以外的外交安全政策并不太感兴趣。在当选后的头几个月里，他甚至把外交决策的责任交给手下官员，有什么事情只要让他知道一下就行，不能占据他太多的精力。[2] 这倒不是因为克林顿想带领美国走向孤立主义，而是由于作为后冷战总统，克林顿认为国际体系相比冷战时变得更加可控，美国可以更多依赖盟友来确保秩序的顺畅运转。更重要的是，克林顿代表的是美国战后“婴儿潮”的一代，因此他不仅是要面对国际局势的改变，还要面对美国自身的代际变化。

与前任截然不同的是，克林顿在第一任期内几乎不加掩饰地表现出对国内议题的偏爱。从竞选开始，克林顿就誓言要像“激光束”一样聚焦国内议题。克林顿在一开始不愿意过多以军事方式介入后冷战时代的冲突，主要还是从国内政治的视角去看待国际问题。在他的外交议程上，一些能够影响美国国内经济和社会状况的国际经贸议题往往成为其外交政策的主攻方向。但是在1994年中期选举共和党大获全胜后，克林顿因为在各项政策方面都遭受质疑，才开始真正重视对外政策。

在团队建设方面，克林顿之前的几任总统都十分重视跨部门团队和委员会的搭建，尼克松曾仿照国安会模式设立城市事务委员会（Urban Affairs Council），里根也以国安会为模板设立了负责国内政策事务的内阁委员会。克林顿非常重视团队合作精神，而且组队雷厉风行。当选后没多久，克林顿就搭建出自己的决策团队。其大致分为四个方向：外交政策、经济政策、国内政策和自然资源及环境政策。

---

① David Maraniss, *First in His Class: A Biography of Bill Clinton*, New York: Simon & Schuster, 1996, p. 43.

② Michael Mandelbaum, “Foreign Policy as Social Work,” *Foreign Affairs*, (January/February 1996), pp. 16 – 32.

1992年12月10日，克林顿宣布了其经济政策团队的多数成员，12月22日又宣布了外交政策团队的所有成员。正如克林顿在12月24日的新闻发布会上所说，他挑选高级官员的标准就是必须要有充分的团队精神，而不能只是出类拔萃的“独行侠”：

> “我一直在思考的是这些人互相之间如何打交道，而不仅仅是看他们的个人能力怎么样。尽管他们都令人印象深刻，但我想得更多的是他们能否融入经济团队、国内政策团队、外交政策团队。”①

医改特别小组和经济小组都能反映出克林顿总统对创新跨部门决策机制情有独钟。医改特别小组由“第一夫人”希拉里·克林顿牵头负责，成员包括六位内阁官员和两位白宫高级幕僚。经济小组的阵容也十分强大，包括国家经济委员会（National Economic Council）主任罗伯特·鲁宾（Robert Rubin）、财政部长劳埃德·本特森（Lloyd Bentsen）、商务部长罗纳德·布朗（Ronald Brown）、劳工部长罗伯特·赖克（Robert Reich）和白宫行政管理和预算局局长莱昂·帕内塔（Leon Panetta）等高官。在正式形成政策前，这些团队成员会与总统反复开会商讨，提出各种各样的政策选项，甚至因为克林顿总是喜欢不停地让各方辩论而最终难以达成共识。好处在于，克林顿政府很难是某一个部门或机构的天下，几乎每个部门负责人都有机会直接向总统进言献策。

尽管是“新一代”总统，但克林顿仍然没有逃脱前任们喜爱使用特定圈子成员的传统。克林顿外交团队的主力队员多数拥有共同经历，相互之间知根知底。这一方面有利于总统及其幕僚班子形成良性的上下级关系，但另一方面也容易出现小团队思维。国务卿沃伦·克

① Gwen Ifill, “Clinton Completes Cabinet and Points to Its Diversity,” *The New York Times*, December 25, 1992, A24.

里斯托弗曾经是卡特任内的常务副国务卿，总统国家安全事务助理安东尼·莱克在卡特任内的国务院负责政策规划，美国常驻联合国大使（后来担任国务卿）玛德琳·奥尔布赖特和总统副国家安全事务助理桑迪·伯杰分别在卡特政府的国安会和国务院工作过。莱克和伯杰与总统的关系十分密切，他们俩都在克林顿的竞选中发挥了关键作用，伯杰更是早在 1973 年就与克林顿相识。外交团队的其他一些重要人物也和克林顿交情匪浅，如 1994 年出任副国务卿的斯特普·塔尔伯特（Strobe Talbott）与克林顿在牛津大学读书时曾同住一屋。

早在克林顿执政前，美国对外决策机制的重心就逐渐向白宫靠拢，也就是以国安会为主的所谓“总统模式”，国务院、国防部等部门的决策分量有所下降。克林顿执政后努力在“总统模式”和其他部门发挥必要作用之间寻求平衡，但 20 世纪 60 年代以来形成的“总统模式”倾向依然非常突出。1994 年以后，克林顿更主动地参与对外决策，总统国家安全事务助理和白宫幕僚开始进入角色，在此后应对各类事件和危机时加快了决策速度和效率。

尽管如此，克林顿任内的“总统模式”色彩远远比不上当年尼克松和基辛格联手主宰决策机制的时代。克林顿在对外决策中的存在感并没有那么强，甚至可以说时有时无，在白宫对外决策上的领导更多属于“议题驱动型”，以解决某一事件为导向，并没有系统性的参与和安排。在处理俄罗斯和波斯尼亚等问题时，克林顿领导的白宫不愿意或者没有能力去引领决策过程。如在对俄政策上，副国务卿塔尔伯特基本上是独当一面，代替白宫决定了政策走向，包括“接触”俄罗斯、鼓励那些支持市场改革的俄罗斯精英。

在克林顿执政后期，由于受到“莱温斯基丑闻案”的影响，克林顿忙于维护自己的执政地位，更加无心顾及对外决策，出现了类似当年尼克松因为“水门事件”而将大部分决策权交给基辛格的情况，而这次的“受益者”是以国务卿奥尔布赖特为代表的高级顾问。1999 年 1 月，奥尔布赖特与克林顿政府的其他高级官员会晤，商量是否要以空袭威胁斯洛博丹·米洛舍维奇（Slobodan Milosevic）达成协议。

然而，克林顿缺席了如此重要的会议，和律师在一起商量如何在参议院防止弹劾。前参议员鲍勃·多尔（Bob Dole）在弹劾投票前会见了克林顿，他认为当时的克林顿由于即将到来的弹劾投票“无暇顾及”南斯拉夫和其他外交议题，科索沃问题可能“成为牺牲品”。一位克林顿政府的官员也在一次采访中表示：“我们讨论政治问题时很少谈及科索沃。一切都是关于弹劾、弹劾、弹劾。没有其他事项了。”① 在这种国内政治氛围和国会压力之下，克林顿无法全身心投入到对外决策之中，只能更多依靠国务院推动决策进程。因此，在科索沃问题上，奥尔布赖特在后期主导了美国的政策。前期，当伯杰在决策机制中更占主导权时，克林顿并不倾向用武力解决科索沃问题。当1999年克林顿因为丑闻缠身而焦头烂额时，奥尔布赖特成功“夺权”，导致克林顿政府在这一问题上转向更为强硬的外交作风。

第四节 “经济优先”引领机制调整

克林顿对老布什的国安会并无太多批评意见，基本延续了老布什创立的“三级委员会”构架，但也在他较为关注的经济领域有所创新。1993年1月20日，克林顿政府发布《总统决定指令第2号》，明确了国安会的任务职责、人员构成和组织架构。② 仅仅五天之后，克林顿发布题为“成立国家经济委员会”的行政令，正式宣布设立国家经济委员会。③

在《总统决定指令第2号》中，克林顿政府扩大了1947年《国家安全法》所规定的国安会职能：国安会应当是总统做出国家安全决

---

① Elaine Sciolino and Ethan Bronner, “How a President, Distracted by Scandal, Entered Balkan War,” *The New York Times*, 1A, April 18, 1999.

② The White House, “Presidential Decision Directive/NSC – 2,” January 20, 1993, https://fas.org/irp/offdocs/pdd/pdd – 2.pdf.

③ The White House, “Executive Order 12835: Establishment of the National Economic Council,” January 25, 1993, https://www.archives.gov/files/federal – register/executive – orders/pdf/12835.pdf.

策的主要机制。国安会应当协助和建言总统，整合涉及国家安全的各类政策领域，包括国内、国外、军事、情报和经济（与国家经济委员会协作）。国安会连同其下属机制将成为总统协调行政机构制定、落实国家安全政策的主要工具。这一职责定位清楚指出，国安会将成为克林顿统筹协调经济和非经济政策的主要机制。

国安会人员设置的最大变化是增加了经济政策幕僚的参与度。国安会法定成员仍然是总统、副总统、国务卿和国防部长。国安会的法定顾问中央情报局局长、参谋长联席会议主席应当参加国安会会议。此外，国安会的新成员还包括财政部长、美国驻联合国代表、总统国家安全事务助理、总统经济政策助理和白宫办公厅主任。当会议主题与其相关时，司法部长将受邀参加国安会会议，包括涉及秘密行动的会议。当会议讨论主题需要时，总统也将邀请其他行政部门和机构负责人、国安会特别法律顾问和其他高级官员参会。国安会在总统指示下定期开会。在总统领导下，总统国家安全事务助理将与国务卿和国防部长商量，需要时还可以与财政部长及总统经济政策助理商议后确定会议议程，并准备好需要的会议文件。

克林顿的国安会保留了老布什政府最核心的“三级委员会”模式，只不过在第二级中明确了危机管理机制，还调整了第三级委员会的名称和构成。第一级仍是国安会部长级委员会（The NSC Principal Committee/NSC/PC）。该委员会是商讨涉及国家安全政策的最高级跨部门机制，其职责为审议、协调、监督国家安全政策的制定和实施。部长级委员会是一个灵活平台，在总统不参与的情况下内阁级别官员也可以会晤讨论。总统国家安全事务助理是该委员会的主席，相关会议会通知总统经济政策助理，涉及国际经济政策的会议则会邀请其参会。部长级委员会成员有国务卿、国防部长、美国驻联合国代表、总统国家安全事务助理、中央情报局局长、参谋长联席会议主席，需要时还包括总统经济政策助理。总统国家安全事务助理将与国务卿和国防部长商量，必要时还应与总统经济政策助理商议，确定会议议程，并准备好需要的会议文件。

第二级是国安会常务副部长级委员会（The NSC Deputies Committee/NSC/DC）。该委员会是商讨涉及国家安全政策的次内阁级跨部门机制，其职责为审议和监督国安会跨部门流程。委员会还应当关注政策执行，时常审视政府的重大外交政策倡议，确保政策能够及时和有效执行，有时还应及时调整改变现有政策。常务副部长级委员会成员有总统国家安全事务副助理（该委员会主席）、负责政策的副国防部长、负责政治事务的副国务卿、中央情报局副局长、参谋长联席会议副主席，必要时还包括总统经济政策副助理。在与国务院和国防部的代表商议后，当会议讨论的主题需要时，总统国家安全事务副助理可以邀请其他行政部门和机构代表参加常务副部长级委员会会议。如果会议涉及秘密行动，司法部的代表也应参会。总统国家安全事务副助理将与国务卿和国防部代表商量，负责召集会议，确定会议议程，并准备好需要的会议文件。常务副部长级委员会应当确保国安会及部长级委员会讨论的文件已经对问题有了足够分析，公正地列明了事实，全面考虑了所有观点和选项，充分评估了前景、风险和每一项政策选择的后果。常务副部长级委员会还可以向其设立的跨部门小组委派任务。

常务副部长级委员会应当负责日常的危机管理，并向国安会部长级会议汇报工作。在这方面，应指派常务副部长委员会（Deputies Committee/CM）负责危机管理。任何国安会部长级官员或者常务副部长级官员，包括总统国家安全事务助理都可以要求常务副部长委员会就危机管理召开会议。常务副部长级委员会还应关注危机预防，包括针对某些领域和议题未雨绸缪，制订应急方案。

第三级是跨部门工作小组（Interagency Working Groups/NSC/IWG）。这些小组在常务副部长级委员会指导下设立，其组长也由常务副部长级委员会指定。有些小组是常设的，有些则是根据情况临时设立。总体而言，涉及外交和防务政策的小组将由国务院和国防部助理国务卿级别的官员负责，涉及国际经济议题的由财政部或国家经济委员会负责，涉及情报、防扩散、军控和危机管理的则由国安会幕僚负责。跨部门工作小组定期召开会议，审议和协调相关领域总统决定的执行。小组的数量宜少不宜多，以便提升国安会体系的效率。

在确定国安会的机制设置后，克林顿政府很快通过行政令设立了全新的国家经济委员会。克林顿对这一创新十分得意，曾表示这是“我们最重要的机制变化”。[①] 受国安会启发而建立，国经会与国安会既有不同也有相同。国经会成员包括总统（担任主席）、副总统、国务卿、财政部长、农业部长、商务部长、劳工部长、住房和城市发展部长、交通部长、能源部长、环境保护局局长、经济顾问委员会主席、白宫行政管理和预算局局长、美国贸易代表、总统经济政策助理、总统国内政策助理、总统国家安全事务助理、总统科技政策助理以及其他总统指定的行政部门和机构官员。总统或者总统经济政策助理（在总统命令下）可以发起召开委员会会议，总统应主持会议。总统缺席时由副总统主持，副总统缺席时由总统经济政策助理主持。

国经会的主要职责包括：第一，在国内和国际经济议题上协调决策过程；第二，协调提供给总统的经济政策建议；第三，确保涉及经济政策的相关决定和项目与总统的目标一致，确保致力于追求这些目标；第四，监督总统经济议程的执行。明确上述职责后，所有的行政部门和机构都应当通过国经会协调经济政策。总统经济政策助理在需要时应与总统国内政策事务助理和总统国家安全事务助理合作。然而，由于较为紧张的预算以及克林顿做出的裁员承诺，国经会的规模一直较小。1994 年时，国经会只有 22 名专职幕僚。[②]

小结　延续大于变化

在确定美国新的外交政策目标前，克林顿政府对国安会等一系列

① John F. Harris and Steven Pearlstein, “Clinton Chooses Adviser Tyson to Chair National Economic Council,” *Washington Post*, February 22, 1995, A1.

② Karl F. Inderfurth and Loch K. Johnson, *Fateful Decisions: Inside the National Security Council*, p. 111.

决策机制的调整就已先行起步。无论怎么调整和改革，其原则在于一定要能够反映不断变化的世界秩序和国际形势，确保美国能够成功应对国内外的新挑战。在新形势下，跨部门协调机制对最大化政府效率发挥着至关重要的作用。

克林顿调整决策机制的做法显然呼应了学界的建议，尤其是将经济事务囊括至国安会等跨部门决策体系之中。早在1992年，克林顿就承诺，“为了提高外交政策中的经济元素，将设立与国家安全委员会类似的经济安全委员会”。这一委员会相当于把两党学者报告中所建议的经济委员会和国内事务委员会合并。1993年，克林顿执政后旋即成立了国家经济委员会，再次印证克林顿认为冷战后美国亟需解决的主要是经济问题。正如沃伦·克里斯托弗在1995年1月的演讲中所说：

> “我们国内和外交政策的核心前提就是，美国国内和海外的经济实力必须不断增强。我相信，历史会证明强调经济会让我们留下与众不同的印记，也会成为克林顿政府绵延许久的遗产。”[①]

成立新委员会并没有让克林顿增加白宫幕僚或工作人员数量，反而裁减了25%的白宫人员。不过，精简人员针对的主要是低级官员。而且25%的比率并非毫无水分，其一定程度上归功于克林顿政府缩小了对白宫幕僚的定义。另外，还有40%的压缩量是因为将白宫雇员分流到其他联邦政府机构。[②]

冷战的终结对国安会的组织结构和跨部门流程都产生了影响。在组织结构方面，冷战结束的直接影响是白宫领导层关注更多新议题，

① Christopher W. Hughes, *Japan's Economic Power and Security: Japan and North Korea*, London: Routledge, 1999, p. 9.

② Gwen Ifill, "Clinton Says He's Met Pledge to Cut Staff by 25%," October 1, 1993, *The New York Times*, A19.

这促使国安会成立了若干新办公室，但由于克林顿精简人员的承诺，国安会人员不得不身兼数职。间接影响则是美国关注重点从外交政策转向国内政策，而在外交政策中，经济议题的重要性又超越了军事政治议题。克林顿政府之所以成立了平行于国安会的协调机制国经会，正是由于克林顿认为仅仅依靠国安会已经无法应对美国的当务之急。两个委员会共用一些幕僚也是创新之举，相对而言效果不错。

在决策流程上，冷战结束的直接影响比较微妙。从架构上看，克林顿政府基本延续了老布什任内的国安会机制，但是冷战结束的直接影响是让国安会幕僚时常“失焦”、不知道哪些是优先事务。冷战期间，美苏争霸是美国对外政策的主旋律，国安会幕僚往往会聚焦与此相关的两三个核心议题，偶尔关注其他议题。但冷战结束后，国安会失去了与苏联竞争的重心，反而需要处理重要性不够突出的更多议题，议题的纷繁复杂让这些人焦头烂额。间接影响则是冷战的结束让美国暂时失去对外大战略的表述，在“遏制”战略不复存在后，克林顿政府并未提出新的大战略口号。在缺乏战略引领的情况下，国安会难以定义和指导跨部门协调，难以争取其他部门和机构的配合。正如一位克林顿政府官员所说：“国安会无法像过去那样控制来自各个方向的政策线索。”①

克林顿任内并没有对老布什的国安会进行彻底改革，只是根据新的国际形势和需求做了微调，基本延续已有架构。其中原因，除了克林顿本人对此前的国安会架构较为满意、不愿意花太多心思在外交政策协调上之外，也与总统国家安全事务助理莱克对国安会机制的认识有关。一方面，莱克对国安会应发挥何种角色的看法与其前任斯考克罗夫特十分一致；另一方面，莱克认为新政府不应心急火燎地拆解前一届政府留下的决策机制，应当先接受已有的机制，“试用一下，看

① Karl F. Inderfurth and Loch K. Johnson, *Fateful Decisions*: *Inside the National Security Council*, New York: Oxford University Press, 2004, p. 119.

看都是怎么运作的，然后再把总统认为有效的正式机制化”。[①] 因此，尽管克林顿执政时冷战已经终结，国际形势发生了翻天覆地的变化，国安会机制却没有出现根本性变革。

无论是莱克还是他的继任伯杰都出色地完成了总统国家安全事务助理“坦诚斡旋人”的任务。莱克在刚刚履职时曾表示，自己将在幕后推动大家达成共识，将共同的意见告诉总统。不过，在工作若干月后，莱克的想法也发生了微妙的变化：

> “我决定改变方式。我会待在幕后……我会努力促成大家的共识，确保总统能够听到我同事们的建议。不过，如果我的建议与同事相左，我不会再那么犹豫要不要告诉总统，我会说出口，即使我告诉总统后可能会破坏共识或者与其他人意见不同……”[②]

克林顿的国安会在危机管理方面发挥了应有作用。在这一领域，国安会的决策流程分为以下几步：第一步，根据掌握的情报信息和部门分析，国安会幕僚会提出可能威胁美国国家利益的潜在危机并在一定范围内展开讨论。第二步，有关潜在危机的讨论信息将送至总统国家安全事务助理和副助理的行政秘书和“前台”。总统国家安全事务助理可能会召集“ABC 午餐”讨论[③]。在常务副部长级委员会内也会召开类似会议。第三步，当危机继续发酵后，国安会各个委员会都将召开会议，分享掌握的情报信息。等信息足够充分后，国安会的高级主管和助理部长帮办级别官员主持的工作小组将拟定应对危机的方案。时间紧急的情况下，小组将提供包含具体行动纲要的备忘录。第四步，备忘录将通过国安会高级主管送至总统国家安全事务助理手

① I. M. Destler, Leslie H. Gelb and Anthony Lake, *Our Own Worst Enemy*, New York: Simon and Schuster, 1984, p. 279.

② Anthony Lake, *6 Nightmares*, Boston, Little, Brown, 2000, pp. 131 – 132.

③ “ABC”为奥尔布赖特、伯杰和国防部长科恩的姓名首字母缩写。

中。总统国家安全事务助理可向总统汇报，待总统与顾问充分讨论后决定政策选项。第五步，一旦总统做出决定，国安会就将从危机管理切换为督促跨部门落实决策。此外，危机应对过程中，国安会也可成立一些临时的执行委员会（Executive Committees）。[①]

但国安会这一跨部门机制也未能解决克林顿在外交政策上“走神”的问题。克林顿在本质上对外交政策缺乏兴趣，这导致了整个决策体系的碎片化，尤其是克林顿重经济、轻外交的特点导致外界纷纷批评他没有为对外决策提供清晰的指导。所幸，克林顿挑选的对外政策团队十分团结，在一些原则问题上并没有根本性分歧，省去了很多将意见传递到总统前互相辩论的时间。概括而言，传统的“总统模式”在克林顿的个性和风格下出现了新的变化。一方面，权力继续向白宫集中；另一方面，由于总统自身的决策偏好，对外决策又未能得到百分之百的重视。

① Anthony Wanis - St. John, “The National Security Council: Tool of Presidential Crisis Management,” *Journal of Public and International Affairs*, Vol. 9, No. 1, 1998, pp. 112 - 113.

第九章

小布什："恐惧阴霾"下的调整

恐怖主义袭击能够摧毁最高大的建筑物，却撼动不了美国的根基。这些恐怖活动能够破坏钢铁大厦，但却摧毁不了美国人民钢铁般的坚强意志。美国遭遇袭击，是因为我们在世界高举自由和理想的火炬。任何人都不可能将这一火炬熄灭。

——美国第43任总统乔治·沃克·布什

2001年9月11日白宫讲话

一个领导人必须愿意去倾听，然后有足够魄力做决定并持之以恒。在政治上，为了能够领导大家，你必须了解你所信奉的……必须信奉某些价值观，必须不惜代价去捍卫这些价值观……必须设定清晰目标，说服大家相信这些目标，坚持不懈领导大家向这个目标前进。

——美国第43任总统乔治·沃克·布什

2002年5月25日与大学生的对话

第一节　两场战争

2001年9月11日，纽约发生造成重大伤亡的恐怖主义袭击事件。

"9·11"事件将乔治·沃克·布什（George Walker Bush，后文简称小布什）任内面临的国家安全形势划分为两个阶段：前一阶段是短暂的"前反恐时代"，后一漫长阶段就是"反恐时代"，而"9·11"事件产生的深远影响甚至超越了小布什的任期。由于过度追求美国在世界的领导地位，小布什政府采取了一系列疏远盟友和伙伴的单边政策，未能在"反恐时代"给国家及民众带来确定性和安全感，美国从上至下进入了担心外界安全挑战的"恐惧时代"。

在"9·11"事件之前，或者再把时间往前推一点，小布什在竞选期间就曾谈论过美国所处的国际形势及应采取的外交策略。他认为，美国应该回归到更加单边主义的政策上来。小布什强调要与国境以南的国家处理好关系，而不是只盯着传统盟友欧洲。他还表示美国不能沉迷于"国家建设"，有意将美国军队从巴尔干撤出。在小布什任内先后担任总统国家安全事务助理和国务卿的康多莉扎·赖斯（Condoleezza Rice）曾在2000年年初的《外交事务》上撰文分析小布什政府将要面临的外部挑战，她认为在缺乏苏联威胁的国际形势下，美国将更难定义自己的国家利益。但她也指出，这样的过渡时期至关重要，因为"可以塑造未来的世界"，美国的任务将是"推广自由、民主和繁荣"，这恰恰成为之后美国出兵伊拉克的理由。①

"9·11"事件的出现彻底改变了小布什政府对安全形势和挑战的认知，激发了小布什政府更富进攻性的对外战略。在恐怖袭击发生前，小布什政府内的"新保守主义派"对恐怖主义没有太多关注，重点在防范俄罗斯和中国的大国竞争。未能防止"9·11"事件暴露了美国的脆弱和不足，动用武力、"先发制人"的欲望因此急速攀升，采取军事手段反恐成为此后小布什政府对外战略的重要特点。率先发起针对阿富汗的军事行动成为小布什"全球反恐战争"的首要步骤。他表示，在针对美国的全球反恐组织被彻底消灭前，这场反恐战争都

① Condoleezza Rice, "Campaign 2000: Promoting the National Interest," *Foreign Affairs*, January/February, 2000, p. 45.

会进行到底。[①]

2001 年发动的阿富汗战争是对“9·11”事件的迅速反应，也得到了美国国会的授权。尽管国会内部有质疑声，但多数议员赞成小布什对阿富汗实施军事打击。事实上，小布什的国内支持率在“9·11”事件后高达前所未有的 90%。[②] 针对阿富汗的军事行动很快扩大为北约的一项任务。2003 年，小布什又扩大了反恐战争的范围，对伊拉克发起军事行动。伊拉克战争成为小布什执政的关键时刻，此战对美国的国际形象损害严重。不同于阿富汗战争，美国国内民意也出现分裂。

美国对外部形势的判断和评估都体现在 2002 年和 2006 年发布的两份《美国国家安全战略》报告之中。[③] 2002 年的报告是在“9·11”事件后发布的首份国安战略报告，从中可以明显感受到小布什对安全形势和任务的判断与竞选期间有所不同。美国仍然对自身实力和所处的国际地位充满自信，认为自由的力量已经取得了 20 世纪的胜利，只有选择“美国模式”才能在 21 世纪胜出，美国拥有无可匹敌的军事实力以及强大的经济和政治影响力。

2002 年的《美国国家安全战略》报告开宗明义地指出，20 世纪大部分时间里，世界都被“理念之争”所撕裂，但这一争斗已经结束，美国现在更多是受到“失败国家”的威胁。换言之，美国的主要威胁不再是传统的坚船利炮，而是拥有科技的灾难性力量的少数“不满者”。对此，美国提出了对外战略的三大目标：即推动政治和经济自由、与其他国家保持和平关系、尊重人类尊严。为实现这些目标，

---

① Peter Irons, *War Powers: How the Imperial Presidency Hijacked the Constitution*, New York: Metropolitan Books, 2005, p. 218.

② “Presidential Approval Ratings – George W. Bush,” *Gallup*, https://news.gallup.com/poll/116500/presidential-approval-ratings-george-bush.aspx.

③ The White House, *The National Security Strategy of the United States of America*, September, 2002, http://nssarchive.us/NSSR/2002.pdf; The White House, *The National Security Strategy of the United States of America*, March, 2006, http://nssarchive.us/NSSR/2006.pdf.

小布什政府还提出了一些具体手段，包括鼓励更多人追求有尊严的生活、强化同盟体系以击败恐怖主义并防止恐怖袭击、与他国合作缓和地区冲突、防止敌人用大规模杀伤性武器威胁美国、通过自由市场和自由贸易开启全球经济增长的新时代、推动社会开放和民主以谋求发展、与其他全球力量中心合作以及促进美国国家安全机制转型以适应21世纪的挑战与机遇。

报告还阐释了在当时国际安全形势下美国应遵循的外交新方向，即尽管美国将努力获得国际社会的支持，但也会毫不犹豫地独自行动。如果有必要的话，将以先发制人的方式行使自卫权。这一表态很清楚地说明，如果美国认为任何组织对其及盟友构成威胁，在必要情况下将发起先发制人的打击。这标志着美国在第二次世界大战之后一以贯之的对外战略出现重大变化。一直以来，美国外交强调同盟关系的重要性，坚信一起对付共同敌人比美国单独作战更容易成功。然而，"9·11"事件改变了小布什政府对安全形势的判断与对自身实力的评估，认为美国应当依靠自身的硬实力解决问题，尤其是依靠自身的军事实力解决外交问题。

小布什进入第二任期后，基于对外部安全威胁的评估，企图继续结合军事力量与威尔逊式的理想主义强行推广"自由与民主"。2006年《美国国家安全战略》报告的第一句话就是继续渲染美国面临的安全威胁、为美国民众敲响警钟：美国正处于战争。这是一份美国面对巨大挑战时制定的国家安全战略。"9·11"事件后，美国面临恐怖主义的崛起，政府的职责就是保护美国民众安全。紧接着，报告指出美国为和平奠定基础的使命同样面临前所未有的机遇，因为美国拥有能够催人奋进的理念——"自由""民主"与"人类尊严"。在此基础上，小布什第二任期的国家安全战略建立在两大支柱之上：一是"推广自由、公正和人类尊严"，以此"终结暴政，推广有效民主"，通过自由、公平贸易及发展政策促进繁荣；二是引领不断壮大的"民主共同体"应对时代挑战和威胁，包括传染病、大规模杀伤性武器扩散、恐怖主义、贩卖人口和自然灾害等。总之，美国必须竭尽全力继续在全球发挥领导作用。

第二节 大还是小，这是个问题

克林顿任内基本保留了老布什任内的“三级委员会”模式，美国学界也大体认可这一运作模式。不少学者结合历史经验，从宏观到微观分别对国安会机制指出问题和提出建议，主要聚焦如何让国安会重新校准定位，在美国对外决策中发挥关键作用。从国安会的历史演变可以发现，随着规模日渐增大，其官僚化、机构化趋势明显，长期迷失于具体的政策细节，总统幕僚班底的战略协调职责成色不足。也有个别声音认为应当彻底打破国安会传统模式，另起炉灶。

面对国安会“失焦”的问题，长期研究国安会的德斯特勒和曾担任克林顿政府国安会欧洲事务主管的伊沃·达尔德（Ivo Daalder）在2000年11月共同发布署名政策报告，对下一届政府的国安会改革出谋划策，其核心主张是国安会应降低其官僚化程度，重新定位为总统幕僚班子。① 从1947年到2000年，国安会的人员规模虽然有所起伏，但总体趋势仍在不断扩大。到小布什执政前，国安会人员数量已经超过200人，其中有100人是专职人员。国安会的扩大是为了满足其与媒体、国会和公众打交道的需求，但也造成了一些不必要的问题，尤其是国安会的官僚化往往导致其逐渐淡化真正至关重要的核心职能。

德斯特勒和达尔德在报告中列举了国安会应承担的核心职能：

（1）管理总统的日常外交政策活动，包括与外国领导人的沟通交流、筹备和协助总统的海外访问；

（2）协调在重大外交和国家安全议题上的决策流程，确保决策涉及的相关部门参与其中，确保所有的现实政策选项能够得到分析研

① I. M. Destler and Ivo H. Daalder, “A New NSC for a New Administration,” November 15, 2000, *National Security Council Project*, https://www.brookings.edu/research/a-new-nsc-for-a-new-administration/.

判，哪怕一些部门并不喜欢某些选项，之后能够将讨论过的政策选项上报高级顾问和总统做出决定；

（3）及时推动决策流程做出切合实际的决定；

（4）监督总统及其顾问执行决策。

在上述基础上，国安会必须做到三个"不"和八个"S"。一是国安会不能成为纯粹的执行机构。里根任内的"伊朗门事件"充分说明国安会沦为执行机构的下场，尼克松任内国安会从事的秘密外交从长期看也不利于总统执政。二是国安会不能成为纯粹的官僚机构。如果国安会整天想着如何回应国会和媒体，如何制定公共关系战略，沉浸于纷繁复杂的事务性工作，就容易"捡了芝麻丢了西瓜"。国安会还是需要紧抓重点，分析国际形势、预做研判、协调高级官员决策以及为重大问题提供政策选项。三是国安会不能成为纯粹的"和事佬"。协调机制有一种天然的倾向，就是希望各方能够达成一致。但有时候强行协调一致代价高昂，导致政策成为"最小公分母"，缺乏进取性和创造性。一味追求一团和气，也可能导致部门之间缺乏互相挑错的直言不讳。

八个"S"是国安会应具备的八个特点：一是强大（Strong）。国家安全顾问和其他关键幕僚要有能力协调政策、召集机构和官员、确保总统决策得到执行、给予总统实质性建议。为此，国安会官员必须领导跨部门小组，任何归属国安会协调的政策都不得绕过该机制直达总统。二是直接（Straight）。幕僚必须在台面上谈事情，国安会的联络和偶尔参与的行动都应让其他相关部门知晓，不能搞不为国务院所知的秘密外交。三是分享（Sharing）。国安会必须"开门搞协调"，与其他联邦部门同僚保持密切的非正式关系，确保议题的相关方都能在会议桌上有一席之地。四是低调（Subdued）。国安会必须有意识地自我克制，国家安全顾问和幕僚都必须低调行事、减少与媒体接触、回避直接参与行动、在行政机构内按原则办事。五是资深（Senior）。国安会的多数幕僚应当有政府工作经验，拥有负责领域的经验，能够与高层及中高层官员共事。六是小型（Small）。国安会幕僚应严格控制规模，核心专业人员40－45名即可（如之后的架构图所示）。许多事务性工作如与国会的联络可由国务院或其他相关部门承担。七是瘦身（Slim）。国安会的部门分支数量应受到限制，地区办公室和功能性办公均不应超过五个。如果任何一个分支机构不得不膨胀，可以将其移出国安会，转移到其他联邦机构。八是自律（Self－disciplined）。国家安全顾问和国安会幕僚必须有超乎寻常的职业克制能力，必须能够抵制接受新任务、拓展工作重点、扩大人员规模的诱惑，因为这么做只会模糊国安会的重点。

其建议的国安会架构如下图所示①：

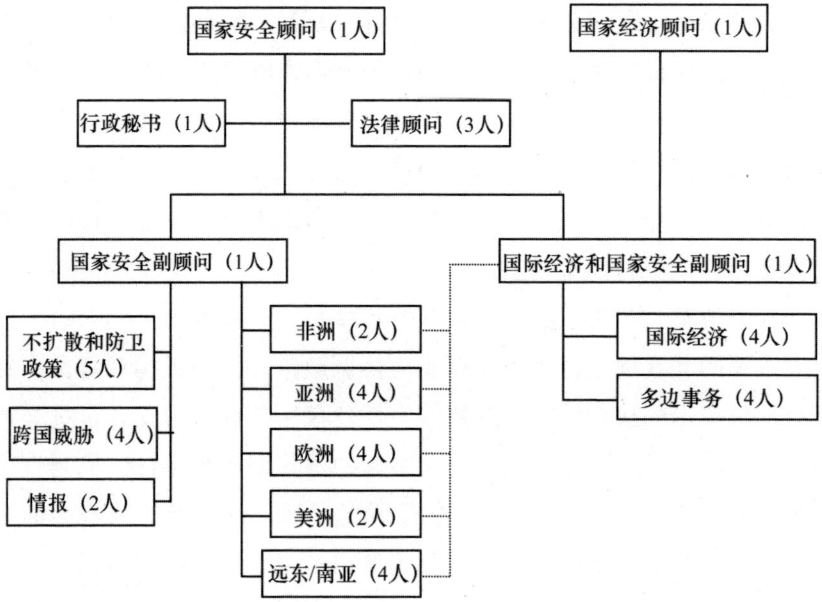

小布什的前任克林顿对于跨部门协调机制的最大调整是设立国家经济委员会作为对国安会的补充，但依然有美国学者提出，白宫应当

① I. M. Destler and Ivo H. Daalder, "A New NSC for a New Administration," November 15, 2000, *National Security Council Project*, https://www.brookings.edu/research/a－new－nsc－for－a－new－administration/.

设立更多类似国经会的委员会来协调政策，这样才能更好地让总统和高级顾问从国安会设立之初的思想束缚中解放出来。

这里的思想束缚指的是国安会设立的"初衷"。简单地说，当初设立国安会并不是让其成为以白宫为主导的决策工具。恰恰相反，以海军部长福莱斯特为首的一批官员希望国安会能够束缚罗斯福总统天马行空的决策和管理模式。然而随着时间推移，形势发生了变化。一方面，国安会不再是总统决策的"刹车片"，反而成为白宫决策的工具之一；另一方面，美国面临的安全挑战多样化，聚焦安全议题的国安会亟需扩容。

鉴于这一情况，有学者在克林顿任内提出更为大胆的改革方案，认为美国总统应当设立一套全新的白宫决策管理流程，成立四个由总统牵头、内阁官员组成的委员会：科学和技术政策委员会、安全政策委员会、经济政策委员会和国内政策委员会。在委员会下还应设有跨部门委员会和子委员会，对上述政策委员会负责。实际上，这样的设计就把国安会机制拆成了分属白宫的政策委员会和协调各部门的委员会两块。整个决策链条就变成了如下形式：

总统 ⇆ 政策委员会 ⇆ 跨部门委员会 ⇆ 跨部门子委员会

四大委员会的组织架构还可细分，如安全政策委员会按人员级别可分为三个层次：

（一）安全政策顾问

（二）高级主任和行政秘书

1. 俄罗斯/独联体国家；

2. 欧洲/北大西洋；

3. 东亚/太平洋；

4. 南亚/中东；

5. 非洲；

6. 拉丁美洲/加勒比地区；

7. 国防项目；

8. 国防政策；

9. 情报；

10. 国际项目和组织。

（三）主管和幕僚秘书

1. 俄罗斯/独联体国家，政策规划；

俄罗斯/独联体国家，政策评估；

2. 欧洲/北大西洋，政策规划；

欧洲/北大西洋，政策评估；

3. 东亚/太平洋，政策规划；

东亚/太平洋，政策评估；

4. 南亚/中东，政策规划；

南亚/中东，政策评估；

5. 非洲，政策规划；

非洲，政策评估；

6. 拉丁美洲/加勒比地区，政策规划；

拉丁美洲/加勒比地区，政策评估；

7. 国防项目，政策规划；

国防项目，政策评估；

8. 国防政策，政策规划；

国防政策，政策评估；

9. 情报，政策规划；

情报，政策评估；

10. 国际项目和组织，政策规划；

国际项目和组织，政策规划。①

亦有学者关注更加微观的层面，认为国安会若要发挥关键协调作

① John Mead Flanagin, "Less is More: A New Staff Structure for the White House," *Presidential Studies Quarterly*, Vol. 25, No. 2 (Spring, 1995), pp. 207 – 221.

用，就必须在危机管理时成为总统的有力工具。[①] 从包括克林顿政府在内的历届国安会表现中可以总结出若干更为宏观的指导经验：第一，国安会应能更好地促进政府机构间的协调。这一条并不单单针对危机管理，而是对国安会这一协调机制最根本的要求。国安会应确保各部门在同一个大原则下共事而不是互相冲突，确保各部门"分兵把守"、各司其职。第二，国安会应成为讨论不同政策选项的平台，而非某一特定政策的鼓吹手。为了更好实现这一目标，国安会应尽量保持价值中立，同时必须远离政策执行者的身份，避免重蹈里根时期"伊朗门事件"的覆辙。在遇到紧急危机时，国安会应有能力及时化解各部门之间的矛盾冲突。第三，国安会人员必须具备较高的专业性，并与所属或拥有工作联系的联邦机构同事保持密切关系。第四，在危机管控中总统应发挥重要作用。国安会应确保总统有足够的精力投入危机管理。

基于上述经验，国安会应根据危机管理的需求做出相应调整。在战略定位上，必须再次明确国安会的"中立"地位。一方面要对总统的战略意志做出回应，另一方面也要确保总统能够得到全面的政策选项。在机制化建设上，国安会要把握分寸。国安会的幕僚规模必须满足决策需求，但不能成为一个膨胀的官僚机构，也不能成为任何一个机构的"附庸"。在与总统关系方面，国安会应直接向其提供清晰全面的政策建议。这些建议应来自内阁部长、其他跨部门委员会、国安会幕僚、相关官僚机构和外部专家。作为协调机制，国安会还应负责广泛收集政策建议。危机管理期间，国安会应扮演独立和中立角色，不能为任何部门代言，尽量把最全面的信息传递给总统，协助总统决策。总而言之，总统仍应掌握危机管理时的最终决定权，各部门和内阁官员要负责政策执行。在这一基本前提下，国安会应加强与各部门沟通，鼓励它们畅所欲言、提供点子，监督政策执行，广泛采纳支持和反对的建议。

---

① Anthony Wanis - St. John, "The National Security Council: Tool of Presidential Crisis Management," *Journal of Public and International Affairs*, Vol. 9, No. 1, 1998, pp. 120 - 124.

“9·11”事件后，由于美国面临的恐怖主义威胁急遽上升，小布什政府成立了国土安全委员会，事实上增加了协调机构的规模。然而，一些学者在肯定这一扩容举措时，也很快对如何处理国家安全委员会和国土安全委员会的关系提出自己的看法与建议。① 首先，要做到守土有责、分工明确。在中低层面，两个委员会的幕僚应厘清谁更有能力、更有效率解决某一特定问题，而在高层，由于大部分官员身兼两个委员会职务，“互相拆台”的可能性并不大。其次，白宫应明确哪些是两个委员会共同负责的议题（下表列出了供参考的共同议题和有区别议题）。这就要求两个委员会要经常召开联席会议。最后，要在两个委员会的部长级官员间完善非正式磋商流程，帮助双方达成共识、通力合作。此前美国历届政府都有类似传统，如小范围的早餐和午餐会，德斯特勒和达尔德建议国家安全顾问、国土安全顾问及参谋长联席会议主席应经常会谈。②

国家安全委员会与国土安全委员会职责表③

共同职责	1. 确认潜在威胁的情景推演，包括袭击手段、可能目标和袭击事件； 2. 国家安全和执法领域的情报搜集和共享； 3. 能够应对威胁的外交实践，在海外逮捕嫌疑犯及引渡等； 4. 逮捕、拘押和起诉从事恐怖主义行为的外国公民； 5. 有关预算的计划工作； 6. 启用美国军事力量应对危机、应对风险前的计划工作。

① William W. Newman, “Reorganizing for National Security and Homeland Security,” *Public Administration Review*, September 2002, Vol. 62, Special Issue, pp. 126 - 137.

② I. M. Destler and Ivo H. Daalder, “Organizing for Homeland Security,” October 12, 2001, https://www.brookings.edu/testimonies/organizing - for - homeland - security/.

③ 表格内容来源：William W. Newman, “Reorganizing for National Security and Homeland Security,” *Public Administration Review*, September 2002, Vol. 62, Special Issue, p. 137.

续表

区别职责	国家安全委员会	1. 传统盟友关系； 2. 力量投射； 3. 维持地区和全球稳定而发生的干预活动（谈判、维和行动、军事活动） 4. 推广民主与人权； 5. 维护国际经济稳定； 6. 军控及反扩散。
	国土安全委员会	1. 国内阻止恐怖袭击的执法行动（包括移民、签证、边境安全等）； 2. 规划并协调地方、州、联邦各层面在危机管控和应急处理等方面的行动； 3. 关键基础设施的安全问题（从网络安全到桥梁、隧道、水库等）； 4. 评估与行政机构反恐行动相关的国内立法； 5. 机场安全； 6. 公共健康安全及针对生物恐怖主义的反应计划。

第三节　"战争总统"

小布什总统是个极具争议的总统，让美国民众既爱又恨，他本人也曾体验支持率从云霄坠落的滋味。"9·11"事件发生后，小布什的国内支持率一路飙升，一度达到90%左右。但在2008年金融危机爆发后，小布什的支持率下滑到只剩28%。历史上只有尼克松和杜鲁门总统在执政后期比小布什的支持率更低。①

小布什于1946年7月6日出生在康涅狄格州纽黑文，是老布什的长子。小布什读完七年级后全家就搬到了得克萨斯州的休斯顿。

① Frank Newport, "Bush Job Approval at 28%, Lowest of His Administration," *Gallup*, April 11, 2008, https://news.gallup.com/poll/106426/Bush-Job-Approval-28-Lowest-Administration.aspx.

1964 年—1968 年，小布什求学于耶鲁大学，并获得历史学的学士学位。按照小布什的说法，他在学校成绩平平，别人知道他都是因为社会活动，而不是因为成绩优异。① 因此，尽管小布什教育经历光鲜夺目，但在学业上总是备受打击，与那些“精英”格格不入。1973 年，小布什继续在哈佛大学商学院深造，获得工商管理硕士学位。

小布什进入政坛与家庭的耳濡目染密不可分。在一段从军和从商经历后，小布什于 1978 年首次尝试在政坛发起冲击，参选得克萨斯州国会第 19 选区的众议员，但败给了竞选对手。1988 年，小布什跟随一家人转战华盛顿，参与父亲老布什的总统竞选活动。当时的小布什担任父亲的竞选团队顾问，负责与媒体联络。1991 年 12 月，小布什又再次投身父亲谋求连任的竞选活动之中。1994 年，小布什决定再度在政坛发起冲击，竞选得克萨斯州州长一职，并最终击败了试图连任的民主党前州长安·理查兹（Ann Richards）。1998 年，小布什以绝对多数的得票率连任州长。政治世家出生的小布什在州长第一任期内就已成为政坛明星，外界普遍预测他将成为未来总统的有力竞争者。1999 年，小布什正式宣布将参加 2000 年总统选举。

尽管子承父业，小布什本人实际上并无处理国家安全和外交政策的经验。不过，父亲老布什在政坛的人脉以及小布什对外交安全政策的重视使得其搭建的安全政策团队精英汇聚、老将云集。美国《国家杂志》甚至认为，小布什组建的团队“是现代历史上最具经验的资深幕僚班底之一”。② 副总统迪克·切尼是福特任内的白宫办公厅主任、老布什任内的国防部长；国务卿科林·鲍威尔（Colin Powell）曾是里根政府的最后一任国家安全顾问，在老布什和克林顿任内担任过参谋长联席会议主席；国防部长唐纳德·拉姆斯菲尔德曾在福特任内担任同一职务和白宫办公厅主任。没有闪亮履历的只有总统国家安全事务

---

① “Self - Deprecating Bush Talks to Yale Grads,” May 21, 2001, https: //www. foxnews. com/story/self - deprecating - bush - talks - to - yale - grads.

② Alexis Simendinger, “Stepping into Power,” *National Journal 33*, January 27, 2001, p. 246.

助理赖斯，但是赖斯与小布什个人关系密切，在竞选期间就成为小布什对外政策领域的心腹爱将。小布什对这四位"重臣"评价极高，认为他们四个足以提供锦囊妙计：

"我认为这四个人能够互为补充。他们肯定会有分歧。我希望有分歧，因为我知道，只有认真思考过后才会产生分歧。必须明白的是，如果存在分歧，我就会准备为了国家利益而做出决定。"①

整体而言，小布什选人用人与前几任总统相比并无太大差异，通过对比能够发现一些对小布什挑选官员的刻板印象并不成立，例如他在对女性和少数族裔幕僚的使用上并无歧视。具体对比可见下表：

里根、老布什、克林顿和小布什白宫幕僚团队情况对比表②

	里根（1981）（幕僚人数61）	老布什（1989）（幕僚人数50）	克林顿（1993）（幕僚人数72）	小布什（2001）（幕僚人数65）
平均年龄	45	43	45	45
女性占比（%）	5	14	29	28
少数族裔占比（%）	3	8	8	11
同州官员占比（%）	26	10	10	29
工作经历	行政机构	行政机构	国会	总统竞选

小布什善于下放权力，这一点在其对副总统切尼的倚重上可见一斑。从卡特总统任内的副总统沃尔特·蒙代尔（Walter Mondale）开始，历任副总统的地位和作用逐渐提升，直至克林顿任内的艾伯特·

① "US National Security Decision - making: Clarity or Confusion under Bush?" *Strategic Comments*, Volume 8, Issue 7, September 2002, p. 1.

② 数据来源："Decisionmakers," *National Journal* (April 25, 1981, p. 678; June 10, 1989, p. 1405; June 19, 1993, p. 1457; June 23, 2001, p. 1866).

戈尔（Albert Gore）时达到巅峰。切尼再次超越了此前的几位副总统，老道的华盛顿从政经历和政府过渡期间的卓越表现都让切尼成为截至当时最具权势和影响力的副总统。有评价称，“几乎无人可以小觑切尼在小布什政府运作中发挥的巨大作用”。[①] “9·11”事件后，切尼也是力主成立国土安全部的关键官员，并参与了初期筹备工作。小布什初期的执政风格明显偏向“内阁型政府”，无论是切尼还是其他内阁高官都能与白宫幕僚一样对小布什产生巨大影响。在此基础上，“9·11”事件改变了内阁各部门的权力排序。一切与国土安全相关的部门均“因祸得福”，一瞬间攀上了内阁权力的阶梯，如司法部长约翰·阿什克罗夫特（John Ashcroft）和国防部长拉姆斯菲尔德。随着紧急事态的发生，扩大版的“战争内阁”初步形成，这一内阁包括“来自白宫、中情局、国务院、国防部的关键国家安全官员，成为主宰美国回应‘9·11’事件的主要力量”。[②]

这样的管理方式也让小布什在伊拉克大规模杀伤性武器的情报分析上吃了亏。小布什十分依赖主要内阁官员提供的背景资料，并在此基础上做出自己的判断和决定。这一点与前总统肯尼迪的风格大相径庭。肯尼迪很喜欢跳过内阁官员，直接向联邦机构内的具体事务专家咨询意见，这让内阁官员的神经长期紧绷。由于缺乏这种“下沉”精神，小布什在2003年的国情咨文中做出了一个未能经受事实检验的断言，声称伊拉克拥有大规模杀伤性武器并寻求发展核武器。

“9·11”事件同样促使小布什一改之前的对外形象与领导风格，是其“由弱转强”的重要分水岭。在对外发声和舆论引导方面，小布什不再像执政之初那样含蓄低调，在恐怖袭击事件之后接连发表重要讲话，能见度迅速提升，支持率一路上扬。在此之前，小布什从未在白宫椭圆形办公室发表过演讲。令人印象深刻的是2001年9月11日

① James A. Barnes, “The Imperial Vice Presidency,” *National Journal*, March 17, 2001, p. 814.

② Mike Allen and Alan Sipress, “Attacks Refocus White House on How to Fight Terrorism,” *Washington Post*, September 26, 2001, A3.

傍晚，他在白宫椭圆形办公室向全国发表讲话，强调袭击事件是战争行为，正义与邪恶即将展开斗争，并且宣布美国不会容忍任何恐怖分子以及包庇恐怖分子的组织。[①] 9 月 14 日，心绪难平的小布什在华盛顿国家大教堂饱含深情地发表了悼念遇难者的演讲，之后又火速前往纽约视察遭到袭击的世贸中心，并用手持扩音器向参加救援的人员表达慰问和鼓励。

小布什擅长直抒胸臆的表达，但作为总统却缺乏一定程度的圆滑和老练，缺乏处理事务的精细感。对于政府的总体立场和战略，小布什可以讲得头头是道，然而一旦深入政策细节却往往难以阐释清楚利弊。一个鲜明的例子是在 2003 年 3 月 25 日，小布什和当时的英国首相托尼·布莱尔（Tony Blair）共同出席新闻发布会，面对伊拉克战争还会持续多久的问题，布莱尔顾左右而言他，大谈冲突根源、全球影响等无关话题，只有小布什老老实实地回答道"需要打多久就打多久"。[②]

第四节　"反恐"背景下的机制调整

在小布什正式宣誓就职之前，在一场由美国和平研究所组织的活动上，即将担任国家安全顾问的赖斯就透露了安全团队对美国国家安全威胁的评估。等到小布什决策团队正式履职后，国安会在前三周经历了快速而深入的重组。美国《华盛顿邮报》曾刊登过《更精简和低调的国安会》一文，披露国家安全顾问赖斯削减了国安会 1/3 的幕僚，要求国安会更加聚焦于导弹防御和国际经济等重点议题。处理国

---

① George W. Bush, "Statement by the President in His Address to the Nation," September 11, 2011, https://georgewbush-whitehouse.archives.gov/news/releases/2001/09/20010911-16.html.

② U.S. Department of State, "President Bush, Prime Minister Blair Hold Press Availability," March 25, 2003, https://2001-2009.state.gov/r/pa/ei/pix/prsdnt/19124.htm.

际环境和健康议题的办公室遭到撤销，通讯和法律事务也重新交给白宫的其他工作人员。[①] 更为重要的是，国安会的前期重组揭示了赖斯所希望的与其他国家安全团队要员的关系，如副总统切尼、国务卿鲍威尔和国防部长拉姆斯菲尔德。对于赖斯而言，她的理想目标就是“坦诚斡旋人”，而不是政策提出者或者推动者。

小布什总统就职近一个月后才发布了关于国安会架构和组织的指令。外界猜测，这份指令之所以没那么快出炉，是因为政府内部激烈讨论了副总统切尼应该在国安会中发挥怎样的作用。有人猜测，切尼而不是国家安全顾问将主持大部分国安会会议。直到指令公布，这种猜测才偃旗息鼓，国家安全顾问赖斯及其副手仍将主导国安会的大部分工作与会议。

这份2001年2月13日公布的《国家安全总统指令第1号》对国家安全进行了明确定义，其继承了克林顿政府的思想，强调国家安全取决于美国能否在世界经济中获取繁荣机遇。[②] 国安会的职责定位与之前相比并无太大变化。国安会是依照1947年《国家安全法》设立，协助总统整合各类涉及国家安全领域的政策，包括国内、国外、军事、情报和经济（与国家经济委员会协作）政策。

在国安会法定和指定参会人员方面，小布什政府与克林顿政府略有不同。这份指令采用“常规出席人员”（法定和非法定）这一说法，包括总统、副总统、国务卿、财政部长、国防部长以及总统国家安全事务助理。国安会的法定顾问中情局局长、参谋长联席会议主席应当参加国安会会议。白宫办公厅主任和总统经济政策助理可受邀参加任何国安会会议。司法部长和白宫管理与预算办公室主任可参加涉及其业务的会议。其他行政部门和机构负责人、高级官员可在需要时

---

① Karen DeYoung and Steven Mufson, “A Leaner and Less Visible NSC; Reorganization Will Emphasize Defense, Global Economics,” *Washington Post*, February 10, 2001, A1.

② The White House, “National Security Presidential Directive - 1,” February 13, 2001, https://fas.org/irp/offdocs/nspd/nspd-1.pdf.

受邀参加国安会会议。从人员设置上不难看出，小布什延续了克林顿政府对国际经济议题的高度重视，财政部长不仅是国安会的正式成员，还是国安会部长级委员会的组成人员。

从发文对象也能看出小布什任内国安会的议事范畴进一步扩大。这一指令发给了政府中 41 个部门负责人，其数量几乎是克林顿时期的两倍。除负责外交、防务、经济和能源政策的传统部门外，指令还发给了农业、卫生、交通和毒品执法等部门。实际上，赖斯履职前在美国和平研究所的演讲就已暗示要将更多部门囊括进来：

> "1947 年，挑战在于如何克服国务院、战争部和海军部之间的利益冲突。2001 年，挑战在于如何全盘考虑所有部门机构的广泛关切……总统居于最高位置的国安会体系是我们采用的办法……挑战和绝好的机遇是感知这一新时代的可能性，找到联系，团结合作制定美国外交政策，确保政策连贯、成功……"①

有意思的是，只有一个官员在指令发送对象中不再出现——美国驻联合国大使。这预示着小布什政府将不再把多边主义和联合国事务视为对外战略的重要事项。

小布什的国安会架构依然延续了前任政府的"三级委员会"架构。自 1989 年起，国安会部长级委员会（NSC/PC）就是商讨涉及国家安全政策的最高级跨部门机制。部长级委员会的常规出席人员包括国务卿、财政部长、国防部长、白宫办公厅主任和总统国家安全事务助理。在涉及相关事务时，中央情报局局长、参谋长联席会议主席、司法部长、白宫行政管理和预算局局长和农业部长等也将出席会议。

① Condoleeeza Rice, "National Security Challenges for the New Administration," January 17, 2001, https: //www. usip. org/sites/ default/ files/ files/National% 20Security% 20Challenges% 20for% 20the% 20New% 20Administration – Remarks% 20by% 20Condoleeeza% 20Rice. pdf.

如果部长级会议需要讨论国际经济议题，商务部长、美国贸易代表、总统经济政策助理也应出席会议。白宫办公厅主任、副总统国家安全事务助理、总统副国家安全事务助理应出席部长委员会的所有会议。其他部门和机构的负责人、高级官员在需要时参会。

第二级仍然是国安会常务副部长级委员会（NSC/DC），其是商讨涉及国家安全政策的次内阁级跨部门机制。委员会可以指示和审阅国安会跨部门小组的工作，还应确保将需要讨论的议题提交给部长级委员会或国安会会议，推动正确研判和决策。常务副部长级委员会的常规成员有常务副国务卿、常务副财政部长（或负责国际事务的副财政部长）、常务副国防部长（或负责政策的副国防部长）、副司法部长、白宫行政管理和预算局副局长、中央情报局副局长、参谋长联席会议副主席和负责政策的总统白宫办公厅副主任、副总统幕僚长及副总统国家安全事务助理、负责国际经济事务的总统副经济政策助理、总统副国家安全事务助理。如果议程涉及经济事务，常务副部长级委员会的常规出席人员还将包括商务部副部长、美国贸易副代表，农业部长在涉及相关议题时也应出席。在主要讨论国际经济议题时，负责国际经济事务的总统副经济政策助理应当主持会议。

与前任政府不同的是，小布什任内为第三级协调机制换上新名字，将其称为国安会政策协调委员会（NSC Policy Coordination Committees/NSC/PCCs）。但这一级委员会的功能并未发生变化，仍然是日常跨部门国家安全政策协调的平台。该级委员会向国安会系统中更高级别的委员会提供政策分析，并确保能够及时回应总统决策。每一个委员会都应包括来自常务副部长级委员会各个部门的代表。

具体而言，国安会共设立 6 个地区和 11 个功能性政策协调委员会，每一个均由副部长级别的官员领导，上一届国安会中的跨部门工作小组就此废除。6 个地区委员会包括欧洲和欧亚、西半球、东亚、南亚、近东和北非、非洲；11 个功能性委员会包括民主、人权和国际组织，国际开发和人道主义救援，全球环境，国际金融，跨国经济议题，反恐和国家准备，防务战略、军力结构和规划，军控，扩散、反扩散和国土防卫，情报和反情报，记录获取和信息安全。每一个政策协调委员会都会配备一名行政秘书，该秘书由总统国家安全事务助理任命，协助各委员会主席安排会议、确定议程、分配任务等，确保工作能够支持国安会系统的核心决策委员会。各委员会主席与行政秘书协商后，可以邀请其他行政部门和机构的代表参加相关会议，还可以建立协助委员会工作的次一级工作小组。

"9·11"恐怖袭击事件对小布什任内的国家安全决策体制产生了较大影响，最具代表性的是国土安全委员会（Homeland Security Council/HSC）的成立。2001 年 9 月 15 日，小布什宣布宾夕法尼亚州州长托马斯·里奇（Thomas Ridge）将牵头负责新成立的国土安全委员会，委员会的运行将仿照国安会。2001 年 10 月 8 日，小布什发布《第 13228 号行政令》，正式成立国土安全办公室和国土安全委员会。10 月 29 日，小布什发布《国土安全总统指令第 1 号》，进一步明确国土安全委员会的组织和运作。① 该委员会将在涉及所有国土安全领域的问题时负责协助总统并提供建议，确保协调各行政部门的决策和涉及国土安全的政策落实。与国安会类似，国土安全委员会也有专门幕僚，其跨部门流程也包括部长级委员会、常务副部长级委员会和政策协调委员会。同时，"9·11"事件后，国安会还成立了两个新办公室，一个聚焦反恐，另一个聚焦网络安全。小布什政府借鉴了克林顿任内国安会和国经会协作的经验，上述办公室负责人会同时向国家安全顾问赖斯和国土安全顾问里奇汇报工作。之后，小布什政府还设立了国土安全部。不难看出，在国家遭遇重大安全危机时，国安会机制的灵活性得以凸显，不仅充分反映了总统的执政风格，还证明这一机制能够依据当务之急而不断演进。

① The White House, "Homeland Security Presidential Directive - 1," October 29, 2001, https://fas.org/irp/offdocs/nspd/hspd-1.htm.

小结　小布什的“强领导”

得益于继承了丰厚的政治人脉，小布什招揽了一批精兵强将组成国家安全团队。国安会在这些老将的导航下理应发挥核心协调作用，更何况副总统切尼、国防部长拉姆斯菲尔德等核心顾问都曾表达过要尊重决策流程、让总统广泛听取意见的看法。切尼尤其强调需要信任决策流程：

> “如果你不信任决策流程……突然之间大家就会觉得这个流程不够公正，开始自由发挥，想要绕过决策流程。因此，非常非常重要的是，你必须确保整个流程顺畅……每个人都可以针对决策备忘录畅所欲言。如果要召开一个会议，必须确保合适的人出席会议，确保总统有机会聆听所有人的意见，然后再做决定。”①

无论是学者还是政客，普遍的共识是井然有序的决策流程虽然不能确保总统一定能做出正确决策，但至少可以减少出错的概率，让各部门互相通气，知道大家都怎么想。总统在面对各部门的意见时，也更能审时度势、全盘考虑。然而，小布什政府在一些关键决策上没有发挥国安会统筹协调的作用，甚至常规的决策流程都存在缺位，导致小布什仓促决定后酿成苦果。小布什缺乏决策流程中的“坦诚斡旋人”，因而在做决定前无法考察各种可能的决策选项，只能凭借自己的直觉和深信不疑的理念。这一点在小布什决定发动伊拉克战争的过程中体现得极其明显。

---

① Martha Joynt Kumar and Terry Sullivan, *The White House World*: *Transitions*, *Organization*, *and Office Operations* (College Station: Texas A&M University Press, 2003), p. 10.

在"9·11"恐怖袭击发生后的一个月内，小布什对于国安会决策机制一度十分倚重。在此期间，小布什召开了 24 次国安会会议，这些会议都不是走过场，而是深入探讨了美国面临的安全挑战。比如在 9 月 12 日的会议上，关于未来是否要军事干预伊拉克，各方进行了激烈的政策辩论。副总统切尼和国防部长拉姆斯菲尔德主张，不仅要打击"基地"组织，还要打击支持恐怖主义的国家，尤其是伊拉克。但国务卿鲍威尔持反对意见，认为美国民众会支持打击与"9·11"袭击事件相关的恐怖分子，但对于打击伊拉克会感到困惑。小布什阻止了辩论，认为还不是做出决定的时候。①

"9·11"恐怖袭击客观上让小布什身边的国安团队核心幕僚迅速团结在总统身边。在此之前，小布什团队成员不合的消息传得沸沸扬扬。外界猜测，白宫内部分为两派：一派主张采取强硬的对外政策，要用单边主义的方式处理国际事务，代表人物为国防部长拉姆斯菲尔德；另一派主张美国采取更加谨慎和多边主义的外交策略，代表人物为国务卿鲍威尔。而且，国务院和国安会的机制矛盾也逐渐浮出水面。"9·11"事件之后，这种猜测和传言逐渐停息，直到伊拉克战争爆发前后再次浮现。

在小布什正式决定对伊拉克动武之前，基本上没有经过任何正式的国安会决策流程。早在 2001 年 11 月，小布什就指示拉姆斯菲尔德准备对伊拉克开战的计划，但从未明确表态要真正付诸行动。根据前美国国务院政策和规划署主任、曾在老布什国安会负责中东事务的官员理查德·哈斯（Richard Haass）所言，赖斯告诉他，小布什在 2002 年 7 月就已经下定决心要对伊拉克发动军事行动。哈斯曾经对赖斯提

① Bob Woodward, *Bush at War*, New York: Simon & Schuster, 2002, p. 42; Elisabeth Bumiller, "President Keeps the Battlefield Close at Hand," *The New York Times*, March 30, 2003, https://www.nytimes.com/2003/03/30/national/president-keeps-the-battlefield-close-at-hand.html?auth=login-email.

出过质疑，但赖斯告诉他，主意已定，不要浪费口舌。[①]

更遗憾的是，在如此重大的决策过程中，国安会机制和一些重要内阁官员几乎毫无参与，国务卿鲍威尔就是其中之一。在做决定前，小布什曾经咨询过赖斯和白宫顾问凯伦·休斯（Karen Hughes），但没有询问过鲍威尔的意见。小布什最终决定后立即告诉了拉姆斯菲尔德，依然没有告诉鲍威尔。后来，在赖斯的提醒下，小布什才与鲍威尔有了一次 12 分钟的会面，告诉鲍威尔自己的决定，并要求鲍威尔支持自己。按照小布什的话来说，那是一次诚恳的对话，而且小布什认为，"不需要得到他（鲍威尔）的批准"。[②] 换句话说，国安会中唯一具有作战经验的部长级高官鲍威尔未能参与制定美国对伊拉克动武的战略。除了鲍威尔，小布什也没有询问过拉姆斯菲尔德、中央情报局局长乔治·特尼特（George Tenet）等老将的意见。曾经在 2001 年—2005 年担任负责近东和南亚事务的国家情报主任保罗·皮勒（Paul Pillar）说得更加一针见血："当时有关出兵的决策根本没有经过任何决策流程……没有会议，没有政策选项文件，没有在战情室讨论。"[③] 尽管事实上国安会召开了战术和操作层面的会议，但却未能就发动伊拉克战争的利弊进行充分全面的讨论，最终为美国的中东外交埋下巨大隐患。

从上下沟通的情况看，一些重要幕僚不愿利用多方场合通过辩论影响决策，而更喜欢采取"秘密渠道"游说总统，这一定程度削弱了国安会机制的效用。比如，在涉及国家安全的会议上，如果小布什在场，国务卿鲍威尔和国防部长拉姆斯菲尔德就不会像小布什不在时那样激烈辩论，这样的刻意沉闷反而让小布什无法得到有效信息。鲍威

① Nicolas Lemann, "How It Came to War," *The New Yorker*, March 31, 2003, https://www.newyorker.com/magazine/2003/03/31/how-it-came-to-war.

② Bob Woodward, *Plan of Attack*, New York: Simon & Schuster, 2004, pp. 269 – 274.

③ Paul Pillar, "The Right Stuff," *The National Interest*, September/October 2007, p. 55.

尔也喜欢私下请求与小布什会面，表达对副总统切尼强硬观点的反对，劝说小布什实施与副总统意见相反的政策。[①] 由于一些幕僚通过这种方式成功游说总统，如何通过侧面接近、影响总统决策成为这些幕僚的为官技巧，而不是思考如何利用国安会这一机制大展宏图。

① Bob Woodward, *Bush at War*, p. 177, pp. 332 – 334.

第十章

奥巴马：“不做蠢事”

美国依然是地球上最富裕、最强大的国家。与危机开始时相比，美国工人的生产力并不差；与上周、上个月或者去年相比，我们的头脑依然富于创造力，我们的商品和服务依然有市场，我们的能力没有削弱。但可以肯定的是，一成不变、保护狭隘利益以及对艰难决定犹豫不决的时代已经过去。从今天开始，我们必须重新打起精神，拍拍身上的尘土，重启工作，重塑美国。

——美国第44任总统贝拉克·奥巴马
2009年1月20日宣誓就职演讲

你们这一代的责任将是如何回应这个新世界。我们面对的问题，你们每个人面对的问题不是美国会不会领导，而是我们将如何领导……不仅为了确保我们的和平与繁荣，也为了在全球拓展和平与繁荣。

——美国第44任总统贝拉克·奥巴马
2014年5月28日美国西点军校讲话

第一节 “伸手外交”

贝拉克·奥巴马（Barack Obama）接手的是一个遭受金融危机冲击、亟待重整旗鼓的美国，关于“美国衰落”“全球权力转移”的讨论逐渐兴起。在这一大背景下，政坛"黑马"奥巴马打着"改变"的旗号当选执政，试图重塑美国在全球的领导地位，实施一系列"柔中带刚"的外交安全战略。美国对外战略"是否存在奥巴马主义"的辩论从2007年一直延续至奥巴马卸任前，其中反对"奥巴马主义"存在的人大多认为奥巴马根本就没有外交大战略，或者实施了漏洞百出的大战略，不能称之为"主义"。

实际上，如果还无法称其为"主义"的话，奥巴马至少在执政前就根据国际形势的发展勾勒出了基本的外交战略思想。2007年7月，奥巴马接受美联社采访时表示，"美国不能动用武力解决人道主义问题"，"阻止可能在伊拉克发生的屠杀不能成为美军驻留的理由"，率先亮明自己反对以武力开展人道主义干涉的观点。之后在与麦凯恩的竞选辩论中，他又回调了自己的立场，表示如果"符合我们的利益"，美国仍要进行人道主义干涉。2008年7月，奥巴马在伍德罗·威尔逊中心发表演讲，提出了外交政策的五大目标，比较系统地描绘出"奥巴马主义"的轮廓：一是结束伊拉克战争；二是击败"基地"组织和塔利班；三是确保核武器与核材料不流入恐怖主义分子和流氓国家手中；四是保障能源安全；五是重新塑造盟友关系以应对21世纪的挑战。① 这些目标正是奥巴马2007年在《外交事务》杂志刊文的基本观点。②

奥巴马上台后强调与小布什的外交政策"划清界线"，基本上贯彻了自己此前提出的一些理念，并在实践中加以修正和完善，不断对外阐释。2014年5月他在西点军校发表的演讲以及此后接受《纽约时报》采访时的表态都标志着"奥巴马主义"日臻成熟。奥巴马政府的对外战略调整基于对国际形势的判断，这些判断都能从其于2010

① Barack Obama, "Campaign Policy Speech on Iraq at the Wilson Center," July 15, 2008, https://www.americanrhetoric.com/speeches/barackobama/barackobamairaqwarreaganbuilding.htm.

② Barack Obama, "Renewing American Leadership," *Foreign Affairs*, July/August 2007, pp. 2 – 16.

年和2015年出炉的《美国国家安全战略》报告中找到踪迹。2010年的报告认为国际形势总体向好，尤其是大国和平相处，但美国仍面临一些问题，包括宗教、族裔和部族身份认同的冲突，核扩散风险增加，经济不平等和不稳定加剧，环境风险上升等。[①] 2015年的报告在延续原有判断基础上稍有变化，提及暴力极端主义、破坏性的网络攻击、全球经济发展减速等挑战和风险。[②] 总体而言，根据这一判断，“奥巴马主义”以“不做蠢事”为宗旨，实施并丰富“伸手外交”，围绕“求变革”“慎用权”等方面逐渐形成若干特点：

第一，降低军事干预在外交政策中的地位。动用武力成为奥巴马外交政策的最后选项。一方面，奥巴马致力于结束小布什打响的反恐战争，从伊拉克撤军，制订从阿富汗撤出的时间表。尽管阿富汗撤军计划一改再改，但奥巴马仍然坚持撤出的大目标，将当地安保任务转移给阿安全部队。另一方面，奥巴马明显提高了动武的门槛，这一点在叙利亚危机中体现得淋漓尽致。奥巴马对叙利亚划设的“红线”变“粉线”，最后成为彻底的“白线”，在俄罗斯的外交斡旋下找到台阶，避免了一场军事打击。即使在不得不出手打击利比亚和“伊斯兰国”时，“背后领导”、有限空中打击也成为奥巴马政府的标准军事干预范式。

第二，倡导多边主义。奥巴马在全球外交战略中抛弃了小布什“我行我素”的单边主义，转而拥抱多边主义。其内涵包括：强调国际准则和惯例的约束作用；相信多边机制对一些国际性问题的解决效力，比如核安全和气候变化；在国际社会认同的情况下才能以武力进行人道主义干预等。在这一系列思想指导下，奥巴马积极参与各项涉及气候变化、经贸和国际安全的多边谈判等。

第三，“巧实力”推动价值观外交。奥巴马与里根和小布什最大

---

① The White House, *National Security Strategy*, May 2010, http://nssarchive.us/NSSR/2010.pdf.

② The White House, *National Security Strategy*, February 2015, http://nssarchive.us/wp-content/uploads/2015/02/2015.pdf.

的不同在于，他并不认为部分国家的政权性质是造成对外侵略和地区动荡的根本原因，但同时也追求扩大"民主和平"的范围。一方面，奥巴马不认可"强推民主"的方式。2013 年 9 月 24 日，奥巴马在联合国发表演讲时表示，还会继续在中东和北非"推动民主、人权和市场开放"，但"不会采取单边行动尤其是使用军事手段"。[①] 另一方面，奥巴马也顺势而为，积极培育民主化土壤。2014 年 4 月，奥巴马在马来西亚与东南亚青年领袖会面时表示，要共同"为民主而奋斗"，"不仅要实现选举自由，还要建立活跃的公民社会、开放的政治空间"。[②]

第四，重新调配资源，发动盟友力量。奥巴马上台时正值经济危机，两场反恐战争更是让美国的资源捉襟见肘。在这种背景下，美国决定优化资源配置，从中东抽身，"重返亚州"随之出炉，后成为亚太"再平衡"战略，美国战略重心东移成为趋势。政治、经济和军事资源也相应转向亚太，尤其是规划到 2020 年美国要将 60% 的海、空军力量部署至亚太地区。同时，美国积极拉拢域内盟友，夯实日美同盟，促进日本、韩国、菲律宾、澳大利亚等盟国及印度、越南等安全伙伴间的双边、三边合作机制，初步打造出多层次的亚太安全伙伴体系。

第五，与曾经的"敌对国家"改善关系。奥巴马高举"变革"旗帜上台，在外交上最出成绩的就是接连实现与曾经的"敌对国家"缓和或进一步提升关系。奥巴马执政后解除了大部分对缅甸的制裁，美缅关系得以缓和；伊朗核协议谈判彰显美国改善与伊朗关系的决

① The White House, "Remarks by President Obama in Address to the United Nations General Assembly," September 24, 2013, https://obamawhitehouse.archives.gov/the-press-office/2013/09/24/remarks-president-obama-address-united-nations-general-assembly.

② The White House, "Remarks by President Obama at Young Southeast Asian Leaders Initiative Town Hall," April 27, 2014, https://obamawhitehouse.archives.gov/the-press-office/2014/04/27/remarks-president-obama-young-southeast-asian-leaders-initiative-town-ha.

心；越南共产党中央总书记阮富仲（Nguyen Phu Trọng）访美，是美越建交以来首位正式访问美国的越共总书记；美国和古巴的关系则在双方 18 个月秘密谈判后实现历史性突破，两国重开使馆，正式恢复外交关系，成为奥巴马“接触”外交的闪亮遗产。

第二节　合作与协调

奥巴马执政前，媒体、商界、学术界和蓝带委员会都指出了小布什的国安会存在的弊病，并提出了一些调整方案。方案侧重点各有不同，结论大相径庭：①

一是明确认识到美国现有国家安全体系最根本的缺陷是各部门帮派林立，缺乏合作精神。即便面对不断变化、急遽增多、复杂多样的安全问题，部门之间仍然无法有效共事，这一点也因为国会与瘫痪的跨机构合作而愈加严重。白宫无法有效控制国家安全体系，也无法让人力与物质资源结合起来顺利运转。因此，白宫不应将跨部门的任务过分集中，更不应有超过 29 个机构和特别小组直接向总统汇报工作，这样只会造成国安会成员的内斗。针对这一问题，奥巴马政府可以成立“总统安全委员会”（Presidents Security Council）取代国安会和国土安全委员会；在美国总统办事机构中设立新的国家安全主任（Di-

① 较有代表性的参见 Andrew F. Krepinevich and Barry D. Watts，“Lost at the NSC，” the National Interest 99（January - February 2009：63）；Project on National Security Reform& Center for the Study of the Presidency，*Forging a New Shield*：*Executive Summary*，Project on National Security Reform；Project on National Security Reform，“The Power of People：Building an Integrated National Security Professional System for the 21st Century，” http：//drs - international. com/uploads/pnsr_the_power_of_people_report. pdf；Christine Wormuth，“The Next Catastrophe：Ready or Not?，” http：//csis. org/publication/twq - next - catastrophe - ready - or - not - winter - 2009；Paul N. Stockton，“Reform，Don’t Merge，the Homeland Security Council，” *The Washington Quarterly*，January 2009，pp. 109 - 110；Ivo H. Daalder and I. M. Destler，“In the Shadow of the Oval Office：The Next National Security Adviser，” *Foreign Affairs*，Vol. 88，No. 1（January/February 2009），pp. 114 - 129.

rector for National Security)；启动有效的跨部门国家安全预算流程；转变政府内糟糕的信息知识管理体系。

二是必须认清国安会涉足的三个截然不同的领域：制定政策、监督政策执行和执行政策。总统要把国安会当作协调重要机构的主要机制，并做到以下几点：宣誓就职后发布总统令，宣布国安会的组成；上任第一年避免完全替换小布什政府的国安会幕僚，至少要到执政第二年再彻底换血；设立跨机构小组，参与未来冲突管理的工作；充分利用国安会跨机构机制，让行政机构中经验丰富的官员发挥作用；正确引导国安会的方向；随时准备接受建议，在合适的情况下咨询对象不局限于国安会人员；总统应尽量亲自指挥国安会和其他国家安全机构；避免国安会机构中的恶性竞争，尤其是外交政策负责人之间的倾轧；必须明确分配国安会机制中各人的职责和任务，做到权责分明。

三是明确国土安全与国家安全的关系。一种看法认为，不能将国土安全与国家安全割裂。此前政府人为地设立了不同部门来管理国土安全与国家安全事务，然而国土安全也属于国家安全的一部分，涉及国内和国外事务。割裂国土安全与国家安全会造成决策的片面化，大大削弱联邦政府的凝聚力。因此，将国土安全委员会并入国安会是当务之急，这能显著提升委员会成员的战略决策能力，也能保证涉及国土安全的国家安全政策能够得到白宫官员的支持。

另一种看法认为，国土安全部门与国安会面临的挑战截然不同，一旦将国土安全部门合并进国安会体系只会带来更多问题。这样的合并不仅会让国安会面临更为复杂的跨部门协调问题，还迫使国安会不得不面对根本不熟悉的政策领域。国安会主要擅长横向政策协调，如协调联邦层面的各个机构，但国土安全部门除了横向政策协调外，还必须考虑纵向协调，如协调联邦、州和地方政府的相关事务。在政策落实方面，战略层面的国家安全政策很少依赖州政府来执行，更多依靠联邦层面。与此相反，州和地方一级的警察、消防队员等却对国土安全至关重要。此外，总统对于国家安全政策具有主导权，有权指挥甚至解雇联邦部门的负责人，但州和地方政府负责人就不会完全听命于总统，增加了从上至下的协调难度。

四是国安会“大总管”国家安全顾问应当平衡好两对关系。一是平衡好与总统的关系。总统虽然是“老板”，但不一定都是正确的，他们需要幕僚的建议帮助自己避免犯错。二是平衡好与其他幕僚的关系。一方面，国家安全顾问及其团队必须承担起责任，协助决策协调、监督政策执行；但另一方面，国家安全顾问要克服抢夺国务卿、国防部长、中央情报局局长工作的冲动。基辛格、布热津斯基、波因德克斯特和莱克等历任国家安全顾问都有过这样的冲动，有时结果并不糟糕，但有时就酿成类似“伊朗门”丑闻的大错。达到两个平衡的关键因素就是信任，总统必须信任国家安全顾问能够为他着想，提供优质建议，其他资深幕僚必须信任国家安全顾问能够公平、公开地将各部门建议向总统汇报。

这些建议为奥巴马上台后对国安会的调整提供了选择。尽管奥巴马在一些调整的方向上受到了建议影响，比如将国土安全委员会并入国家安全委员会，但是奥巴马“有序、冷静、理智和务实”的管理风格、对跨机构组织的期待以及对国家安全顾问人选的判定，都在更大程度上决定了其国家安全委员会的特点。奥巴马任内的国安会并未对上台前各机构提出的改革方案做出特别积极的回应，仍然停留在“斯考克罗夫特模式”上。

第三节 “后恐惧时代”的机制调整

2009 年奥巴马上台伊始，许多人预期奥巴马的外交政策与小布什的差异会远远大于共性，其中最引人关注的一点就是奥巴马是否还会重用国安会这一政策机制。奥巴马政府第一任国家安全顾问詹姆斯·琼斯（James Jones）曾在 2009 年预言，奥巴马的国安会将与小布什政府以及往届政府的国安会截然不同，因为做出政策决定的大环境已经发生翻天覆地的变化，以前的标准不再适用。[①] 然而，在奥巴马步入其第二届任期之后，仔细审视国安会，会发现其调整并非像琼斯预测的那样"截然不同"。奥巴马并未对国安会这一机制进行大刀阔斧的改革。2009 年 2 月 13 日，奥巴马发布了《总统政策指令第一号》，规定了国安会的任务、组织、成员和内部流程，依然规定国安会是"总统参与有关国家安全政策讨论和决策的主要平台"。[②] 就这一点来说，奥巴马的国安会与往届政府并没有太大差异，尤其是沿袭了老布什政府时期国家安全顾问斯考克罗夫特对国安会的定义。但奥巴马还是对国安会人员组成和组织架构进行了局部调整。

奥巴马政府首先对国安会人员组成做出调整。国安会法定成员构成出现细微变化：国家情报总监取代中央情报局局长成为国安会法定顾问，能源部长新增为法定成员。目前美国国安会的法定成员包括总统、副总统、国务卿、国防部长和能源部长；法定顾问为国家情报总监和参谋长联席会议主席。非法定成员以及其他受邀参加国安会会议的成员也与布什政府略有不同，其中相同的成员包括财政部部长、国土安全部部长、白宫办公厅主任以及总统国家安全事务助理（国家安全顾问）。奥巴马把驻联合国代表和司法部长也囊括进来，而布什政府只是邀请司法部长参加与司法相关会议。在奥巴马总统指令规定下，白宫法律顾问可以参加任何会议。此外，涉及国际经济问题时，商务部长、美国贸易代表、国家经济委员会主任和经济顾问委员会主席会受邀出席会议；涉及国土安全或者反恐事务时，白宫国土安全顾问会参加会议；涉及科技问题时，总统科学顾问会受邀参会；涉及预算事务时，行政管理和预算局局长将参会。另外，小布什的总统指令规定，倘若总统缺席，总统可以指派副总统主持国安会会议，但在奥

① Karen DeYoung, "Obama's NSC Will Get New Power," The Washington Post, http://articles.washingtonpost.com/2009-02-08/news/36791603_1_new-nsc-national-security-homeland-security-counci.

② The White House, "Organization of the National Security Council System," https://www.hsdl.org/?view&did=34560.

巴马的指令中却没有提到这一点。国安会成员的变化反映出美国国家安全战略思想的转变，能源安全和国内安全成为奥巴马政府国家安全战略的重中之重。

国安会的整体组织架构与往届政府相比仅有较小调整，并无大的突破与变革，基本沿用了“斯考克罗夫特模式”，即第一级部长级委员会是涉及国家安全政策的最高级跨部门机制，由国家安全顾问主持工作①。下属的第二级常务副部长级委员会由各部门的常务副部长组成。委员会审阅和监督国安会跨部门的工作进程，确保提交给部长级委员会和国安会的审阅文件已经经过有效评估，并且负责处理日常的危机管理，该委员会由副国家安全顾问主持工作。第三级是多个工作小组，在奥巴马政府内名为跨部门政策委员会（Interagency Policy Committees），由研究具体问题的专家组成，通常着眼于具体地区和事务，是处理日常国家安全政策跨部门协调的前沿阵地。这一级委员会的职能与小布什政府内的“政策协调委员会”如出一辙，只是名称略有不同。小布什发布的总统令细化了这一级委员会，具体规定了由哪一个部门的官员来领导这一级委员会。相比之下，奥巴马发布的总统指令并没有细化“跨部门政策委员会”的具体分类和负责人，只规定了这一委员会由国安会相关官员主持工作，在必要时也可由国家经济委员会的相关官员负责。奥巴马政府的这一变化使白宫掌控国安会流程的能力增强，并且提高了这一级委员会的协调效率，避免部门负责人只争取本部门利益而忽略跨部门利益，同时让国安会有更大的能力控制进程，更好地谋划日程，掌握政策制定节奏，维护总统的利益。

基于一份长达38页的《网络空间政策评估》报告②，奥巴马政府

---

① 在奥巴马任内，部长级委员会成员包括：国务卿、财政部长、国防部长、能源部长、国土安全部长、司法部长、白宫行政管理和预算局局长、驻联合国代表、白宫办公厅主任、国家情报总监以及参谋长联席会议主席。当涉及相关问题时，其他重要部长级官员也会受邀参加部长级委员会会议，如商务部长、农业部长等。

② The White House, “Cyberspace Policy Review,” http://www.whitehouse.gov/assets/documents/Cyberspace_Policy_Review_final.pdf.

宣布新设白宫网络安全协调专员一职和网络安全办公室，并将其纳入国安会和国家经济委员会团队。网络安全协调专员向国家安全顾问和国家经济委员会主席汇报工作。此举可谓奥巴马审时度势，在新形势下为国安会增容的重要一步，折射出美国政府对网络安全高度重视的态度和积极的网络防御策略。但网络安全协调专员的设立无形中在白宫内安插了一个政策"独裁者"，让国会有效监督网络空间治理行为的能力打了折扣，对解决各部门扯皮争斗也无益处，反而混淆了部门权责，破坏了之前在网络空间治理方面的努力。

另一重大调整是将白宫国土安全办公室并入国安会体系。白宫国土安全办公室是"9·11"事件后由小布什设立的独立机构。2009 年 2 月，奥巴马要求对白宫国土安全和反恐的组织结构进行跨部门评估，评估结束后奥巴马于 5 月份宣布合并上述机构。合并后，国土安全办公室主任向国家安全顾问汇报工作，但依然有权直接与总统沟通。国土安全委员会继续存在，但调整后通过国家安全顾问向国安会汇报工作。这一合并使得国安会人员达到 240 人左右，几乎占据了白宫行政办公室人员总数的一半，[①] 同时这也表明国土安全已经被纳入美国国家安全的大机制内。

上述调整反映出美国面对的是全球性、跨国性和多样性威胁。奥巴马政府第一任国家安全顾问琼斯曾表示，必须扩大对美国国家安全定义的范畴，不能仅仅停留在过去的传统思维。国安会作为总统国家安全政策的制定和协调机制，应拓展其职责，以应对更多挑战，例如恐怖主义、核扩散、网络攻击、能源安全、经济危机等等。[②] 国土安全委员会并入国安会则表明，包括阻止恐怖袭击、应对自然灾害在内的国土安全已经成为美国国家安全的核心。提高国土安全方面的防御

---

① Spencer S. Hsu, "Obama Integrates Security Councils, Adds New Offices," http://articles.washingtonpost.com/2009-05-27/news/36814987_1_homeland-security-frank-j-cilluffo-national-security.

② "Running the World," *The Economist*, http://www.economist.com/node/13110064.

能力同样对提高美国国力和灵活施展外交策略有重要的促进作用。国土安全问题例如恐怖主义、全球性传染病以及网络安全问题的跨国性质都不可避免地与美国的全球策略息息相关。因此，解决国土安全问题已不能只从国内视角出发，更不应与美国的外交政策割裂。合并并非是要国土安全政策屈从于对外政策，而是更好地实现全球化背景下的政策协调，确保各部门在应对21世纪严峻挑战时能做到无缝衔接，解决在“9·11”前就存在于情报部门与执法部门之间的隔阂，① 设计出更为全面的战略和政策。

第四节 “单倍行距”与“小圈子”

奥巴马于1961年8月4日出生在夏威夷的檀香山，是美国历史上首位非洲裔总统。奥巴马1983年毕业于哥伦比亚大学，1988年进入哈佛法学院。从哈佛毕业之后，奥巴马主要从事律师和教育行业，1992年—2004年在芝加哥大学法学院教授宪法。之后，奥巴马踏入政坛，在1997年—2004年成为伊利诺伊州参议院的参议员。2004年，他正式跻身全国政坛，因当年7月份在民主党全国大会发表主旨演讲一炮而红，并成功在11月的选举中成为联邦参议员。2008年，被誉为“政坛黑马”的奥巴马在党内初选中战胜政治经历和资源都比他丰富许多的希拉里·克林顿，并在最终的两党对决中脱颖而出，成为新一任美国总统。

奥巴马执政后十分重视和重用国安会，国安会机制在涉及国家安全战略的决策体系中发挥了重要作用。国安会内部会议的召开非常频繁，这包括部长级会议和常务副部长级会议，奥巴马有时会亲自主持会议，表明对国安会提供的信息和政策选项的重视。在奥巴马政府下，国安会并不是一个边缘化的机制。2011年9月，时任国家安全顾

---

① Richard A. Best Jr. , “The National Security Council: An Organizational Assessment,” http: //www. fas. org/sgp/crs/natsec/RL30840. pdf.

问的托马斯·多尼伦（Thomas Donilon）在华盛顿经济俱乐部演讲时透露了奥巴马与国安会工作互动的一些细节。[①] 多尼伦提到，在2011年5月突袭本·拉登（bin Ladin）的行动前，国安会召开了24场跨部门会议。此外，在巴基斯坦展开突袭行动前的一个月，部长级小组召开了6场会议，会场上辩论十分热烈，最后由奥巴马做出决定。

同时，多尼伦还介绍了自己每天上午对总统所做的国安会简报，其形式是情报和政策汇报的结合，主要汇报对象是总统和副总统。首先，国家情报总监或者中情局局长汇报最近有关国家安全的情报，然后由国家安全顾问主持政策评估，分析各项情报及其重要性，讨论当天发生的几件最重要的事情，最后就一天前讨论会上提出的重要问题商量出三四个决策选项。奥巴马也会在开会前把相关材料都看一遍，以加快会议进程，提高效率。不难看出，奥巴马把国安会机制、良好的人际互动以及对国安会幕僚的信任看成自己决策过程的重要组成部分。

奥巴马的国安会兼具"多方辩护"和"权力集中"的特点。在国安会内，无论是法定成员还是因为相关问题涉及的成员，都积极参与国安会这一重要机制。奥巴马极力避免秘密渠道沟通和官僚主义，鼓励官员畅所欲言，既要表明自己的观点，也要说清楚所代表的部门利益，以协助总统制定最后的政策。同时，国安会会议鼓励与会者积极辩论，而不是捉对厮杀，力求在争论中合作。在这一点上，奥巴马与小布什截然不同。小布什政府的决策过程不够透明，有时完全是一个小圈子内的商讨，缺少广泛的多方辩论，并且把一些经验丰富的职业官员排除在决策圈外。例如，在决定动用军事法庭而不是民事法庭审判恐怖分子嫌疑人之前，小布什并没有咨询或者告知国安会的重要成员，包括国家安全顾问康多莉扎·赖斯和国务卿科林·鲍威尔。[②]

---

① Economic Club of Washington, D. C., *Speech & Interview with Thomas Donilon, National Security Adviser*, Federal News Service.

② James P. Pfiffner, "Decision Making in the Obama White House," *Presidential Studies Quarterly*, 41 (2), 2011, p. 259.

在“权力集中”这一方面，自里根总统之后，总统决策就渐渐依赖白宫内的顾问，而不是内阁的部长们。[①] 奥巴马执政后，权力集中于白宫官员的趋势越来越明显，这反映出相比部门观点，总统利益仍然高于一切。而且一旦总统做出决定，其他人都得按照奥巴马制定的决策去行动。

奥巴马在国安会中亲自扮演了“坦诚斡旋人”的角色，自己掌控局面，决策时并不局限于国安会提供的政策选项。关于“坦诚斡旋人”的角色，按照国安会传统，应该由国家安全顾问承担这一职责，保证总统能从各对外机构得到多方建言，确保“多方辩护”的实现，同时保证传递给总统的建言不偏不倚。总统需要有人能够“过滤”选项，但“过滤”的方式必须公平有效。因此，国家安全顾问并非是另一个“政策辩护人”，而要向总统和其他顾问提供“公平平衡”的信息。[②] 一旦缺少“坦诚斡旋人”的角色，顾问们就会想方设法通过秘密渠道向总统献策，最后导致整个顾问体系的混乱。在奥巴马眼里，国安会只是一种工具，应该考虑的是如何更好地使用。譬如，在讨论是否要向阿富汗增兵时，奥巴马对国安会智囊团提供的政策选项非常不满，并把自己的几条想法详细地写在了便签上。最后，他否决了军事顾问提出的建议，拿出了自己的方案。[③] 奥巴马希望能够听到不同的意见，有时会要求某个顾问再去征询会议室外其他人的建议。[④] 他甚至连政策文件的细节都亲自起草，戴维·彼得雷乌斯（David Petraeus）评价奥巴马是历史上唯一一个连五页“单倍行距”的文件

---

① James P. Pfiffner, “Decision Making in the Obama White House,” *Presidential Studies Quarterly*, 41 (2), 2011, p. 245.

② John P. Burke, “The Obama National Security System and Process: At the Six Month Mark,” White House Transition Project Report.

③ James P. Pfiffner, “Decision Making in the Obama White House,” *Presidential Studies Quarterly*, 41 (2), 2011, pp. 255 – 260.

④ Andrew Rudalevige, “Rivals or a Team? Competitive Advisory Institutions and the Obama Administration,” http: //papers. ssrn. com/sol3/papers. cfm? abstract_id = 1450723.

都要操心的总统，这些其实都该是白宫工作人员拿了薪水后的份内事。①

奥巴马亲自担任"坦诚斡旋人"有利有弊：一方面，奥巴马对美国面临的问题和应采取的政策会有更深入的理解；另一方面，奥巴马也会因此花费更多的时间调和顾问之间的分歧，确保整个机制的公平高效。因此，奥巴马更像是国安会的大管家，他不愿意被国安会控制。2013 年 3 月，国安会向奥巴马提出建议，应该向叙利亚反对派武装提供非致命武器装备，这一建议得到了国防部、国务院、中央情报局和副总统的支持。然而，奥巴马并未采纳，而是坚持了自己的外交策略。② 随后，奥巴马在叙利亚化武问题上的犹豫不决更是遭到了国安会的责备和质疑。③ 甚至还有人批评奥巴马听信于一群没有多少经验的白宫顾问，导致阿富汗和巴基斯坦战略进一步退两步。④ 这一系列事件暴露出奥巴马和国安会成员之间在叙利亚外交政策上的裂痕。

奥巴马并不忌讳频繁换将。国家安全顾问是国安会机制的核心人物，其佼佼者如尼克松时代的基辛格、卡特时期的布热津斯基、福特和老布什时代的斯考克罗夫特，历届美国总统大多会尽量避免这一职位的人事变动。但奥巴马上任后，该职位调整过两次。2010 年 11 月，多尼伦接替辞职的詹姆斯·琼斯，成为奥巴马的第二任国家安全顾问；2013 年 6 月，奥巴马又任命常驻联合国代表苏珊·赖斯（Susan Rice）接替多尼伦成为第三任国家安全顾问。从中不难看出，只要国

① Bob Woodward, *Obama's War*, New York: Simon and Schuster, 2010.

② World Tribune, "Sources: Obama Rebuffing His Own NSC on Aid to Syrian Rebels," http: //www. worldtribune. com/2013/03/31/sources – obama – rebuffing – his – own – nsc – on – aid – to – syrian – rebels/.

③ The Jerusalem Post, "After Stumbling in Syria, NSC Pushes Blame on to Obama," http: //www. jpost. com/Middle – East/After – stumbling – in – Syria – NSA – pushes – blame – on – to – Obama – 329561.

④ Fox News, "Former Administration insider Skewers Obama National Security Team," http: //www. foxnews. com/politics/2013/03/12/former – administration – insider – skewers – obama – national – security – team/.

家安全顾问这一职位没有达到预期要求，奥巴马就会通过遣将换兵的方式做出改变，坚持打造一支符合自己目标和期望的队伍。不过，奥巴马这一行事风格只是“换汤不换药”，美国外交决策并未因此有显著改变。[①] 任命经验较少的赖斯担当国家安全顾问一职更是冒险之举，暴露出奥巴马对自己外交政策的一意孤行和盲目自信。[②] 频繁调整国家安全顾问这一重要职位也会对国安会工作的连续性带来一定的干扰。

奥巴马还是典型小圈子决策的践行者。这个小圈子几乎完全掌握白宫外交和安全政策的制定，成员主要包括总统本人、国家安全顾问赖斯、白宫办公厅主任丹尼斯·麦克多诺（Denis McDonough）和美国驻联合国代表萨曼莎·鲍尔（Samantha Power）等。奥巴马在2008年竞选时就与这些人关系密切，在盖茨和希拉里·克林顿这样敢于说硬话的人物离开政府后，奥巴马更是全力仰仗这批心腹幕僚。其中，赖斯稳坐小圈子的头把交椅，并与麦克多诺密切配合。作为国家安全顾问，赖斯显然过多干涉了美国外交事务，成为总统实际上的外交政策汇报人、各部门外交和安全政策的主要协调人。麦克多诺认为自己的角色就是协助赖斯，但不会参与政策制定。他把赖斯视为自己的朋友，并表示：“总统已经拥有最理想的国家安全顾问。”

赖斯和麦克多诺成功在白宫中营造了“我们对阵他们”的氛围，把其他同僚看作需要排挤的对手，而不是合作伙伴。他们在政策上基本保持一致，都对介入叙利亚内战、向乌克兰提供武器打击亲俄武装持怀疑态度，有力影响了奥巴马在这些问题上的看法。赖斯和麦克多诺的组合更像是一支竞选团队，总是通过国内政治的视角考虑国际政

① “Jones Resigns NSC. Nothing Changes,” http://blog.heritage.org/2010/10/08/jones-resigns-nsc-nothing-changes/.

② Daniel Kochis, “Susan Rice to NSC: Obama Goes All In on Failed Policies,” http://blog.heritage.org/2013/06/08/susan-rice-to-nsc-obama-goes-all-in-on-failed-policies/; James Jay Carafano, “Rice Fits in Obama's Proud Tower,” http://nationalinterest.org/commentary/rice-fits-obamas-proud-tower-8563.

策，因此造成白宫与国防部、国务院在是否打击叙利亚、回应"棱镜门"事件、处理乌克兰危机、应对"伊斯兰国"等问题上的分歧。不过，麦克多诺和赖斯却多次对外表示，总统对内阁十分满意。

萨曼莎·鲍尔的人生履历就是移民实现"美国梦"的励志故事：穿着星条旗T恤衫来到美利坚，渐渐摆脱爱尔兰口音，获得孩童时期伙伴的认可，运动出色，最后在耶鲁大学获得一席之地。毕业后，鲍尔曾是哈佛肯尼迪政府学院教授和成绩斐然的记者，后来成为奥巴马的长期核心幕僚。鲍尔因在人权领域的工作闻名，并在2002年凭《来自地狱的难题：美国和种族灭绝》一书获得普利策奖。奥巴马正是因为看了此书才决定联系鲍尔。

奥巴马挑选她出任驻联合国代表的原因不止于其才华，两人其实早已是工作上的伙伴。奥巴马当选参议员一年之后，鲍尔便离开哈佛大学成为奥巴马的幕僚。在奥巴马竞选总统期间，鲍尔与布热津斯基、罗伯特·马利（Robert Malley）和赖斯一起成为奥巴马的外交顾问。随后，鲍尔担任了奥巴马政府顾问和国安会多边事务和人权领域的负责人。2011年推翻奥马尔·卡扎菲（Muammar al－Gaddafi）的行动扩大为内战后，鲍尔终于有机会可以实践其长期倡导的干涉主义政策，与希拉里、赖斯共同敦促奥巴马干涉利比亚事务，被公认为是美国推翻卡扎菲政权的主要推动者之一。同时，鲍尔也负责处理了阿拉伯剧变等其他外交挑战。在成为美驻联合国代表后，鲍尔对俄罗斯态度极其强硬，并在其他议题上积极为美国寻求各国支持。

奥巴马的小圈子成员具有两点明显共性，显著影响美国政府的对外决策。一是代际特点鲜明。核心决策团队成员如赖斯、麦克多诺、本·罗兹（Ben Rhodes）和马克·利珀特（Mark Lippert）等人均出生于20世纪60年代之后，认为自己代表了越战后的新一代，而且大多在冷战结束后才正式进入职场。二是小圈子成员多出身竞选团队。奥巴马竞选之初，赖斯、麦克多诺和罗兹等人已在其身边形成核心外交政策团队。奥巴马上任初期便将这些人安排在重要岗位，通过他们制定外交政策，与相关部门打交道。

上述两点特征导致奥巴马对外决策相对较为务实，追求实效，意识形态色彩较为淡薄，更容易采取一些有别于传统外交的手法。同时，团队成员“忠心耿耿”协助总统实现竞选承诺和目标，与所谓“敌人”或“敌对国家”缓和关系，纠正小布什政府对“9·11”事件的过度反应等。如操刀美古缓和谈判的重要官员之一便是小圈子成员罗兹。一方面，小圈子成员多为年轻人，作风务实，讲求实效。在反恐问题上，他们主张使用特种部队和无人机这种可以“立竿见影”的手段，2014 年与塔利班“换囚”也是小圈子的杰作。但他们希望与小布什政府政策划清界限的政策过分强调“变革”，忽略了长期战略规划，政策亦缺乏连续性。另一方面，这一小群政治顾问和“信徒”创造了排外、平行的小圈子决策流程，导致国安会和内阁的许多官员无法发挥应有作用。① 小圈子的封闭性还导致团队易陷入集体迷思。

小结　异化的国安会

2008 年奥巴马赢得美国总统选举后曾表示，组建特性鲜明的多元团队至关重要。他认为，历史证明白宫容易陷入集体迷思，所有幕僚都人云亦云，没有激烈讨论，没有不同意见。奥巴马信誓旦旦地表示，白宫应该是一个欢迎不同声音的场所。但是回顾奥巴马任内的美国对外决策机制和流程，当年的豪言壮语似乎已抛之脑后。白宫对外决策原本存在的问题没有改善，还被烙上奥巴马独有的印记。

奥巴马任内对外决策机制的最大特点或者最为遭人诟病的问题是过度依赖小圈子成员。就在奥巴马决心鼓励白宫内部辩论的同时，他任命了两组反差巨大的团队处理对外决策。第一组成员都是政坛老手，有能力帮助这位外交经验有限的年轻总统穿梭于广袤的世界舞

① 戴维·罗特科普夫著，孙成昊、张蓓译：《国家不安全：恐惧时代的美国领导地位》，北京：社科文献出版社，2016 年版，第 418 页。

台，驾驭国内的复杂机构。其成员包括约瑟夫·拜登（Joseph Biden）、罗伯特·盖茨、克林顿、琼斯和莱昂·帕内塔等。第二组成员相对年轻，包括赖斯、麦克多诺、利珀特和罗兹等。两组人马因观点不同时常关系紧张、针锋相对，但随着第一组人马逐渐离开奥巴马政府，第二组成员成功地在总统身边组建了小圈子，捍卫自身和白宫在对外决策运作体系中的地位。

甚至有人认为，奥巴马政府小圈子的排他性是历届美国政府中最严重的。国防部长查尔斯·哈格尔（Charles Hagel）和国务卿约翰·克里（John Kerry）都是受害者。《纽约时报》把被拦在白宫决策大门之外的克里比作《地心引力》中初上太空的瑞安·斯通（Ryan Stone），处于游离漂浮的状态。这一点在是否打击叙利亚问题上可见一斑。奥巴马与麦克多诺在白宫草坪闲庭漫步之后，突然宣布空袭巴沙尔必须先寻求国会授权。然而，就在几小时前，克里才公开警告巴沙尔：美国将很快采取行动。奥巴马的言辞无疑扇了克里一记响亮的耳光。有趣的是，国会否决空袭叙利亚之后，却又是克里"不计前嫌"挺身救主，与俄罗斯就在叙利亚销毁化学武器方面达成协议。

不过，前国防部部长盖茨和帕内塔的回忆录却没给奥巴马以白宫为中心的"小团队"留任何面子，亮出了刺眼的"差评"。帕内塔写道，白宫团队"急急忙忙想摆脱伊拉克"，回绝了五角大楼提出的2011年后美国仍需保留一定驻军的建议，结果"伊斯兰国"崛起，来势汹汹。盖茨则更露骨地写道，"高级军官怀疑、不信任包括总统和副总统在内的白宫官员，这成为困扰我的最大问题"。

小圈子的成员多以在国安会任职的幕僚为主，导致国安会在美国对外决策机制中的异化。1947年国安会创立的初衷是成为高层外交与国防政策协调中心，协助总统统筹谋划有关国家安全的对外政策。在奥巴马任内，国安会规模不断扩大，却无法发挥政策协调的核心职能。首先，国安会存在规模大、效率低的致命缺陷。一般而言，国安会体系由三组人马组成：一是总统、副总统、国务卿、国防部长等法定成员，二是国家情报总监、参谋长联席会议主席等法定顾问，三是其他专业幕僚或行政辅助人员。第三组人马的规模在历史上有所起伏，但整体呈扩大趋势。国安会初期就寥寥数人，尼克松时期为50人左右，老布什时期回落至40人，在克林顿时期则猛增至100人。[①]奥巴马执政后期，赖斯接手后的国安会成员已增至约400人。[②] 国家安全顾问赖斯及其团队成员身兼数职、权力高度集中，既负责政策制定过程、为总统筛选政策选项，又得满足总统日常外交需求，还必须确保其他官员能够贯彻总统决策，有时甚至扮演政府发言人角色，已无法有效处理从国务院、国防部“抢夺”过来的任务。

其次，国安会会议形式大于内容。奥巴马任内，国安会会议频繁召开。其执政前四年，仅常务副部长级会议就召开1000余次，平均每一天半就召开一次。国安会多数会议由助理部长级官员组成的跨部门政策委员会会议和副助理部长级官员组成的次级跨部门政策委员会会议构成，重要议题经讨论后上报副部长级委员会，最后再向部长级委员会汇报。[③] 这一流程复杂冗长，存在诸多问题，如过多关注战术性议题、缺乏战略思想、部门利益主导下低层级委员会选择性向上建言等。此外，小圈子成员享有接近总统的“后门”渠道，小圈子内部例会比正式的国安会机制更能左右决策方向。不仅如此，小圈子成员还能在非正式场合建言献策，影响总统，有时甚至能推翻之前决策。

最后，各部门在国安会配置的人员级别不够，难以推动各部门执行政策。国安会低层级委员会如政策协调委员会成员往往并非各部门

① Karl F. Inderfurth and Loch K. Johnson, *Fateful Decisions: Inside the National Security Council*, New York: Oxford University Press, 2004, p. 131.

② Karen DeYoung, “How the Obama White House Runs Foreign Policy,” https://www.washingtonpost.com/world/national-security/how-the-obama-white-house-runs-foreign-policy/2015/08/04/2befb960-2fd7-11e5-8353-1215475949f4_story.html?utm_term=.38244b3fb02f.

③ Dafna Rand, Jacob Stokes, Julianne Smith and Shawn Brimley, “Enabling Decision: Shaping the National Security Council for the Next President,” https://www.cnas.org/publications/reports/enabling-decision-shaping-the-national-security-council-for-the-next-president.

"一把手"，在本部门权力有限，难以监督或推动总统决策在各自部门的实施，导致国安会缺乏战略协调能力。如果总统决策与部门利益相违背，或者影响个人政治前途，实施阻力更大。为了提高战略谋划和协调能力，小布什 2005 年在国安会内部设立了战略计划和机构改革理事会，然而理事会只有三名成员。在奥巴马任内，该理事会更为惨淡。一位前奥巴马政府官员曾经在 2012 年末撰文描述道："战略计划和机构改革理事会已经贬为书写讲稿的机构，无力组织高级官员开展更长远的战略协商。"① 因此，大部分官员更愿意在国安会积极推动本部门利益，却不愿意返回各部门后及时宣传和落实总统决策。

奥巴马依赖小圈子和国安会源自其个人理念、政治境遇和对外决策特点，即牢牢把握决策主导权。与肯尼迪、克林顿和两位布什相比，奥巴马政治根基较浅，在政界缺乏有力拥趸，因此需要忠于自己的小圈子。由于小圈子对奥巴马知根知底，属于"志同道合"的一批人，难以提出与奥巴马思想截然不同的突破性建议，而国安会完全则按照总统的执政风格贴心打造，从本质上看就是规模庞大的"总统班底"。即使国安会提出与奥巴马想法不同的建议，被采纳也并非易事。

① Rosa Brooks, "The Case for Intervention … In Obama's Dysfunctional Foreign – policy Team," http://www.foreignpolicy.com/articles/2012/10/18/the_case_for_intervention.

第十一章

特朗普：“大国竞争”下的“暮年危机”

我们今天在此聚首，是为了颁布新的命令，让它在每个城市、每个国家的首都、每座权力的殿堂回响。从今往后，我们的国家将拥有新的愿景。从今往后，只有美国优先——美国优先。

——美国第 45 任总统唐纳德·特朗普
2017 年 1 月 20 日宣誓就职演讲

我们可以共同打破数十年来的政治僵局，弥合所有分歧，治愈旧的创伤，建立新的联盟，打造新的解决方案，释放美国未来的非凡希望。这个决定取决于我们。我们必须在伟大与僵局、成果与对抗、远见与报复、不可思议的进步或毫无意义的破坏之间选择。

——美国第 45 任总统唐纳德·特朗普
2019 年 2 月 5 日国情咨文

第一节 “大国竞争”与“美国优先”

2017 年，身带“反建制”“逆全球化”“民粹主义”等多个标签的特朗普入主白宫，其对外政策渐次铺开。经过一番里外“折腾”，美国政府在对外战略思想、处理大国关系、全球治理实践等方面都体现出风格鲜明的"特朗普特色"，其以"美国优先"为引领、"有原则的现实主义"为指导的对外政策调整对美国和地区走向、国际格局和秩序变动造成深远影响。

特朗普执政之初，由于缺乏从政经验、内阁涉外部门中高层职务缺位严重，外界普遍认为其无法提出全面综合的对外战略，短期内更无法拿出引领外交政策的原则思想。然而，特朗普首次出访中东就抛出所谓"有原则的现实主义"，虽然具体内容语焉不详，但显然在之后成为指导特朗普政府外交政策的主导理念。随后，时任总统国家安全事务助理 H. R. 麦克马斯特（H. R. McMaster）和时任白宫国家经济委员会主任加里·科恩（Gary Cohn）分别于 2017 年 5 月和 7 月在《华尔街日报》《纽约时报》刊发署名文章，阐述该思想的具体内涵和特朗普执政下的美国外交理念。[①] 直至 12 月特朗普政府第一份《国家安全战略》出炉，"有原则的现实主义"正式成为美国对外战略思想的官方表述。

《美国国家安全战略》报告既是对上一年美国外交政策的总结，也是指导未来一段时期内美国对外方略的指南。报告在引文中明确指出，"美国优先"战略是"以结果为导向"而非"以意识形态为导向"的"有原则的现实主义战略"。[②] 由此可见，"美国优先"已经成为主导美国对外战略调整的总原则，美国外交以追求和平、安全与繁荣为原则，并以现实主义手法实现目标。

---

① H. R. McMaster and Gary Cohn, "America First Doesn't Mean America Alone," *The Wall Street Journal*, May 30, 2017, https://www.wsj.com/articles/america-first-doesnt-mean-america-alone-1496187426; Gary Cohn and H. R. McMaster, "The Trump Vision for America Abroad," *The New York Times*, July 13, 2017, https://www.nytimes.com/2017/07/13/opinion/the-trump-vision-for-america-abroad.html.

② The White House, *National Security Strategy*, December 2017, https://www.whitehouse.gov/wp-content/uploads/2017/12/NSS-Final-12-18-2017-0905.pdf.

在美国学者沃尔特·米德（Walter Mead）眼中，美国外交思想大致归为四类：分别是强调保护商业利益的汉密尔顿主义，强调维护民主、尽量减少干预的杰斐逊主义，强调物质安全和经济富足的杰克逊主义，强调多边主义和国际道义的威尔逊主义。[①] 特朗普的外交理念带有浓厚的杰克逊主义色彩，倡导从更为狭隘的“美国优先”的角度定义美国利益，对外施策上举起“逆全球化”大旗，反对任何国家“搭便车”，并强调要把美国“失去的”财富和机会夺回。这一理念颠覆了自第二次世界大战以来美国外交思想以汉密尔顿主义和威尔逊主义为主导的基本趋势，意味着特朗普不再把捍卫美式国际秩序视作长远战略目标。

在有原则的现实主义主导下，尽管特朗普政府在执政之初已经提出五大“战略”，但是由于聚焦短期结果、缺乏长远规划而均成为“空心”战略，充其量只是战术性调整。如打击“伊斯兰国”战略和“阿富汗新战略”的主要内容为赋予军方更大权力、保持战术模糊性，并没有提出任何解决根本问题的方案。在伊核问题上的“伊朗新战略”旨在夯实盟友关系、兑现竞选承诺，对中东地区的长远稳定并无益处。针对朝核问题的“极限施压”战略实质上与奥巴马的“战略忍耐”无太大区别，仅靠经济制裁和外交孤立无力阻止朝鲜的一系列冒险行为。作为标志性新提法的“印太”战略也因为缺少强有力的经济支柱、缺乏有效的多边机制和地区盟友“三心二意”而难以推进和落实。

美国与各大国关系在调整中开局，特朗普政府有意主动“改造”大国关系，但由于大国关系的惯性、韧性以及“建制派”、对象国的反塑造力，美国与各主要国家关系未出现颠覆性变化，在保持一定延续性的同时呈现新的特点。

美俄关系遭受“双重博弈”掣肘，“快速重启”宣告失败。特朗

① Walter Russell Mead, *Special Providence: American Foreign Policy and How It Changed the World*, New York: Alfred A. Knopf, 2001.

普自竞选以来就对俄罗斯态度暧昧，一直有意推动美俄关系转圜，但遭受国内、国际双重限制。一方面，美国国内政治生态在美俄关系中发挥着主导性作用，甚至一定程度上绑架了特朗普的对俄政策。国会多个委员会和司法部任命的特别检察官罗伯特·米勒（Robert Mueller）对“通俄门”的调查严重牵制了特朗普的对俄政策。尽管2019年米勒提交的调查报告没有证据证明特朗普及其团队“通俄”，但民主党仍然没有放弃调查。国会在2017年7月底通过的包含对俄制裁的法案进一步重挫美俄关系，特朗普政府在对俄政策上提前进入“跛脚期”。另一方面，两国在国际层面的博弈仍未消解。美国并没有完全停止挤压俄罗斯的战略空间，美俄战略观依然分歧严重，涉及地区安全秩序的矛盾以及地区利益争夺难以消弭。

美欧关系在震荡中回归平稳，美国对欧政策在延续中凸显新特征：第一，特朗普本人在是否支持“欧洲一体化”的核心问题上采取“模糊战术”。英国“脱欧”后，特朗普甚至对英国格外“照顾”，引发欧盟强烈不满。2019年6月，特朗普对英国进行国事访问，再度在“脱欧”问题上干涉英国，并支持“脱欧派”旗手鲍里斯·约翰逊（Borris Johnons）接替特蕾莎·梅（Therasa May）的首相职位。副总统迈克·彭斯（Mike Pence）在2019年9月访问爱尔兰时也公开表态支持约翰逊领导的英国“脱欧”。[①] 第二，调整针对欧洲大国政策，采取“稳英”“重法”“压德”的思路。即通过继续强调美英“特殊关系”稳住英国，以安全合作为突破口重视法国作用，重点在经贸领域敲打德国。第三，军费问题上咄咄逼人，迫使北约调整安全职能。尽管特朗普及美国内阁高官在多个场合承诺重视北约作用，但仍沿用“美国优先”思维审视北约，强调北约盟友应多承担防务费用以换取美国安全承诺，并认为北约重点为反恐，这引发部分盟友不满。

---

① Lisa O'Carrol, “Mike Pence Backs Boris Johnson over Brexit in Awkward Dublin Visit,” September 3, 2019, *The Guardian*, https://www.theguardian.com/world/2019/sep/03/mike-pence-backs-boris-johnson-brexit-dublin-visit.

特朗普有关全球治理的竞选承诺也逐渐成为现实，形成“特朗普冲击波”。美国以“不高兴”“不认可”“不划算”等各种理由不断“愤然退群”，如宣布退出应对全球气候变化的《巴黎协定》、退出联合国教科文组织、停缴世卫组织会费等，对全球治理的既有成果造成巨大冲击，美国对外关系委员会主席理查德·哈斯甚至将这种举措称为特朗普的“退出主义”。

特朗普领导下的美国外交正在从奥巴马时期推崇的多边主义，强调国际机制、准则等转向“美国优先”“美国任性”的利己主义。这些新变化本质上折射出特朗普对外战略思想在“美国优先”原则的指导下摆向“自私自利”的方向，在外交手法上则突出竞争、淡化合作，一定程度上与之前的里根政府有相似性。在看待美国面临的国际形势和挑战时，特朗普与里根一样有着深深的“忧患意识”。从特朗普政府发布的《美国国家安全战略》报告看，其对国际形势和大国竞争态势的认知都与里根政府类似，认为世界的主流是竞争，大国博弈、地缘政治已经全面回归，并同样强调“以实力求和平”。正如美国白宫官网推介《美国国家安全战略》报告时所给出的标题，美国对外战略已经进入“新时代”。杰克逊主义混杂里根主义的外交方略对于美国孰好孰坏未来自有历史定论，但对于当前推进全球治理、稳定国际秩序来说，客观上已经形成一股破坏力极强的冲击波。

第二节　恢复“艾森豪威尔模式”

美国战略界一直十分关注政府内部的跨部门决策机制，在不同时期均会对国安会机制提出或大或小的建议。一般而言，建议都会包括总统应更重视国安会机制、国安会应提升战略规划能力、鼓励各部门坦诚表达观点、避免国安会会议形式大于内容、加强政策监督落实、提升人力资源建设等。[①] 奥巴马任内的国安会延续了"斯考克罗夫特模式"，因此就国家安全委员会这一机制本身而言，调整变革的空间仍然存在。其中最有代表性、呼声最高的方案是恢复艾森豪威尔时期的国安会模式，这一呼声在奥巴马任内也有所体现。[②] 具体说来有以下两个方面：

首先，国安会应设立计划委员会（Planning Board），向国安会传达需要权衡的政策文件，其成员应包括各部门和机构制订战略计划的主要官员，如参谋长联席会议下的战略计划和政策官员（J－5），负责政策事务的国防部副部长，美国国际开发总署负责政策、计划和学习的署长助理，财政部负责国际事务的副部长等等，这些官员应提升至副部长甚至常务副部长级别，以表示对战略规划的重视。计划委员会将取代副部长级委员会，成为国安会机制的核心，所有的跨部门委员会将把材料递交给计划委员会加以研判和整合。计划委员会每周开两到三次会，形成全面的战略计划后呈交给国安会部长级会议。

---

① 参见 Shawn Brimley, Dafna H. Rand, Julianne Smith and Jacob Stokes, *Enabling Decision: Shaping the National Security Council for the New President*, Center for a New American Security, June 2015, https://s3.amazonaws.com/files.cnas.org/documents/CNAS－Report_NSC－Reform_Final.pdf?mtime=20160906081915; Kim Holmes, *Memo to a New President: How Best to Organize the National Security Council*, The Heritage Foundation, April 14, 2016, https://www.heritage.org/defense/report/memo－new－president－how－best－organize－the－national－security－council; Luke Strange, *The National Security Council: A Tool for Decision*, American Enterprise Institute, March 2018, http://www.aei.org/wp－content/uploads/2018/03/NSC.pdf.

② 参见 Fred I. Greenstein, *The Hidden－Hand Presidency: Eisenhower as Leader*, New York: Basic Books, 1982; Philip G. Henderson, "Organizing the Presidency for Effective Leadership: Lessons from the Eisenhower Years," Presidential Studies Quarterly 17 (1), 1987, pp. 43－69; Robert Bowie, Richard Immerman, *Waging Peace: How Eisenhower Shaped an Enduring Cold War Strategy*, Oxford: Oxford University Press, 1998; Fred Greenstein and Richard H. Immerman, "Effective National Security Advising: Recovering the Eisenhower Years," *Presidential Studies Quarterly* 115 (3), 2000, pp. 335－345; Raymond Millen, "Cultivating Strategic Thinking: The Eisenhower Model," *Parameters－The Journal of the United States Army War College*, 42 (2), 2012, pp. 56－70.

其次，常务副部长级委员会转变职能，成为行动协调委员会（Operations Coordinating Board），以消除官僚主义的惯性，协助计划委员会形成决策并监督执行。常务副部长作为各部门日常工作的主要负责人，应保证各部门落实总统做出的决策。

这一模式具备如下特点，能有效解决现行国安会存在的一些弊病。

一是组成结构清楚明晰，职责分工明确有序。国安会下设计划委员会和行动协调委员会，前者负责为国安会提供政策选项，后者负责监督和协调总统决议的执行。如果说国安会位于决策顶端，那么这两个委员会则分别是两个坡面。计划委员会负责辨别可能影响美国国家安全或阻碍美国实现国家安全目标的事件，提供相应的分析和政策草案供国安会部长级会议参考。在此过程中，计划委员会需整合各部门针对某一问题的见解和建议，提供给国安会部长级会议，然后在此基础上向总统提出政策建议。因此，计划委员会无需形成统一意见，在提交给国安会的报告中要阐述清楚各方不同甚至是争锋相对的观点。而在奥巴马政府的国安会架构内并无与计划委员会功能一致的委员会机构。另一个行动协调委员会的组成几乎与国安会常务副部长级委员会的构成相同，这些副部长在一周内开一到两次会。与常务副部长级委员会最主要的不同点是，行动协调委员会成员不参与政策制定过程，只是负责监督政策执行。

二是计划委员会成员由国家安全顾问把关、总统任命。尽管各委员会成员都来自各部门和机构，但在改革后的新国安会体系下，这些成员都需经过国家安全顾问把关筛选，并由总统最终任命，而不是由各个部的部长指派。由总统任命一方面可以增强委员会成员的影响力，另一方面可以有效减少委员会成员只为本部谋求利益的可能性。

三是计划委员会成员的工作近乎“全职”。这些成员的工作是负责自己部门和计划委员会的战略规划，而奥巴马任内常务副部长级委员会成员只是负责各自部门的工作，跨部门工作不过是额外任务，因此二者并不相同。按照改革后新模式的规定，计划委员会成员首要的职责就是委员会工作，包括为会议做好准备，其他事务都得让位于此。① 所以，计划委员会能够保证工作的连续性。1953 – 1954 年，艾森豪威尔任内的计划委员会一周内要开三次会，在特殊时期，委员会召开的会议则更频繁。最忙的时候，委员会每周要花 20 个小时在会议上，讨论相关政策；而在处理危机时，委员会更是在 3 天之内开了 25 个小时的会议。② 不过，这并不意味着委员会成员只为国安会工作，他们还是得融入本部门的工作中去。在计划委员会没有会议召开或者不需要写文件时，这些成员仍然需要把时间花在本部门工作上，这样才能真正代表本部门的意见。他们必须在本部门开展战略规划，把跨部门事务传达给自己部门，然后再把本部门的意见传达给国安会。因此，这些委员会成员实际上成为了上通下达的有效桥梁，他们既有足够的权力了解本部门实际情况和资源，又能在高层战略规划中发出本部门的声音，帮助总统制定出有针对性并且能够让部门实际运作的政策。这一模式既能从各部门获取有效建议，避免各部门为自身利益而战，又能真正制定具备战略视野、符合各部门实际的国家安全政策。

虽然参照艾森豪威尔时期改革的新国安会模式拥有诸多优点，要求推动改革的呼声很高，但这一方案仍遭遇多重阻力。首先，官僚制度对根本性的变革有天然的抵触心理。相比另辟蹊径，历届政府往往倾向于选择原来走过的路，因为这样更节省时间、精力和资源。尼克松选择让国安会幕僚肩负跨部门委员会的职责，从此之后包括奥巴马在内的历届总统就被官僚惯性所累，沿袭尼克松的老路子，希望依靠国安会幕僚就能一劳永逸地完成战略规划。其次，常务副部长级委员会担心自己在战略规划中失去发言权，因此副部长或者助理部长会反

① Robert Cutler, "Memorandum for the President by the Special Assistant to the President for National Security Affiars (Cutler), March 16, 1953," *Foreign Relations of the United States*, 1952 – 1954, *National Security Affairs*, Government Printing Office, pp. 245 – 58.

② Robert Cutler, *No Time for Rest*, Boston: Little, Brown & Co., 1966.

对自己部门的战略规划负责人的地位上提升。第三，未来国家安全顾问或许会发挥更为活跃主动的作用，成为诸如基辛格或布热津斯基那样独揽大权的政策制定者，而不是卡特勒那样勤勤恳恳的协调员角色。第四，由于不同部门之间存在迥异的组织文化和计划流程，跨部门战略规划之路注定不会平坦。

在国安会的人员规模上，美国战略界提出了两个截然不同的改革方向：一派主张国安会应保持或继续扩大现有规模。这一派认为，当前美国政府有效的政策协调仍然发生在国安会层面，其他部门和机构均无力确保跨部门政策协调。在没有替代机制的前提下，国安会保持一定规模才能更好应对不断变化的国际形势。因此，国安会人数从老布什年代的50人左右膨胀到奥巴马时期的三四百人。① 另一派指出国安会人数已经过多，导致国安会职能超越初衷，不再仅仅是协助总统制定战略和监督执行。更严重的是，国安会人员已经越权干涉其他部门事务，前国防部长盖茨就曾表示，国安会幕僚有时会直接打电话给前线的四星上将，破坏指挥链条。② 这一派认为，只有限制规模，国安会才能更好地聚焦于核心战略职责。③ 美国前国防部副部长、战略与国际研究中心总裁约翰·哈姆雷（John Hamre）建议把国安会人员数量限制在50人，因为过多的人只会让国安会精力分散在本应由各

① Karen DeYoung, "How the Obama White House Runs Foreign Policy," *Washington Post*, August 4, 2015, https://www.washingtonpost.com/world/national-security/how-the-obama-white-house-runs-foreign-policy/2015/08/04/2befb960-2fd7-11e5-8353-1215475949f4_story.html?utm_term=.ed0c26735c38.

② Eyder Peralta and Mark Memmott, "Gates: Obama Made Solid Decisions, But Was Swayed By Factious Staff," *NPR*, https://www.npr.org/sections/thetwo-way/2014/01/13/261419660/gates-obama-made-solid-decisions-but-was-swayed-by-factious-staff.

③ Shawn Brimley, Dafna H. Rand, Julianne Smith and Jacob Stokes, *Enabling Decision: Shaping the National Security Council for the New President*, Center for a New American Security, June 2015, https://s3.amazonaws.com/files.cnas.org/documents/CNAS-Report_NSC-Reform_Final.pdf?mtime=20160906081915.

行政部门处理的事务上。[①]

第三节　国安会的变与不变

奥巴马时期的国安会到处插手、琐碎管理、过度膨胀、又不用向公众和国会负责，近年来，共和党和国家安全界一直在设计针对性的改革方案，例如为国安会幕僚设置人数上限，要求国家安全顾问的任命需要通过参议院批准等。在特朗普当选之后，受到他"向内阁放权"之言的鼓舞，更有不少人呼吁新总统趁机建立起更加"去集权化"、下放决策权的新机制，甚至是董事会式的国安会。以此而言，在执政之前，外界对于特朗普的国安会并非完全没有期待。特朗普政府分别于2017年1月28日公布《关于国家安全委员会和国土安全委员会组织的第2号国家安全总统备忘录》（NSPM－2）和4月4日公布《关于国家安全委员会、国土安全委员会和子委员会组织的第4号国家安全总统备忘录》（NSPM－4），勾勒出新一届国安会的组织架构和人员设置。首份文件规定，国安会常规出席人员包括总统、副总统、国务卿、财政部长、国防部长、司法部长、能源部长、国土安全部长、国家安全顾问、国土安全顾问和美国常驻联合国代表。当讨论议题涉及国际经济时，商务部长、美国贸易代表和总统经济政策顾问将受邀参会。国家情报总监和参谋长联席会议主席作为国安会法定顾问也将参加会议。

特朗普完全忽略了诸多改革建议，全盘保留了传统架构，这是其国安会机制最重要的不变之处。一方面，特朗普任内的国安会并未改革"三级委员会"的层级决策协调机制。在层级和主导权上，依然设立了"三级委员会"，分别是由国家安全顾问召集并主持的部长级委

① John Hamre, "Reflections: Improving the Interagency Process," CSIS, February 23, 2016, https://defense360.csis.org/improving－the－interagency－process/.

员会，由副国家安全顾问召集并主持会议的常务副部长级委员会以及由相关国安会高级官员召集和主持或与常务副部长级委员会指定的其他官员共同主持的副部长、助理部长级政策协调委员会。职能上，部长级委员会是高级别跨部门政策研究机制，负责审阅、协调和监管国家安全政策的制定和执行；常务副部长级委员会负责审查和监督跨部门小组的工作进程，就国家安全政策的制定和执行建言献策；政策协调委员会则根据问题的地域和领域划分职责，主要负责日常国安政策的跨部门协调工作，向上级委员会提供政策分析，并及时回应总统决策。

另一方面，特朗普任内的国安会短暂调整了参与“三级委员会”的人员构成。一是前首席战略顾问斯蒂芬·班农（Stephen Bannon）一度跻身常设成员，获得与部分内阁官员“平起平坐”的地位；二是国家情报总监、参谋长联席会议主席不再是国安会会议常设成员，只是当“会议与其职责相关时”被邀参会。但这两项调整一出，立即被美国战略界和媒体大肆批评。外界认为，班农在国安会获得与国务卿、国防部长平起平坐的地位，俨然成为“影子总统”，给予政治顾问如此高规格待遇，这是往届政府所没有的。① 白宫承受巨大压力后不得不出面澄清，国家情报总监、参谋长联席会议主席仍将拥有常设成员地位，随时可以列席会议，但对于班农的问题却没有及时回应。麦克马斯特接任国家安全顾问后着力理顺国安会机制，宣布班农不再

① Nolan McCaskill, “Former NSC Member Mullen: Steve Bannon doesn’t belong on the National Security Counci,” *Politico*, February 6, 2017, https://www.politico.com/story/2017/02/steve-bannon-no-national-security-council-michael-mullen-234676; David Rothkopf, “The Danger of Steven Bannon on the National Security Council,” *Washington Post*, March 15, 2017, https://www.washingtonpost.com/opinions/the-danger-of-steve-bannon-on-the-national-security-council/2017/03/15/ba3982a2-e663-11e6-bf6f-301b6b443624_story.html?utm_term=.45c6e4d8b88a.

是国安会常设成员，力图重新恢复国安会的决策中枢作用。[①] 值得玩味的是，就在麦克马斯特整肃国安会之时，有媒体抖露班农之所以跻身国安会本来是为了“监视”第一任国家安全顾问迈克尔·弗林（Michael Flynn），但由于弗林很快离职，班农是否真正发挥此类作用不得而知。不过，在弗林任职期间，班农只参加过一次常务副部长级委员会会议。[②]

特朗普政府的国安会还有一个被外界忽略的变化，即再一次把国土安全委员会从国安会剥离。国土安全委员会在2001年“9·11”事件后由小布什政府设立，在奥巴马任内被合并进国安会。特朗普政府再次改变前任政府的做法，重新将二者分开。不过，特朗普政府并未对此做出任何解释，媒体和学界关注度也不高。但这一举动证明，当前美国对于国土安全的职责是否应当划归国安会仍有较大争议。

麦克马斯特上任后，意识到此前国安会存在的争议，随后发布了《关于国家安全委员会、国土安全委员会和子委员会组织的第4号国家安全总统备忘录》，让国安会重归传统，充分授权国家安全顾问。麦克马斯特不仅拥有召集和主持部长级委员会的绝对权威，还压缩了国土安全顾问的权限。国土安全顾问由原先可直接向总统汇报工作改为向国家安全顾问汇报，国家安全顾问拥有“自由裁量权”，并可向国土安全顾问下达指令。一个值得注意的细节是，麦克马斯特在针对国安会做出上述调整前曾与前国家安全顾问斯考克罗夫特会面，因此这一系列举动颇有重新激活国安会“斯考克罗夫特模式”的用意。在这一传统模式下，国家安全顾问应当发挥关键但低调的“穿针引线”

---

① Ivo H. Daalder and James M. Lindsay, *The Empty Throne: America's Abdication of Global Leadership*, New York: PublicAffairs, October 2018, p. 73.

② Robert Costa and Abby Phillip, "Stephen Bannon Removed from National Security Council," *Washington Post*, April 5, 2017, https://www.washingtonpost.com/news/post-politics/wp/2017/04/05/steven-bannon-no-longer-a-member-of-national-security-council/?utm_term=.6232c3e941a1.

作用，得到总统信任，充分发挥政策协调作用。[①]

按常理而言，特朗普对国安会的改革应当致力于纠正奥巴马政府的积弊，特别是精简人员、裁撤或合并一些不必要的机构和人员设置。然而，外界看到的却是特朗普不断“花样翻新”，设立一些与原有机构功能重叠的新机构、新职位并一一填充上自己的亲信，充分显示了特朗普对国安会机制和人员安排的随心所欲。除了一度将班农塞进部长级委员会之外，特朗普还提升了国安会行政秘书的地位。虽然行政秘书一职是 1947 年以来国安会唯一拥有法定地位的职位，但是自肯尼迪政府以来其职责就集中于文书管理，逐渐变得无足轻重。然而，在特朗普的国安会中，却明确表示所有的功能和地缘委员会的主管都将接受行政秘书的领导，后者除了幕僚管理以外，还将参与政策流程。为了配合行政秘书的新地位，特朗普还特意挑选了退役陆军中将、原 82 空降师指挥官基斯·凯洛格（Keith Kellogg）担纲。这意味着行政秘书的领导职责不再徒有虚名。

国安会队伍的稳定是其能够发挥关键协调作用的重要基础，如果“大总管”国家安全顾问一职频繁更迭，便会影响其表现，甚至影响美国对外决策的方向。特朗普政府国安会在首任国家安全顾问弗林因“通俄门”辞职、麦克马斯特接任后步入调整期，在约翰·博尔顿（John Bolton）接任之后一度进入较为稳定的时期。然而好景不长，在担任国家安全顾问 17 个月后，博尔顿也黯然离场。

从人事方面看，由于国安会幕僚的任命无需参议院批准，负责地区事务的关键岗位在早期已配置完毕，如拥有丰富涉华经历的马特·波廷杰（Matt Pottinger）早早出任负责东亚事务的高级主任，并未因弗林和麦克马斯特离去而遭革职；第二任国家安全顾问麦克马斯特上任后又分别任命传统基金会的莉莎·柯蒂斯（Lisa Curtis）和布鲁金

① Bryan Bender, “Bannon’s Departure Solidifies McMaster’s Control Over the NSC,” *Politico*, April 5, 2017, https://www.politico.com/story/2017/04/bannon-mcmaster-national-security-council-236921.

斯学会的菲奥娜·希尔（Fiona Hill）担任负责南亚和中亚事务、俄罗斯与欧洲事务的高级主任。这些学者型官员融入国安会的情况因人而异，如负责俄罗斯事务的希尔已在2019年8月离开国安会，由负责反扩散事务的官员接任。[①]

国家安全顾问履新后，一堂必修课就是"清理门户"。麦克马斯特接任后迅速发力"清洗"弗林旧部和班农的"民族主义"支持者，重新理顺国安会内部关系，加强领导力和执行力。履职10天之内，麦克马斯特就废除了弗林设立的新职务（分别为负责地区事务和跨国议题的副国家安全事务助理）。2017年4月，由弗林带入国安会的副国家安全顾问K. T. 麦克法兰（K. T. McFarland）对外承认即将离职，接替她的是特朗普女儿伊万卡的得力助手迪娜·鲍威尔（Dina Powell），将负责跨部门协调及牵头撰写《美国国家安全战略》报告。鲍威尔与白宫西翼内外政界人士、特朗普"小圈子"的紧密关系让麦克马斯特如虎添翼。7月，麦克马斯特相继解雇班农密友、国安会副幕僚长特拉·达尔（Tera Dahl）以及负责战略规划的高级主管里奇·希金斯（Rich Higgins）。7月底8月初，麦克马斯特又连续解雇了弗林的两名国安会手下，分别是负责中东事务的高级主管德里克·哈维（Derek Harvey）和负责情报项目的高级主管艾兹拉·科恩—瓦特尼克（Ezra Cohen - Watnick）。这些人的共同特点是支持弗林和班农的反全球化理念，达尔是布赖特巴特新闻网的专栏作家，希金斯则因撰写了"全球主义者、银行家、'深层国家'（Deep State）等正摧毁美国"的备忘录而遭到解雇。[②] 哈维在离职后的书面声明中盛赞麦克法兰、

---

① Vivian Salama, "White House's Top Russia Adviser Fiona Hill to Leave Position," August 18, 2019, https://www.wsj.com/articles/white - houses - top - russia - adviser - fiona - hill - to - leave - position - 11560908266.

② Rosie Gray, "An NSC Staffer Is Forced Out Over a Controversial Memo," https://www.theatlantic.com/politics/archive/2017/08/a - national - security - council - staffer - is - forced - out - over - a - controversial - memo/535725/.

贾里德·库什纳（Jared Kushner）和班农的“远见卓识”。① 瓦特尼克在总统竞选期间就与班农、库什纳关系密切，麦克马斯特3月曾试图将其调离，但遭到班农和库什纳阻挠，后者将情况反映给特朗普，总统当时同意继续留任瓦特尼克。

麦克马斯特的做法不可避免地遭到了保守派人士的强烈抨击，认为他过度偏向“建制派”和“全球主义”外交政策，尤其是在处理以色列和伊朗问题上，甚至有人质疑他的“忠诚”。② 2018年1月底，国安会高层再度变动，副国家安全顾问鲍威尔离职，麦克马斯特的亲信纳迪亚·沙德罗（Nadia Schadlow）接任。沙德罗科班出身，博士毕业于约翰·霍普金斯大学高级国际问题研究院，是2017年底白宫《美国国家安全战略》报告主要撰稿人之一。在博尔顿取代麦克马斯特后，学者型官员沙德罗立即遭到“清洗”。

麦克马斯特还回归传统，加强了国安会高级官员与总统的沟通。在特朗普与外国领导人通电话时，麦克马斯特重新让国安会相关高级官员出现在椭圆形办公室，而弗林只让他们在楼下的战情室“旁听”。一位前国安会高级官员表示，总统的这些通话是价值连城的“宝藏”，“如果总统不能当场向地区专家咨询某些问题……我们之后将会发现自己身处困难或危险境地”。③

麦克马斯特之后的第三任国家安全顾问博尔顿对特朗普一度有一定影响力。由于前白宫办公厅主任约翰·凯利（John Kelly）和前国防部长詹姆斯·马蒂斯（James Mattis）相继离职，白宫能够制衡博尔

① Rosie Gray, “More Turmoil at the National Security Council,” https://www.theatlantic.com/politics/archive/2017/07/more-turmoil-at-the-national-security-council/535089/.

② Jenna McLaughlin, “The Guerrilla Campaign Against McMaster is Alive and Well,” *Foreign Policy*, December 14, 2017, https://foreignpolicy.com/2017/12/14/the-guerrilla-campaign-against-mcmaster-is-alive-and-well/.

③ Tara Palmeri, “NSC Staff Allowed Back into the Oval Office for Trump's Foreign Calls,” *Politico*, March 8, 2017, https://www.politico.com/story/2017/03/nsc-staff-oval-office-trump-foreign-calls-235812.

顿的高官数量锐减，博尔顿对特朗普的影响力走高。同麦克马斯特的做法类似，博尔顿在上任一周之内就火速重塑国安会高层幕僚，迅速安插"自己人"，撤销网络协调员一职，牢牢把握国安会决策流程的控制权，为白宫可能出现的内部斗争做好了充分的人事准备。① 然而，后期国务卿蓬佩奥与博尔顿的对立日益尖锐，加之特朗普与博尔顿的外交理念差距日益显现，博尔顿在决策中的发言权和影响力逐渐滑坡，最终也离开了白宫。

第四任国家安全顾问罗伯特·奥布莱恩（Robert O'Brien）律师出身，却并非政坛新手。早在 2005 年，他就成为小布什任内美国在联合国大会的副代表。2007 年，他又在时任国务卿赖斯的手下处理与阿富汗相关的事务。奥布莱恩在 2017 年进入特朗普的视野，当时特朗普考虑让他出任海军部部长。次年 5 月，特朗普任命奥布莱恩为国务院负责人质事务的总统特使。奥布莱恩的任命，标志着国家安全委员在白宫决策体系中的进一步矮化。作为国务卿蓬佩奥曾经的"下属"，能否摆脱"小跟班"角色，将自己摆在与蓬佩奥平起平坐的位置协调政策，将成为奥布莱恩及其领导的国安会面临的巨大考验。

第四节 国安会的"暮年危机"

当前国安会机制看似"风平浪静"，却面临成立 70 余年来的"暮年危机"，其组织力、协调力、凝聚力均遭削弱。

从当选总统开始，特朗普组建国家安全团队的道路就不平坦，相比奥巴马和小布什属于"脱轨"状态。从任命新泽西州州长克里斯·克里斯蒂（Chris Christie）担任过渡团队负责人到转由副总统彭斯和女婿库什纳负责，国家安全团队组建历经波折。据美国媒体披露，特朗普的

① Josh Rogin, "John Bolton's New Deputy is a Hawk with Sharp Elbows, Just like Him," *Washington Post*, April 23, 2018, https://www.washingtonpost.com/news/josh-rogin/wp/2018/04/23/john-boltons-new-deputy-is-a-hawk-with-sharp-elbows-just-like-him/?utm_term=.4545df3a0238.

女儿伊万卡·特朗普（Ivanka Trump）对弗林颇为青睐，在克里斯蒂尚未出局前就曾会晤弗林，询问他对什么职位感兴趣。弗林表示国务卿或国防部长都可以，对总统国家安全事务助理一职也很感兴趣。[①] 然而，之后对弗林的背景审查出现了严重疏漏。在正式任命前，一些媒体已经报道了弗林曾为土耳其的利益游说，但弗林并未如实报告，过渡团队对此毫无察觉。弗林得势后立即“清洗”克里斯蒂在国家安全团队中的人员，严重迟滞了团队组建速度。直到2016年12月中旬，弗林的亲信凯洛格才被任命为国安会行政秘书，可见国安会上层官员的任命十分缓慢。

更有意思的是，特朗普的过渡团队对接触奥巴马政府国家安全团队毫无兴趣。直到2016年11月22日，特朗普的国家安全团队才与奥巴马的国家安全团队首次会面。[②] 在特朗普宣誓就职前，弗林与奥巴马的国家安全顾问赖斯至少见过四次，但下属官员之间见面次数寥寥无几。奥巴马政府的副国家安全顾问罗兹在回忆录里表示：“我从来没有见过他们（特朗普过渡团队官员）……虽然我已经在白宫待了八年，但是他们没有人想要与我交谈或者接触。”[③]

特朗普团队更严重的问题是对奥巴马政府准备的过渡文件漠不关心。奥巴马的国安会官员准备了一些不涉密的文件材料供特朗普团队阅读，但根据罗兹的说法，“我们的国安会在每一个议题上都准备了大量材料”，“但我们不清楚是否有任何人看过”。[④] 随着特朗普宣誓就职日的到来，奥巴马的白宫办公厅主任麦克多诺也意识到：“所有的文件，

① Nancy Cook, “How Flynn—and the Russia scandal—landed in the West Wing,” *Politico*, November 11, 2017, https://www.politico.com/story/2017/11/11/how-michael-flynn-got-west-wing-job-244790.

② Mark Landler, “Trump National Security Team Gets a Slow Start,” *The New York Times*, January 19, 2017, A12.

③ Ben Rhodes, *The World as It Is: A Memoir of the Obama White House*, New York: Random House, 2018, pp. 407-408.

④ Ibid.

为他们过渡团队准备的文件，都没被使用，没被看过，也没被审阅。"[①]

从后来的决策流程看，虽然麦克马斯特就任后试图重新树立传统的国安会机制，但特朗普与麦克马斯特的继任者博尔顿都对机制造成了不小的负面冲击。一方面，特朗普常绕过国安会机制"自主决策"。特朗普执政以来对国安会重视程度不高，在重大表态上多次与国安会立场冲突，证明国安会并未发挥白宫政策枢纽的关键作用。国安会幕僚透露，在美军撤离叙利亚及对朝制裁问题上，特朗普屡屡发出与国家安全顾问博尔顿不同的声音，暴露出总统与国安会机制有所脱节。

在决策模式上，特朗普往往受到非正式流程的影响，削弱国安会这一正式机制的决策影响力。历任美国总统都有依靠非正式决策流程的传统。约翰逊认为周二午餐会是讨论越南战争情况的绝佳场所；尼克松讨厌各个幕僚在正式会议上唇枪舌剑，更喜欢独自一人阅读文件或者与基辛格私下商量；卡特重视一周一次的周五早餐会，会在会上与副总统、国务卿、国防部长及国家安全顾问交换意见。2019 年 9 月，特朗普政府秘密筹划与塔利班及阿富汗政府在戴维营秘密会晤前，特朗普直接绕过国安会的正式决策机制，只邀请蓬佩奥、博尔顿等极少数幕僚参与前期商讨，最终导致对阿富汗的政策朝令夕改、前功尽弃。[②]

特朗普除了受到亲信、家人、心腹爱将等"小圈子"影响外，还不喜欢阅读正式文件，极易受到电视等大众媒体影响。特朗普任内前国家经济委员会主席科恩曾透露，"特朗普不看文件，连一页的备忘录和简报都不看"。[③] 对于电视，特朗普则情有独钟。因此，特朗普的正式和非正式幕僚都希望以上电视的方式塑造特朗普。一些人在电视上发表

① Chris Whipple, *The Gatekeepers: How the White House Chiefs of Staff Define Every Presidency*, New York: Broadway Books, 2017, p. 299.

② Peter Baker, Mujib Mashal and Michael Crowley, "How Trump's Plan to Secretly Meet With the Taliban Came Together, and Fell Apart," September 10, 2019, https://www.nytimes.com/2019/09/10/world/asia/afghanistan-trump-camp-david-taliban.html.

③ Michael Wolff, *Fire and Fury: Inside the Trump White House*, p. 186.

支持特朗普的言论并非为赢得民心，而是向特朗普传递信息。[①] 特朗普缺乏耐心、不喜欢文字，这也对国安会的信息汇报工作提出了新要求。国安会幕僚为了能吸引总统宝贵的注意力，必须在会议发言上尽量简短。此外，幕僚必须争取把重要文件的篇幅控制在一页左右，配上许多图标和地图效果更佳，因为“总统喜欢”。[②] 即使文件已经“瘦身”，特朗普还是会认为篇幅过长。国安会官员会特意把特朗普的名字放在文件内容中显眼的地方，这样更有可能吸引总统的注意力，确保总统能够阅读文件。[③] 特朗普还很少阅读前任总统必看的“总统每日简报”，更喜欢官员的口头汇报。为了不让特朗普枯燥无聊，情报官员想尽办法在汇报时加入“照片、视频和图表”。[④] 在 2017 年 4 月美国对叙利亚发动有限军事打击前，正是伊万卡和迪娜·鲍威尔准备的图片触动了特朗普，让他最终下定决心。[⑤]

另一方面，国安会机制打上了深深的“博尔顿烙印”。不到三年，博尔顿已经成为第三任国家安全顾问。博尔顿接手后国安会机制保持稳定，但其个人塑造的国安风格凸显：其一，改变国安会定位。美国历届政府中较为成功的国安会都将自身定位为“斡旋者”，将各部门意见适

---

① Callum Borchers, “More Evidence That Trump's Advisers Talk to Him Through the Television,” *Washington Post*, January 23, 2018, https://www.washingtonpost.com/news/the-fix/wp/2018/01/23/more-evidence-that-trumps-advisers-talk-to-him-through-the-television/.

② David Sanger, Eric Schmit and Peter Baker, “Turmoil at the National Security Council, From the Top Down,” *New York Times*, Page 1, February 12, 2017.

③ Steve Holland and Jeff Mason, “Embroiled in Controversies, Trump Seeks Boost on Foreign Trip,” *Reuters*, May 17, 2017, https://www.reuters.com/article/us-usa-trump-trip/embroiled-in-controversies-trump-seeks-boost-on-foreign-trip-idUSKCN18D0C7.

④ Carol D. Leoning, Shane Harris and Greg Jaffe, “Breaking with Tradition, Trump Skips President's Written Intelligence Report and Relies on Oral Briefings,” *Washington Post*, February 9, 2018, https://www.washingtonpost.com/politics/breaking-with-tradition-trump-skips-presidents-written-intelligence-report-for-oral-briefings/2018/02/09/b7ba569e-0c52-11e8-95a5-c396801049ef_story.html.

⑤ Michael Wolff, *Fire and Fury: Inside the Trump White House*, pp. 192-194.

当筛选后尽量公正客观地递交总统。博尔顿上任后有意将国安会打造为"仲裁者"，按个人好恶挑选政策选项上报总统。其二，严格控制会议数量与参会人员。博尔顿大量减少会议数量，只要求高级别安全官员参会，有时还会邀请毫无决策经验的"意识形态盟友"代替其他内阁部门官员与会，以此减少政策辩论。其三，强势推动自己的议程。博尔顿经常在国安会会议上率先亮明政策立场，挑战、驳斥反对意见。博尔顿与国安会负责中东和亚洲部门的下属来往更多，因为他本人更关注伊朗、朝鲜和中国议题，鼓吹强硬对抗政策，对其他地区关注较少。

总体看，特朗普任内的国安会在机制运作上呈现几个鲜明特征：

第一，国安会决策机制"叠床架屋"。特朗普执政后理应纠正奥巴马国安会的积弊，如精简人员，裁撤或合并不必要的机构和人员设置。但特朗普不断"花样翻新"，设立一些与原有机构功能重叠的新机构、新职位并填上亲信心腹。除一开始企图将班农塞进部长级委员会外，特朗普还悄无声息提升了国安会行政秘书的地位。

第二，国安会高级别正式会议锐减。如前文所述，博尔顿不重视国安会正式会议，部长级委员会及常务副部长级委员会召开的协调会议寥寥无几。马蒂斯一度抱怨麦克马斯特组织的会议太多，但之后则抱怨博尔顿开会太少，严重破坏决策流程。包括国防部长、国务卿、财政部长、司法部长在内的部长级委员会很少开会。马蒂斯透露，在美国退出《中导条约》这一重大问题上，国安会部长级委员会没有开过一次会。在2018年6月美朝"特金会"一周之前，博尔顿都还没有召开内阁级别的国安会会议讨论如此重要的峰会。① 博尔顿更重视小范围非正式会议和"纸上谈兵"。博尔顿每周定期与国务卿和国防部长碰头，但他们的会议没有文字记录，相关内容更不会告知内阁其他部门。博尔顿会为总统安排时间短、范围小的国安会会议，坚信"小圈子"氛围更适合

① Eliana Johnson, "Trump and Bolton Spurn Top – Level North Korea Planning," *Politico*, June 7, 2018, https://www.politico.com/story/2018/06/07/trump – bolton – north – korea – 630362.

特朗普，也方便自己控制通向总统的信息流。此外，各部门负责人在一些议题上会交换政策文件，但不会坐在会议室面对面讨论。

第三，“意识形态”人士把守国安会要职。博尔顿上任前，国安会多数岗位由国务院、国防部和情报机构等部门派员“挂职”一到两年，然后轮替。但博尔顿主掌国安会后，一旦这些人履职期满，他就刻意将岗位空出，或填上与自己意识形态接近的右翼分子。如国安会负责中东和北非的部门在奥巴马任内有18人，博尔顿挂帅国安会时人数只有1/3左右。博尔顿启用主张对古巴制裁的政治活跃分子出任国安会拉美事务主管，取代原先担任这一职务的中央情报局的职业情报官员。博尔顿还请来有30年交情的顾问、政策主张保守的查尔斯·库珀曼（Charles Kupperman）担任副国家安全顾问，打造国安会内对自己言听计从的“小圈子”，以便策划对抗俄罗斯、朝鲜和伊朗的政策。[①] 在博尔顿离开白宫后，库珀曼一度担任代理国家安全顾问。

第四，应对突发事件时国安会表现起伏不定。尽管在协调各部门工作方面乏善可陈，但在处理危机时，麦克马斯特任内的国安会仍是本届政府较为倚重的决策协调机制，并能够有效发挥作用。2017年4月叙利亚“化武危机”中，特朗普认为叙方行为越过“多条红线”，在60小时内召开4次国安会商讨如何应对。这次国安会决策遵循了标准的“教科书式”流程，相关部门搜集信息并研判化学武器使用情况，各方激烈讨论备选对策。总统多次会晤各位幕僚，听取大家意见，最终决定在4月7日发射导弹打击叙利亚机场。[②] 然而，在博尔顿接手国安会后，连危机应对这一基本任务都无法完成。特朗普将最后一刻撤回军事打击

① Karen DeYoung, Greg Jaffe, John Hudson and Josh Dawsey, "John Bolton Puts His Singular Stamp on Trump's National Security Council," *The Washington Post*, March 4, 2019, https://www.washingtonpost.com/world/national-security/john-bolton-single-minded-advocate-puts-his-stamp-on-the-national-security-council/2019/03/04/5c59517e-3609-11e9-854a-7a14d7fec96a_story.html?utm_term=.8319bf8fa46f.

② Ivo H. Daalder and James M. Lindsay, *The Empty Throne: America's Abdication of Global Leadership*, p. 74.

伊朗的决定公之于众后，再次暴露国安会这一决策协调机制的混乱与无序。

小结　权力的游戏

特朗普任内的国安会弊病百出。一开始过渡团队就明显经验不足，首任国家安全顾问弗林不足一个月便黯然离场，出席国安会相关会议的关键人员安排遭到质疑，国家安全决策团队高级官员"走马灯"般更迭，都对这一重要协调机制造成巨大冲击，造成部门间斗争增多、合作减少。

国安会70年的发展历史证明，总统与国家安全顾问、国安会与国务院、国防部能否协调彼此关系，在对外政策领域各司其职、相安无事是保证美国对外决策流程顺畅的关键因素。从特朗普政府的政策协调、制定甚至宣示层面看，国安会一度力压国务院、国防部，在本届美国政府中发挥更为重要的作用。特朗普执政初期，国务院、国防部的重要岗位仍大量空缺。截止到2017年7月底，国务院包括助理国务卿在内的39个高层职位仍然空缺，许多重要岗位仍为职业外交官"代理"，188个驻外大使岗位只有30个得到正式提名。[①] 首任国务卿雷克斯·蒂勒森（Rex Tillerson）对本部门人员并不重视，整个部门上下士气低落，导致国务院在对外决策中"缺位"，严重影响美国对外政策执行和危机应变。国防部面临同样问题。截止到2017年8月中旬，国防部只有15个高级岗位得到任命，而奥巴马同期的任命官员数量为22个，小布什为33个。[②] 综合而言，正如下图1所示，特朗普在执政首年需要参议院确认的官员到位数明显落后于其前任奥

① Kylie Atwood, "State Department Feels the Pain of Vacancies," http://www.cbsnews.com/news/state-department-feels-the-pain-of-vacancies/.

② Aaron Gregg, "Capital Business Contractors See Delays as Pentagon's High-level Jobs Go Unfilled," https://www.washingtonpost.com/business/capitalbusiness/trump-says-the-military-will-be-the-strongest-ever-but-most-of-the-pentagons-high-level-jobs-have-not-been-filled/2017/08/20/55257f0a-81e1-11e7-902a-2a9f2d808496_story.html?utm_term=.d38313a193eb.

巴马、小布什和克林顿。

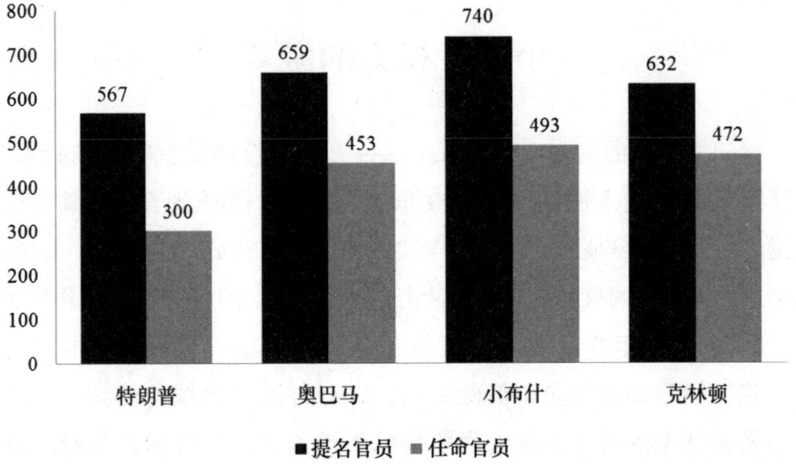

图 1　近四任美国总统执政第一年需参议院确认的提名官员和任命官员数量①

在国务院、国防部等内阁部门缺乏人手时，权力将向白宫集中，国安会无疑得到天赐良机，更有理由适时“夺权”，影响美国对外决策。在对华和东亚政策上，在特朗普“朝中无人”的情况下，波廷杰扮演了极为关键的作用，不仅曾与国务院前代理助理国务卿董云裳（Susan Thornton）共同主持吹风会，还在 2017 年 5 月代表美国政府参加“一带一路”国际合作高峰论坛；在对朝政策上，麦克马斯特领导下的国安会在当年 4 月前完成了政策评估；② 在对古巴政策上，国安会 2017 年 2 月启动美古政策评估，5 月初国安会副部长级委员会召开

---

① 数据来源：Anne Joseph O'Connell，“After One Year in Office，Trump's Behind on Staffing but Making Steady Progress，” *Brookings Report*，January 23，2018，https：//www. brookings. edu/research/after – one – year – in – office – trumps – behind – on – staffing – but – making – steady – progress/.

② Matt Spetalnick，“Trump National Security Aides Complete North Korea Policy Review：official，” http：//www. reuters. com/article/us – north korea – nuclear – review – idUSKBN1740UY.

会议，最终协助白宫确立在经贸和旅游等方面收紧对古巴的若干政策；[①] 在对阿富汗政策上，麦克马斯特一度对特朗普影响较大，两人多次开会讨论美国对阿政策，希望破解美国在阿富汗的多年困局。在麦克马斯特的努力推动下，特朗普授权国防部可以根据需要向阿富汗增派 3900 名军人。[②]

从国安会最高层面看，麦克马斯特与特朗普的关系一度成为国安会顺畅运作的重大挑战。好的决策体系或许能提高出现"好政策"的概率，却不能百分之百保证。从美国历史上看，个人亲近、总统舒适以及有旧交都能确保总统与国家安全顾问相处融洽、互相支持，如卡特和布热津斯基、老布什和斯考克罗夫特、小布什和赖斯。相比之下，麦克马斯特与特朗普既无太深的旧交，又是特朗普"小圈子"中的初来乍到者，不免处境尴尬。与此同时，麦克马斯特个性耿直，并不把自己当成"传声筒"，而是立志成为斯考克罗夫特那样的角色，与特朗普及其"小圈子"所期待的忠诚存在差距。很快，麦克马斯特直来直往的性格就与特朗普随性而为的个性发生冲突。尽管麦克马斯特执意将跨部门协调拉回正轨，但还是在内部形成了"双轨决策体系"。特朗普有时会依靠跨部门协调做决定，有时则根本不依赖这一决策流程，如同"两艘船在夜晚齐头并进"。[③] 因此，早在 2017 年底就有媒体报道，特朗普已经考虑让博尔顿接替麦克马斯特，但遭到时任白宫办公厅主任凯利的强烈反对。

---

① Tim Fernholz, "Trump Might Ditch the Historic US – Cuba Opening for Slivers of Support in Washington," https: //qz. com/1000871/trump – might – ditch – the – historic – us – cuba – opening – for – slivers – of – support – in – washington/.

② Greg Jaffe and Philip Rucker, "National Security Adviser Attempts to Reconcile Trump's Competing Impulses on Afghanistan," https: //www. washingtonpost. com/world/national – security/the – fight – over – trumps – afghan – policy – has – become – an – argument – over – the – meaning – of – america – first/2017/08/04/f2790c80 – 785f – 11e7 – 8f39 – eeb7d3a2d304_story. html? utm_term =. c5d6cce0496c.

③ Patrick Radden Keefe, "McMaster and Commander: Can a National Security Adviser Retain His Integrity If the President Has None?" *New Yorker*, April 30, 2018, pp. 36 – 49.

即使是第三任国家安全顾问博尔顿，也依然存在与特朗普不合的问题。博尔顿将贴靠特朗普作为首要职责，曾对下属表示，自己的任务就是当好总统的高级顾问，“站在总统身边比主持国安会政策协调会议更重要”。博尔顿在叙利亚、朝核问题上的建议并未被总统采纳，但在军控、多边协议等其他核心议题上，博尔顿对总统的决策保持了一定影响力。但是站位的距离并没有拉近博尔顿与特朗普心与心的距离。特朗普与博尔顿的公开分歧与日俱增。据白宫人士透露，特朗普偶尔会抱怨博尔顿追求与自己不同的外交政策，与“美国优先”不符，怀疑博尔顿破坏美朝对话进程，对伊朗有“战争计划”。博尔顿在公开场合“出风头”也让特朗普颇为不满。

从思想根源上看，虽然特朗普与博尔顿都属于传统保守派，都对全球主义、多边主义嗤之以鼻，但在具体问题的目标上南辕北辙。特朗普追求实用主义，讲求“以实力求和平”，要有硬实力，但最终追求的是“不战而屈人之兵”，因此即使面对“无人机事件”，特朗普也在最后时刻撤回军事打击伊朗的命令。博尔顿则不然，讲求的是“以实力求战争、求颠覆”，在针对朝鲜、伊朗、委内瑞拉等问题时意识形态色彩浓烈，认为不达到“政权更迭”的目的就不能罢休，不愿采取身段更为柔软的手法和策略。最终击垮博尔顿的是未能成行的“戴维营会晤”。特朗普和国务卿蓬佩奥力推在戴维营与塔利班及阿富汗政府领导人秘密会晤，谋求与塔利班达成一项协议，确保美军逐步撤出阿富汗。然而，博尔顿强烈反对，认为美国不能全部撤出，甚至不惜为此与特朗普大吵一架。

遗憾的是，除了与总统关系不够和睦，博尔顿还惹恼了其他同僚，包括国务卿蓬佩奥。二者矛盾除了在于政策分歧外，还体现在两位主管领导行事作风迥然不同。蓬佩奥更担心博尔顿逾越国家安全顾问的职务，干涉国务卿的外交职责。因此，在特朗普怀疑博尔顿怀有二心时，蓬佩奥等人也不会帮博尔顿说话，反而选择“落井下石”，暗示总统博尔顿的所作所为让外界觉得白宫内部出现分裂，导致民众质疑总统的执政能力。对于已经着眼 2020 年大选的特朗普来说，博尔顿是非走不可了。

从部门关系看，特朗普让下属竞争的执政风格加剧了各部门之间的争斗。特朗普更喜欢开放、竞争、随意但自己必须居于中心的决策体系，更愿意以命令的方式治理官僚体系，而不喜欢融入决策流程或者参与其中。前白宫办公厅主任赖因斯·普里伯斯（Reince Priebus）就举过特朗普制定关税政策的例子：

> "特朗普让身边环绕着互相竞争的官员……比如有（商务部长）威尔伯·罗斯（Wilbur Ross）……和（高级经济顾问）加里·科恩，他让这两个人在自己面前，然后说道：'在我面前争论关税这件事吧。'于是，他们就会争论起来。媒体总是关注内部斗争，但最终还是能够做出政策决定。"①

因此，特朗普会混淆下属的职责领域，把同一个任务交办给不同的官员，还常常把某些超出职责范围以外的任务交给特定官员去处理。这种竞争性的管理风格导致重要官员如走马灯般更迭。特朗普执政首年政府决策"A 队（A – Team）"的离职率达到 34%，第二年达到 31%。而奥巴马执政首年官员离职率仅为 9%，第二年为 15%。② 决策层官员的大量流失、新官员的涌入只会让合作变得更为困难。

博尔顿上任后，国安会与蓬佩奥领导下的国务院之间的争斗日益

① Kyle Balluck, "Priebus Counsels White House Staff to Ignore 'Distractions'," *The Hill*, March 4, 2018, https://thehill.com/homenews/administration/376632 – priebus – counsels – white – house – staff – to – ignore – distractions.

② 关于"A 队"（A – Team）的定义可参考 Kathryn Dunn Tenpas, "Tracking Turnover in the Trump Administration," July 2019, https://www.brookings.edu/research/tracking – turnover – in – the – trump – administration/; Kathryn Dunn Tenpas, "Why is Trump's Staff Turnover Higher than the 5 Most Recent Presidents?" January 19, 2018, https://www.brookings.edu/research/why – is – trumps – staff – turnover – higher – than – the – 5 – most – recent – presidents/.

凸显。博尔顿与蓬佩奥的矛盾日渐突出，直接影响两大部门的协调合作。二者矛盾主要在于两位主管领导行事作风迥然不同，而非政策分歧。蓬佩奥更担心博尔顿逾越国家安全顾问的职务，干涉国务卿外交职责。对外，蓬佩奥极力打造外交官形象，努力凝结共识，而博尔顿言辞犀利，经常将自己置于外交辩论的中心，引发蓬佩奥极度不满。一般而言，国家安全顾问都会保持相对低调，至少不应把政策宣示作为最主要的工作。对内，博尔顿更喜欢秘密协商，限制信息知悉范围，打造自己的“小圈子”，经常以国安会为平台提出个人政策建议，无视国务院等其他部门意见。

博尔顿有意将国安会打造为政策建议的提供者，削弱国务院等其他部门在决策体系中的地位。为抢夺“情报信息资源”，博尔顿还经常与情报机构官员会晤协调。据美国情报机构人员透露，博尔顿有时选择在中央情报局开会并非因为会议内容敏感，而是借此将国安会中的国务院官员排挤出去。据蓬佩奥身边人透露，提及博尔顿时，蓬佩奥常常“翻白眼”。[①] 两位核心顾问互相看不上，而总统特朗普缺乏外交经验、决策易变的特性又只会进一步加剧二者矛盾，影响国安会这一白宫“中枢神经”的正常运作。而在特朗普最终将博尔顿“扫地出门”后，第四任国家安全顾问奥布莱恩领导下的国安会与国务院的关系将有所保障。

① Pamela Brown, Kylie Atwood and Jamie Gangel, “Tensions Rise between Pompeo and Bolton,” *CNN*, May 23, 2019, https: //edition. cnn. com/2019/05/23/politics/tensions - rise - between - pompeo - and - bolton/index. html.

总　　结

美国国家安全委员会的发展经验及教训*

美国国家安全委员会在70余年的历史中几经起伏，已成为美国协调国家安全战略决策的重要中枢和跨部门合作的典范。梳理美国国安会的历史演变，进一步总结美国国安会的经验和教训有一定启示意义。对美国国安会来说，“大安全观”是其创立的思想基础，“三级协调模式”是其跨部门合作的基石，“独立多元”则是其幕僚体系的特点。

第一节　“大安全观”是美国国安会创立的思想基础

国安会并非美国对顶层协调机制的首次尝试，最早的探索可以追溯到1911年。[①] 不同时期美国面临的安全威胁催生了不同的安全观和顶层协调机制，这些机制也在各个时期发挥了关键作用。1916年8月29日，军队拨款法案在国会通过，美国国防委员会（Council of Na-

---

* 根据孙成昊、肖河《美国国家安全委员会的发展经验及教训》一文修改更新，原文刊于《国际关系研究》，2014年第5期，第38－50页、第184页。

① Paul Y. Hammond, “The National Security Council as a Device for Interdepartmental Coordination: An Interpretation and Appraisal,” *The American Political Science Review*, Vol. 54, No. 4, Dec. 1960, p. 899.

tional Defense，以下简称国防委）成立，其主要职责为协调国防所需的资源和行业提升国民士气，协调州一级和地方防务委员会的工作，研究战后重组和重建问题等。[①]

国防委的设立与第一次世界大战对美国国家安全的挑战和要求密不可分。一战爆发前，美国总统是政策协调的主要枢纽，这也是美国宪法赋予的权力，如宪法规定总统为“陆军、海军和征调为合众国服役的各州民兵的总司令”，并且在外交事务方面享有较大权力。[②] 另一方面，由于美国奉行门罗主义，对全球事务的参与度并不高，军队规模不大，国家地理位置相对孤立，加上没有迫在眉睫的威胁，总统及其幕僚并没有多少政策协调方面的压力。然而，第一次世界大战的爆发改变了这一状况。军事斗争的残酷性、复杂性和现代性要求美国升级已不适应时代的“总统独扛”的协调制度。美国自认为本土不会遭到打击，因此注意力集中在号召民众对参战的支持上，[③] 这主要通过新成立的国防委发挥协调作用。1921 年 6 月，国防委停止运作。当时美国的安全观更多迎合了第一次世界大战的临时协调要求，并未形成全面的“大安全观”，协调机制的着眼点仍以经济动员为主。由于把国务院排除在协调机制之外，国防委更不可能形成一个综合性的安全、外交和军事协调机制，只能算得上是对之后协调机制的有益尝试和准备。此后，美国在顶层协调机制方面继续做出诸多尝试，如 1940 年成立国防顾问委员会（National Defense Advisory Council/NDAC）和 1945 年成立国务院/战争部/海军部协调委员会（State，War，Navy

① “Records of the Council of National Defense,” National Archives，http：//www. archives. gov/research/guide – fed – records/groups/062. html.

② *The Declaration of Independence & The Constitution of the United States*，New York：Bantam Dell，2008，p. 70.

③ Thomas J. Kerr，*Civil Defense in the U. S.*，*Bandaid for a Holocaust*?，Boulder：Westview Press，1983，p. 11.

Coordinating Committee/SWNCC）等。[①]

美国传统安全观真正接受挑战、“大安全观”思想逐渐形成并催生国安会的是在第二次世界大战以后。当时，国际格局出现剧烈变动，美国国家实力急遽提升，成为最富裕和最有军事实力的国家，坐上世界霸主地位。经济方面，第二次世界大战对美国经济的刺激远远大于第一次世界大战，[②] 其国民生产总值从1935年的约886亿美元增长到1945年的1350亿美元左右（以1939年的美元价值计算）。1940－1944年美国年均工业增长率超过15%，[③] 战后的“婴儿潮”也大大刺激了消费。[④] 军事方面，美国在1945年武装部队人数达到1212万，军队实力在全球独占鳌头，拥有海外军事基地484个，军火产值1943年高达375亿美元，而苏联只有139亿美元（以1944年的美元价值计算）。此外，美国军事科技也处于绝对优势地位。[⑤] 在这种形势下，美国国内主张“扩张”的倾向战胜了传统“孤立主义”的残余，认为战后美国应该担当起世界领袖的职责，美国的利益与安全因此也与世界各地区存在关联。[⑥] 此后，美国形成新的“大安全观”思想，其实质就是提升美国对全球事务的参与，在新的国际形势下将国家安全范畴扩展到整个世界。随着欧洲传统强国在战后的衰败，美国迫不及

① Paul Y. Hammond, “The National Security Council as a Device for Interdepartmental Coordination: An Interpretation and Appraisal,” *The American Political Science Review*, Vol. 54, No. 4, Dec. 1960, p. 899.

② Niall Ferguson, *Colossus: The Rise and Fall of the American Empire*, New York: Penguin Books, 2005, pp. 65－66.

③ Paul Kennedy, *The Rise and Fall of the Great Powers*, New York: Lexington Books, 1987, pp. 357－358.

④ “The Post War Economy: 1945－1960,” http://economics.about.com/od/useconomichistory/a/post_war.htm.

⑤ 刘绪贻、杨生茂总主编：《美国通史（第六卷）——战后美国史1945－2000》，北京：人民出版社，2008年版，第12页；Paul Kennedy, *The Rise and Fall of the Great Powers*, p. 355.

⑥ 资中筠主编：《战后美国外交史——从杜鲁门到里根》（上册），北京：世界知识出版社，1994年版，第47页。

待地抢占世界各地的权力真空，再也无法满足于偏安一隅的传统外交和安全政策。然而，美国固然强大，“四面出击”的作风反而增加了其在国家安全上的风险和压力，在全球范围内也出现了新的不安全形势。尤其是美国把苏联视作世界范围内的威胁，导致杜鲁门政府彻底改变了美国传统外交政策的设想。[①] 正如杜鲁门 1947 年 3 月 12 日在国情咨文中所言，“无论是以直接或间接的侵略方式损害国际和平，都相当于破坏美国的安全”。[②] 至此，美国的国家安全涵义进一步向全球拓展，并带有浓重的冷战色彩。

美国新的全球战略即“大安全观”思想，一方面要求在国际上建立符合自身利益的国际组织和机制，如国际货币基金组织、世界银行等；另一方面要求美国各部门在涉及国家安全的政策上必须协调一致。在此之前，美国军方、情报机构和民政部门之间协调不畅，内斗严重，[③] 最高层决策者亟需更为合理的政策协调机制，也需要更正式的机制以在全球事务中更好地发挥作用，满足美国“大安全观”思想的需求。虽然在第二次世界大战期间美国成立了若干跨部门委员会，但委员会的多样性反而阻碍了合作。在很多情况下，这些委员会并没有直接为总统参谋，而是成为总统参谋的顾问。1945 年，美国时任海军部长福莱斯特认识到美国国家安全面临迫切需求，同时意图将总统权力纳入机制化的跨部门体系，于是要求其朋友埃伯斯塔特研究如何建立新的国家安全机制，促使军事部门和其他政府部门能够有效合作、统筹协调，保卫国家安全。[④] 随后，埃伯斯塔特在报告中建议成

---

① George C. Herring, *From Colony to Superpower*, New York: Oxford University Press, 2008, p. 595.

② Harry S. Truman, “Special Message to the Congress on Greece and Turkey: The Truman Doctrine,” March 12, 1947, *The American Presidency Project*, http://www.presidency.ucsb.edu/ws/? pid = 12846.

③ Zbigniew Brzezinski, “The NSC's Midlife Crisis,” *Foreign Policy*, No. 69, Winter, 1987 – 1988, p. 80.

④ Demetrios Caraley, *The Politics of Military Unification*, Columbia University Press, 1966, pp. 23 – 44.

立跨部门的国家安全委员会和中央情报局，其设想的人员构成和模式架构为后来的国安会做了铺垫。1947 年，国安会根据《国家安全法》成立。至此，“大安全观”思想催生的国安会协调机制正式登上历史舞台，成为之后美国历届政府协调国家安全政策的顶层“标配”。

美国“大安全观”思想有一定借鉴意义，即从“内向型”国家安全战略朝“外向型”国家安全战略转变时必然会要求权力相对集中，特别是要求将原先较为分散的军事、外交等与国家安全相关的部门在国安会的框架下紧密联系起来，并根据国家安全需要制定和协调政策。但从另一个角度看，由于历史条件和自身局限性，美国“大安全观”思想带有浓郁的冷战色彩，不仅将其国家安全线无限延伸，还暗藏称霸全球的野心。美国国安会成立之初由于受到“大安全观”冷战思维的指导，之后参与制定了不少极具冷战特点的对外安全政策，这一点必须引以为戒。例如 1950 年出台的国安会 68 号文件就认为冷战关系到自由世界的存亡，要做好长期全球性斗争的准备。[①] 简言之，美国国安会当年奉行的“大安全观”仍然存在狭隘的弊端，并且以“实力换安全”和扩张主义为特征，对国安会制定和协调全面的国家安全战略并无益处，相反只会把将美国一步步推入冷战深渊。

此外，作为美国国安会思想基础的“大安全观”也没有停止前进和发展的脚步，在每个时期其内涵和外延都不断扩展，推动国安会进一步调整或扩容。因此，树立综合全面的国家安全观对于国安会的积极调整有着重要的指导作用。奥巴马上台后，就意识到美国面对的是全球性、跨国性和多样性威胁。奥巴马政府第一任国家安全顾问琼斯曾表示，必须扩大对美国国家安全定义的范畴，而不仅仅停留在过去的传统思维。国安会作为总统的国家安全政策制定和协调机制，应拓展职责，应对更多挑战，如具有跨国性质的国土安全问题、恐怖主

① “NSC 68: United States Objectives and Programs for National Security,” A Report to the PresidentPursuant to the President’s Directive of January 31, 1950, April 14, 1950, http://fas.org/irp/offdocs/nsc-hst/nsc-68.htm.

义、核扩散、网络攻击、能源安全和经济危机，[①] 而这些都不可避免地与美国的全球策略息息相关。

在升级版“大安全观”的指导下，奥巴马对国安会做出了一些调整：一是将能源部长纳入国安会法定成员行列。二是新设白宫网络安全协调专员一职和网络安全办公室，并将其纳入国安会和国家经济委员会团队。网络安全协调专员向国家安全顾问和国家经济委员会主席汇报工作。三是将白宫国土安全办公室并入国安会体系。白宫国土安全办公室是“9·11”事件后由小布什设立的独立机构。2009 年 2 月，奥巴马要求对白宫国土安全和反恐部门的组织结构进行跨部门评估。评估结束后奥巴马于 5 月份宣布合并上述机构。合并后，国土安全办公室主任对国家安全顾问负责，但依然有权直接向总统汇报。国土安全委员会继续存在，但调整后通过国家安全顾问向国安会汇报工作。这一合并使得国安会人员规模达到 240 人左右，几乎占据了白宫办公室人员总数的一半。[②] 这些举措也证明了能源安全、网络安全和国土安全在美国国家安全观中的重要性不断上升，美国政府亟需更好实现全球化背景下的政策协调，确保各部门在应对 21 世纪的严峻挑战时能做到无缝连接，设计出更为全面的战略和政策。

特朗普任内的美国“安全观”再次出现调整。在特朗普政府出炉的首份《美国国家安全战略》报告中，美国政府对国际形势的判断趋于负面，认为大国竞争和地缘博弈将全面回归，世界正面临愈发激烈的政治、经济和军事竞争。[③] 同时，特朗普政府高度重视国内安全，尤其是强调非法移民对本土民众生活的冲击。正是在这一理念的推动

---

① The Economist, “Running the World,” http://www.economist.com/node/13110064.

② Spencer S. Hsu, “Obama Integrates Security Councils, Adds New Offices,” http://articles.washingtonpost.com/2009-05-27/news/36814987_1_homeland-security-frank-j-cilluffo-national-security.

③ The White House, *National Security Strategy*, December 2017, https://www.whitehouse.gov/wp-content/uploads/2017/12/NSS-Final-12-18-2017-0905.pdf.

下，特朗普政府决定将国土安全委员会从国安会中剥离。

第二节　三级协调模式是美国国安会跨部门合作的基石

要想真正实现跨部门政策协调，仅仅将各部门的代表甚至首长聚集在一起是远远不够的。从 1914 年—1945 年，尽管美国先后设立诸多政策协调委员会，但是其实际运作效果极其堪忧。在第二次世界大战时，尽管两任国务卿赫尔和爱德华·斯退丁纽斯（Edward Relly Stettinius，Jr.）积极倡议设立各种协调机构并且获得同意，但是国务院在事实上却对国家安全政策影响甚微。[①] 针对这一乱象，日后在杜鲁门政府成为国务院和美国外交政策掌舵者的艾奇逊就指出，由于缺少独立的人员与资金，各种协调委员会有名无实，下级官员无从协调上级，而身居高位者也不屑于进行协调工作。[②] 这种文职与军事部门在政策上缺乏协调的现象引起了美国人的广泛忧虑，其中最严重者莫过于批评罗斯福政府由于过于在乎军方对伤亡的顾虑，从而放弃了抢占东欧广大地区的机会。[③]

当时，为了解决各部门之间“自行其是”的弊病，一部分人主张只能汇集各方意见，设置能够决策而非仅备咨询的委员会。[④] 但是这种观点既不符合历任总统对决策权的看法，也无法解决战后美国政治

① Richardson Dougall, “The U. S. Department of State from Hull to Acheson,” *The Diplomats*, 1939 - 1979, p. 40; “The Establishment of State - War - Navy Coordinating Committee,” Letter from Acting Secretary of State to Secretary of Navy, *FRUS* 1944v01. i0018, pp. 1466 - 1469.

② Dean Acheson, *Presentation at the Creation*: *My years in the State Department*, New York: W. W. Norton & Company, 1987.

③ Yelgin, Daniel, *Shattered Peace*: *the Origins of the Cold War and the National Security State*, Boston: Houghton Mifflin, 1978.

④ Ernest May, “The Development of American Political - Military Consultation in the United States,” *Political Science Quarterly*, June, 1955.

界对于军队影响力过强的担忧。因此，在国安会正式诞生前后的一段时间内，美国试图强化作为总统外交政策“首要顾问”的国务院，并以之作为政策协调机制的核心。因此，在1945年后，美国国家安全决策中最显著的现象就是“国务院的崛起”。[①] 事实上，不仅早期国安会文件完全出自国务院政策规划署的手笔，杜鲁门还尝试过让国务院来扮演未来中央情报局的角色。[②] 之后的历届政府也会习惯性地将国务院的官员规定为各跨部门协调小组的负责人。然而，尽管在冷战早期国务卿在制定外交政策时发挥了重要作用，但是国务院作为一个机构却很早就暴露出了难以主持政策协调的弊病。[③] 面对这一基本缺陷，美国逐步地弱化了国务院在国安会跨部门协调机制中的首要地位。

在美国国家安全委员会的前40年中，跨部门协调工作要么是依赖某个具体的行政部门而导致运转不良；要么就被整个地抛在一边，游离于决策之外。例如艾森豪威尔在国安会中设计了被称为“政策山”的上行和下达机制，本意是希望用正式化的方法将内阁和国安会最大程度地融合起来，使行政部门能够充分地参与到政策协调中来。[④] 然而早在他执政时，这一机制就不断地遭到“过于正式化”的批评，被讽刺为有协调而无政策。[⑤] 其继任者肯尼迪则完全抛弃了这一整套

---

① John Lewis Gaddis, *Strategies of Containment: A Critical Appraisal of Postwar American National Security Policy*, New York Oxford: Oxford University Press, 1982.

② *Harold D. Smith Diary*, Friday, September 14, 1945, *Documentary History of The Truman Presidency*, *Volume* 10 *President Truman: Fight to unify the Armed Services* 1945 ~ 1949, Chapter2; Harry Truman, "Years of Decisions, Memoirs," Vol. 1, New York, Signet Books, 1955, p. 226.

③ James A. Perkins, "Administration of the National Security Program," *Public Administration Review*, Vol. 13, No. 2 (Spring), 1953.

④ Robert Cutler, "The Development of the National Security Council," *Foreign Affairs*, Vol. 34, No. 3, Apr. 1956, p. 447.

⑤ Paul Y. Hammond, "The National Security Council as a Device for Interdepartmental Coordination: An Interpretation and Appraisal," *The American Political Science Review*, Vol. 54, No. 4, Dec. 1960.

国安会体制，让颇受重用的总统安全事务助理邦迪更多地肩负着直接的政策职能。对于这种做法，甚至邦迪本人也表示这虽然在处理重大问题上表现不错，但是在“低级的协调事务”上却存在问题。[①] 在尼克松时期，被国安会幕僚牢牢掌握的审查委员会和各下级委员会也是更多地被用来发号施令。最终，在尼克松时期就存在的政府内耗最终演变成了布热津斯基和国务卿万斯之间的激烈对抗。这直接导致了里根在其执政的大部分时间内几乎完全放弃使用国安会来进行政策协调。[②]

可以说，在前30年中美国反复尝试了多种大相径庭的跨部门协调模式，长期的剧烈组织变化也使得很多人认为这种现象将会长期化，比如布热津斯基就认为国安会的面貌就取决于总统的个性。[③] 然而到1987年时这种变化却开始趋于停止，并最终产生了所谓的“斯考克罗夫特模式”。[④] 在正式的第276号《总统安全决策指令》中，卡卢奇公开表示原本由各部门主导的政策协调机制在过去五年中被证明为“不符合需求”，因此重新设计了分别由国家安全顾问及其副手主持和推动的部长级和副部长级委员会。[⑤] 到了老布什上台后，这位精通外交事务的总统保留了这一跨部门协调框架，并且进一步地将其

---

① “Memorandum from McGeorge Bundy to the President,” April 2, 1963, National Security Files, Meetings and Memoranda, Kennedy Library.

② David Rothkopf, *Running the World: the inside Story of the National Security Council and the Architects of American Power*, New York: Public Affairs, 2005, p. 277.

③ Zbigniew Brzezinski, “The NSC's Midlife Crisis,” *Foreign Policy*, No. 69 , Winter, 1987 – 1988, pp. 81 – 82.

④ John P. Burke, “The National Security Advisor and Staff: Transition Challenges,” *Presidential Studies Quarterly*, Vol. 39, No. 2 , June 2009.

⑤ NSC Interagency Process (NSC – NSDD – 276), – National Security Decision Directives, Reagan Administration, Ronald Reagan Library (NLS), http: //fas. org/irp/offdocs/nsdd/nsdd – 276. htm.

发展为三级协调体系，建立了规范化的助理部长级委员会。[①]

这一模式在老布什政府后经受住了四次总统更迭的考验，也使得美国国安会的跨部门协调机制稳定了下来。最近几届政府的调整基本局限于第三级政策委员会的设置和主席的分配上。例如在小布什政府初期6个地区委员会仍然掌握在国务院手中，[②] 而在奥巴马的新体系中，则明确规定了国安会幕僚将担任各第三级委员会的主席。[③] 从短期来看，这一做法进一步防止了某一行政部门过度干预政策协调过程的"拉姆斯菲尔德问题"，将协调进程进一步控制在国安会幕僚手中。[④] 总体而言，考虑到小布什和奥巴马的外交政策的差异性，奥巴马对其跨部门协调机制的继承本身就令人惊奇。[⑤]

在这一模式中，除非遭遇到特殊情况，国安会部长级委员会召开的频率较低，同时其本身也非常依赖下级委员会提供的意见。常务副部长级委员会的会见则更为频繁（一天一次或以上），其主要职责是检查助理部长级委员会得出的政策共识，讨论在下级委员会上无法达

① Organization of the National Security Council System, National Security Directives 1, Jan 30, 1989, George Bush Presidential Library and Museum, http://bushlibrary.tamu.edu/research/pdfs/nsd/nsd1.pdf.

② Organization of the National Security Council System, National Security Presidential Directive 1, Feb 13, 2001, Federation of American Scientists, Intelligence Resources Program, http://fas.org/irp/offdocs/nspd/nspd-1.htm.

③ Organization of the National Security Council System, Presidential Policy Directive 1, Feb 13, 2009, Federation of American Scientists, Intelligence Resources Program, https://www.hsdl.org/?view&did=34560.

④ John P. Burke, "The Obama National Security System and Process: At the Sixth Month Mark," the White House Transition Project, 2009.

⑤ Michael Gordon Jackson, "A Dramatically Different NSC? President Obama's Use of The National Security Council," Paper prepared for presentation at the Annual Meeting of the Western Political Science Association, Portland, Oregon, March 22-24, 2012.

成共识的问题，并决定将哪些事项上报给上级委员会。[①] 各个政策协调委员会则被称为“政策起重机”，事实上正是这些从事日常政策协调的人员来负责界定具体的跨部门议题、提出政策目标、制订战略规划、提交政策选择文件。[②] 目前，美国政策界围绕这一“斯考克罗夫特模式”已经达成了基本共识，那就是在可预见的未来其将长期有效地运作下去。这一机制设计的成功根源就在于建立了稳定的从高到低的跨部门日常协调渠道，实现了部门间政策的前期协调和沟通，有效减少了部门间摩擦。

跨部门协调机制是国安会相关制度设计中最重要的一个环节，堪称国安会的灵魂。为了让其能够真正顺畅地运行，几代美国人在其上花费了颇多的心血，这一切都说明国家安全部门之间的政策协调并不容易，要想让机制运转起来远比创建更为困难。美国在国安会协调机制的调整中起码有三点主要的经验教训：其一就是不能让任何有权提出政策的部门和机构单独主导这一机制，尤其是要注意不能让原本应当专注于政策协调的国安会僚属演变为与其他部门平行或者之上的“政策动议中心”，否则就会导致各机构之间的恶性竞争和冲突，最终严重妨碍决策质量和执行效果；其二就是在设计政策协调机制时要注重各部门之间的“有机融合”，尤其是要注重各部门低层级官员之间的交流与合作，使得政策协调“日常化”“前期化”，这样才能从根本上在行政部门中培养整体性的政策协调意识；其三也是最重要的一

① Whittaker, Alan G., Brown, Shannon A., Smith, Frederick C., & McKune, Elizabeth (2011). *The National Security Policy Process: The National Security Council and Interagency System.* (Research Report, August 15, 2011, Annual Update), Washington, D. C.: Industrial College of the Armed Forces, National Defense University, U. S. Department of Defense, p. 32.

② Whittaker, Alan G., Brown, Shannon A., Smith, Frederick C., & McKune, Elizabeth (2011). *The National Security Policy Process: The National Security Council and Interagency System.* (Research Report, August 15, 2011, Annual Update), Washington, D. C.: Industrial College of the Armed Forces, National Defense University, U. S. Department of Defense, p. 34 – 35.

点则是，国家安全委员会的形态虽然在很大程度上取决于总统的意图，但是协调国家安全政策事务的内在规律使得其不能是“随意的”，单纯因为最高决策者的领导风格和偏好而剧烈变化。实际上，正是在不同风格机制的“自由竞争”中才产生出了达到平衡状态的、最稳定的跨部门协调方式。也正是因为如此，虽然近年来每一届政府上台后都会有改革国安会的呼声，但是最终都是“承续”压倒了“变化”。

更进一步地说，美国国家安全委员会跨部门协调机制的演变也是现代美国国家安全机制建设的一部分，对其演进的路径、动力和规律的探索也有利于理解美国在冷战时和冷战后整体国家建设的全景。从表面上看，国安会协调机制的演化在前30年中存在着较强的“反应性”的特点，其变革基本上是针对前一任政府决策机制的不足；[①] 也有学者认为以国安会为代表的国家安全机制是一种特殊的“官僚部门”，其组织结构与政策没有必然的关系，因此国内利益集团缺少推动其变革的动力，因此往往是初始结构和外部事件交织作用的结果。[②] 但是，这些解释框架却忽视国家安全部门的组织模式、其权力分配以及最后形成的国家安全政策同样涉及大量的部门利益。换而言之，就像在1947年国安会创立时的大辩论所展示的那样，不同的组织结构往往对应着不同的安全战略以及相应的资源分配模式。[③] 在国安会的演进史上，新上任的政府往往已经有了一套新的国家安全战略，然后再推动国安会及其他国家安全机构为了执行新的战略而进行改革。从这个角度来看，新古典现实主义的解释模式具有一定的说服力，国际形势仍然能够通过安全战略这一中间变量来影响国家安全组织的结构。然而，单纯以冷战的开始、激化、缓和或者结束来作为决定国安

① Zbigniew Brzezinski, “The NSC's Midlife Crisis,” *Foreign Policy*, No. 69, Winter, 1987 - 1988, pp. 81 - 82.

② Amy B. Zegart, *Flawed by Design: The Evolution of the CIA, JCS, and NSC*, California: Stanford University Press, 1999.

③ Paul Y. Hammond, WarnerSchilling and Glenn Snyder, *Strategy, Politics, and Defense Budgets*, Columbia University Press, 1962.

会机制的变量却又将这一关系过于简单化了。毕竟，按照新古典现实主义理论的解释框架，国际环境的变化仍然需要通过国内政治结构来起作用。因此，对美国国家安全委员会跨部门协调机制演进的探索，仍然需要回归每一次变革的具体背景和历史细节。要想全面理解美国国安会演进的动力和规律，还需要更进一步的细致研究。

第三节　独立多元是美国国安会幕僚体系的特征

国安会的幕僚运作模式在初期可谓弊病百出，仅有一名行政秘书和秘书处的行政人员属于长期雇员，其他的国安会僚属也就是负责协调和制定政策的官员都来自于国务院和国防部。以冷战早期最著名的国安会 68 号文件为例，由于国防部长刘易斯·约翰逊（Lewis Johnson）和国务卿艾奇逊围绕其产生了剧烈冲突，所以最终该文件由后者单独草拟成形。① 第二任国安会行政秘书莱伊就指出各部门的派出代表更愿意处理各自部门的事务，部长以下的协调“几乎不存在”，而制定出的文件也越来越“无法接受”。② 对此，杜鲁门指令由中央情报局、财政部、参谋长联席会议会同国务院和国防部各派出一名副部长级别的官员组成高级幕僚小组（Senior Staff），他们在起草政策文件时直接向国安会行政秘书负责。③ 然而这一改革的效用也极为有限，高级幕僚小组的助手仍然是由各位副部长从各部门中任命，而总统也

① “Memorandum of Conversation at the Department of the State,” March 22, 1950. Policy Planning Staff Files, FRUS, 1950v01. i0008, pp. 203 ~ 206; Acheson, *Presentation at the Creation: My years in the State Department*, p. 373.

② James S. Lay, Jr., “Administration of the National Security Council,” January 19, 1953; White House Office, Office of Special Assistant for National Security, Special Assistant Series, Administration Subseries, Eisenhower Library.

③ David T. Fautua, “The ‘Long Pull’ Army: NSC 68, the Korean War, and the Creation of the Cold War US Army,” *The Journal of Military History*, Vol. 61, No. 1 (Jan), 1997.

仍然倾向使用其他幕僚和顾问来履行原本应当属于国安会幕僚的职责。[①]

在艾森豪威尔的第一次组织化设计中也对国安会的幕僚体系进行了改革，高级幕僚小组演变成了计划委员会，其包括所有长期列席国安会的助理部长级代表，其人选则需由各部部长提名并得到总统批准。负责监督政策下行的行动协调委员会级别稍高，并且有国家安全助理列席。[②] 然而在这一模式中，负责政策协调的依然是各部门的高级官员，专门的行政人员仍然局限于秘书处中。这一正式化的国安会机制并没有改变其政策幕僚仍然是各部门代表的现状，因此其协调往往效果不好，甚至被派往国安会的还多是各部门中不受信任的官员。[③]

对于迟钝的部属幕僚运作模式，肯尼迪政府的对策是完全取消了由各部官员组成的政策规划委员会，将其所有权限授予了国家安全助理邦迪个人。其后果是仍然保留下来的专职国安会幕僚不再需要为大量的委员会进行行政辅助工作，他们开始能够为国家安全助理本人以及总统直接工作，并且首次将工作重心转向按地区划分的政策规划。邦迪的这种做法也被称为建立了“小国务院”，并且确定了国安会幕僚的两个基本特点：一是人员组成包括下级官员或者政府外的政策专家；二是拥有直接会见总统的渠道。[④] 然而，邦迪麾下的幕僚数量极其有限，在全部的49名国安会幕僚中只有11人是专职，因此呈现出“不堪重负”的状况。由于各部门的人员仍然占国安会幕僚的大多数，

① 戴维·罗特科普夫著，孙成昊、赵亦周译：《操纵世界的手：美国国家安全委员会内幕》，北京：商务印书馆，2013年，第70－73页。

② Stanley L. Falk, “The National Security Council Under Truman, Eisenhower, and Kennedy,” *Political Science Quarterly*, Vol. 79, No. 3, Sep. 1964.

③ Christopher C. Shoemaker., *The NSC Staff: Counseling the Council*, Westview Press, 1991, pp. 11－13.

④ Andrew Preston, “The Little State Department: McGeorge Bundy and the National Security Council Staff, 1961－1965,” *Presidential Studies Quarterly*, Vol. 31, No. 4, Dec. 2001.

肯尼迪的继任者约翰逊极其不信任国安会僚属，几乎不与他们会面。[①]尽管时任国家安全顾问的罗斯托与约翰逊的关系极为亲密，但是他很大程度上扮演的是与其他心腹顾问相同的角色，而不是利用国安会机制总揽全局。[②] 最终，在内外交困中，约翰逊选择了重建以副国务卿为首的跨部门领导小组，将协调政策的大权交还给了国务院。

到尼克松时，协调工作才终于归属于专职的国安会幕僚。其国安会系统在人员设置上具有“两面性”：一方面建立了“传统式”的由五名最高级顾问组成的审查委员会以及五名副手组成的副部长级委员会；但是另一方面又取消了国务院官员在国安会部际小组和临时小组的领导权。[③] 实际上，基辛格自身及其下属往往直接担任各种协调委员会的主席，主持甚至主导政策进程，甚至可能同时担任多个委员会的主席。他们的大部分精力也放在了制定和推动政策上，而不是进行传统的政策协调。[④] 与此相对应，国安会专职幕僚的人数也从 1969 年的 20 人以下迅速提升到 1972 年的 50 人以上。[⑤] 同时，国安会专职幕僚也就是国家安全顾问的直接下属也正式分化为地区部门、职能部门和特殊部门三部分，在形式上已经与其他行政部门高度相似。[⑥] 在人员构成上，在连续三任国家安全顾问都出身于学术界之后，国安会幕

① 戴维·罗特科普夫著，孙成昊、赵亦周译：《操纵世界的手：美国国家安全委员会内幕》，第 102－103 页，第 118－120 页。

② Ivo H. Daalder and I. M. Destler, “In the Shadow of the Oval Office: The Next National Security Adviser,” *Foreign Affairs*, Vol. 88, No. 1, January/February 2009.

③ National Archives, Nixon Presidential Materials, NSC Files, Subject Files, Box 363, “National Security Decision Memoranda, NSDM 2,” Washington, January 20, 1969.

④ The Nixon Administration National Security Council, The National Security Council Project, Oral History Roundtable, Brookings Institute, December 8, 1998.

⑤ “Graph of the NSC Staff Size Per Year, National Security Council Structure and Organization,” The National Security Council Project, Oral History Roundtable, Brookings Institute, http://www.brookings.edu/about/projects/archive/nsc/structure.

⑥ “Organizational Charts of the NSC, National Security Council Structure and Organization,” The National Security Council Project, Oral History Roundtable, Brookings Institute, http://www.brookings.edu/about/projects/archive/nsc/structure.

僚中文职官员、军事人员和学术界人士的比例也持续保持着“1∶1∶1”的比例。

与邦迪领导的小型国安会幕僚班子相同，从尼克松到卡特政府期间国安会幕僚都是一群人数较小的精英群体。[①] 然而，由于在卡特政府中国安会幕僚与国务院爆发了严重的冲突，里根政府大幅度地改变了国安会的人员结构和组织文化。在国安会迅速丧失影响力时，其下层组织和人员却有了迅速增长。到里根政府后期，国安会之下设有25个部长级委员会和70名专职的工作人员；在人数扩张的同时，里根还将“个人化”的国安会幕僚体系改造为合计共有七级头衔的官僚金字塔。[②] 然而，随着国安会僚属丧失了监督各个部门执行总统政策的权力，他们开始转向于秘密行动，并最终引发了“伊朗门事件”。[③] 最终，虽然“斯考克罗夫特模式”恢复了国安会幕僚在决策中的地位，但是却保留下了里根政府时期的规模与层级体系。在这一稳定的模式中，原本小团体精英式的组织文化逐渐消失，与此同时国安会幕僚与国务院的关系也有了显著改善。[④] 在冷战结束后，国安会的变化主要体现在管理领域的扩大和人员的增加上，在“9·11”事件后的2008年，小布什政府甚至拥有多达6名副国家安全助理，并且设置了与国安会平行的国土安全委员会。[⑤] 在奥巴马上台后的2009年5月，

---

① Dom Bonafede, “Zbigniew Brzezinski,” In *Fateful Decisions: Inside the National Security Council*, eds. by Karl F. Inderfurth and Loch K. Johnson. New York: Oxford University Press, 2004, pp. 194 - 202.

② Zbigniew Brzezinski, “The NSC's Midlife Crisis,” *Foreign Policy*, No. 69, Winter, 1987 - 1988, p. 91.

③ Christopher C. Shoemaker., *The NSC Staff: Counseling the Council*, Westview Press: Public Affairs, 1991, p. 66.

④ John P. Burke, “The National Security Advisor and Staff: Transition Challenges,” *Presidential Studies Quarterly*, Vol. 39, No. 2, June 2009.

⑤ “Organizational Charts of the NSC, National Security Council Structure and Organization,” The National Security Council Project, Oral History Roundtable, Brookings Institute, http://www.brookings.edu/about/projects/archive/nsc/structure.

国土安全委员会也被并入了国安会幕僚系统中。① 而在特朗普任内，国土安全委员会再次从国安会剥离出来。

美国国安会幕僚体系的演进是为一个总体目标服务，那就是让跨部门政策协调机制能够真正地运行起来，并且在运行过程中能够保证其不脱离既定的轨道。要做到这一点，就必须保证其不会为任何一个单独的行政部门或机构所控制。因此，国家安全委员会的幕僚必须拥有独立的编制、地位和组织文化。美国在将国安会幕僚“剥离”部门体系时，常常采取的手法有两种：一是任命总统本人熟悉的圈内人和朋友，但是并不精通国家安全事务；二是从学术界提拔政治新人，塑造出与其他政府部门截然不同的新团队。从邦迪开始，经历了将近20多年的人事磨合后，不仅学术界人士在国安会任职已经成为常态，而且在国安会中原本非出身于军界或者行政部门的官员也开始出现“学者化”现象，他们往往会辗转于政府和学术研究机构之间，而这也使得由总统任命的、美国政府的中上层官员们能够持续地保持对国家安全问题的关注与思考。可以说，国安会的幕僚体系是美国率先确立了稳定的“政学旋转门”的部分，这也保证了国安会人员的政策创新能力。

另一方面，美国政府、尤其是白宫为了保证国安会幕僚的便利性和有用性，一直没有通过正式的立法或者行政命令来确定他们的地位和组织形式。国家安全助理的内阁地位、副助理的副部长地位以及各主管的助理部长地位都是来自于传统或者默认。因此，与国务院或者国防部的同级别官员相比，国安会幕僚仍然处于低位。例如奥巴马时期分管东亚的助理国务卿丹尼尔·拉塞尔（Daniel Russel）原本是国安会分管东亚事务的高级主管，这一职务变动也普遍被视为升迁。简而言之，美国国安会幕僚在很大程度上更容易提拔和锻炼新人，而在

---

① “Executive Order – – Changing the Name of the National Security Staff to the National Security Council Staff,” The White House Office of the Press Secretary, February 10, 2014, http://www.whitehouse.gov/the-press-office/2014/02/10/executive-order-changing-name-national-security-staff-national-security.

熟悉了国安会的业务之后又会转任国务院和其他部门的相关职务，这也从总体上增强了美国政府内部在政策协调上的能力。这种开放性和流动性使得美国国家安全委员会能够真正成为“政策中枢”，而不是一个撇开各个部门、独揽大权的又一个“独立王国”。避开了每设立一个协调机构，反而使得协调难度加大的怪圈。

一言以蔽之，“独立”保障了国安会能够不为任何一个部门的某种具有特殊利益或视角的政策所主导。多元则包含了两种层次的含义：来源上的“多元”是要求其成员应当来自于涉及国家安全政策的各个部门，其中尤其是要保证官僚系统外人士的比例，其目的是为了创造能够与总体政策协调和规划这一职能相匹配的组织结构和环境；去向上的“多元”则保障了国安会自身不会变成新的封闭的官僚系统，能够在长时间内实现服务最高决策者的目标，而这一点是部门利益根深蒂固的行政部门所无法做到的。政策协调是一项非常复杂的政府管理任务，只有将人事体系的独立性与多元性结合在一起，并且与相应的跨部门协调机制相结合，才能保证该体系本身不会妨碍国家安全政策的制定。

结　语

1947年后美国国家安全委员会的运作历史告诉我们：即使美国总统本人是一切行政权力产生的源头、在对外决策机制中拥有绝对的主导权，各行政部门的领导人也都是由总统亲自任命的政治伙伴或朋友，但是政策协调过程仍然困难重重。美国花费了将近三十年的时间、付出了政府内部多次严重分裂的代价才最终摸索到了一种较为稳定的政策协调模式，这足以说明建立这样一种促进多方建言、协调对外部门统一行动、制定整体国家安全政策的机制绝非易事。要想真正地让这样一种机制运作起来，需要明确规定其在各层级上的协调程序、厘清各部门共同参与政策一体化时的标准化步骤、建立合乎政治生活规律并且与中枢职能相匹配的人员结构，否则就难免会陷入要么政策协调有名无实，要么国安会幕僚本身异化为另一个政策竞争中心的两难境地。

在美国国安会成立的前30年中，其主要遭遇的问题就是挥之不去的部门主义和恶性竞争，尤其是考虑参与到其中的行政部门在绝对数量上并不多，可以说这一问题是异常严重。针对这一顽疾，美国一方面是持续性地削弱以国务院为代表的行政部门在跨部门协调机制中的优势地位，另一方面则是大量引入来自学术界的政治“新人”以从更为中立的立场上来进行协调和整体规划工作。最终这还需要长期的政策协调实践来促使这一机制的所有参与者形成相关的传统与习惯，才最终大体上克服了这一问题。考虑到美国的官僚系统原本就有较强的开放性，这一问题在其他国家很可能会更为严重，也更难以矫正。

但是另一方面，虽然在运行中长期存在着诸多问题，但是美国国安会及其幕僚体系作为一个“后来者”却始终能够扎根于华盛顿，并没有像同时诞生的国家安全资源委员会那样遭到被完全撤销的命运。这也从一个层面说明，尽管现实并不如意，但是美国政治精英始终清醒地认识到将这样一种“负责整体政策协调与规划”的机构由理想化为现实是成熟的全球性大国所必须完成的任务。

总而言之，美国国安会这一协调机制诞生的思想基础、70余年的变迁历史、跨部门合作与幕僚体系的特点都凝聚着美国政界的经验和教训，展现了现代美国建设与其世界大国地位相匹配的国内机制的曲折进程，其中得失成败值得总结与思考。对美国国安会来说，“大安全观”是其创立的思想基础，“三级协调模式”是其跨部门合作的基石，“独立多元”则是其幕僚体系的特点，而美国国安会未来的发展演变也值得进一步关注研究。

后记一

就在打算提笔写后记的9月18日晚上，特朗普宣布奥布莱恩将成为第四任总统国家安全事务助理。这一新情况让我必须增补新内容。在国安会这个本应不为外人所关注的地方，特朗普的一系列操作却让人眼花缭乱、应接不暇。对于一位研究美国国安会的学者，大量动态和事件的出现让我深感兴奋，但也深感知识储备的匮乏和研究深度的欠缺。

正如肖河在他的后记中所写，分章节撰写前，我们大致确定了写作思路，决定重点从组织自身演进、利益集团政治、国际环境变化三个角度考察美国国安会成立至今的演变路径、规律和启示。在写作过程中，我们发现尽管都称之为国安会，但这一机制的形态和变化并不完全取决于较为固定的动因和规律，国际环境、国内政治、总统需求、部门利益、官僚惯性、人际关系等等因素往往在不同的时空背景下交织互动，各显神通。因此，任何一个时期的国安会都不能拿简单的模式去套用分析，而必须深入其中细节。这既是研究国安会的困难之处，也是其魅力所在。

在撰写本书的过程中，有三个场景时常在脑海浮现。第一个场景是在2010年的夏天，我刚刚结束在外交学院本科学习，得到继续在本校攻读硕士研究生的资格。为了更有意义的度过那个盛夏，我参加了商务印书馆的笔译征集，而需要翻译的书就是戴维·罗特科普夫的《美国国家安全委员会内幕》。最终，我和另一位同学成功“中标”。笔译是一场长跑，也是与作者和自己的无声对话。原本以为这是一本分析决策机制的极其枯燥的学术书籍，但我却彻底被书中所描述的情节所吸引。在国安会成员尔虞我诈的斗争与合作中，个性鲜明的人物形象跃然纸上。当时的我学识浅薄，经常在那一年炎热的夏天为了一个知识点抓耳挠腮，百思不得其解。为译好这本书，我几乎阅读了能够找到的所有相关中文文献，但依然觉得不够解渴。

第二个场景是在2014年，也是我来到现代院工作的第二年。在《现代国际关系》编辑部紧张有序的工作经历让我能够有一定时间完成此前的愿望——研究美国国安会。完成一篇有关国安会的学术论文后，当时的院刊主编林利民老师带着我去复旦大学开了一次关于国安会的学术会议，也是复旦大学张骥老师主编的《世界主要国家国家安全委员会》的新书研讨会。参加那次会议的还有同样醉心于国安会研究的肖河，相见恨晚。除了会上会下的热烈讨论，我们都觉得有必要加强协作，互相刺激出更多研究的火花。此后，我们陆续有过一些零散合作，包括在《国际关系研究》上发表的学术文章以及澎湃新闻上的若干评论。直到后来，我们再次聊起共同研究的事情，都觉得单单写文章已无法把美国国安会讲清楚，是时候写一本关于美国国安会的书了，也是对我们这几年研究的一个阶段性总结。

第三个场景是在2019年年中，我作为现代院美国所的青年代表之一参加在复旦大学举办的第七届“三边青年论坛”。这个论坛是由现代院美国所、社科院美国所和复旦大学美国研究中心三家共同发起。作为一个美国研究青年学者交流的平台，论坛每年都办得有声有色。2019年的这一届有所创新和突破，首次邀请美国研究学界四位老前辈陶文钊、杨洁勉、崔立如、徐以骅老师与青年学者分享几十年来的研究心得与体会。其中，陶老师的话让我印象深刻，他告诫年轻学者无论什么时候做研究都要“战战兢兢、如履薄冰”。四位前辈都对青年学者寄予厚望，希望一些美国研究的空白可以由年轻一代努力填补。我和肖河在实践中一直尽力向前辈提出的要求靠拢，对于国安会研究从不敢怠慢，但囿于研究能力、篇幅长短、时间精力所限，本书肯定有不少瑕疵和错误，希望各位同行和读者能够及时向我们指出。希望这本书能够为中国的美国国安会和美国外交决策机制研究做出一些贡献。若能实现这一点，也就心满意足。

本书在撰写过程中得到了很多师长和家人的帮助。尤其感谢袁鹏院长百忙之中拨冗为本书写推荐语，当初也是在袁院长的鼓励下才有勇气动笔写作；感谢傅梦孜副院长多次过问撰写进程，并在一开始就提出真知灼见；感谢我的博导冯仲平副院长在我读博期间支持我完成本书的写作。感谢现代院美国所的历任领导达巍、钱立伟、王鸿刚老师，他们不仅在美国研究的业务上对我悉心指导，也在工作安排上为我的写作创造条件，达巍老师也欣然为本书撰写了推荐语。感谢现代院的各位老师和同事，他们为我创造了如此卓越的工作和学习环境，让我能够安心工作、读书和写作。特别感谢美国研究学界的前辈袁明、陶文钊、倪峰老师，袁明老师鼓励我们继续沉下心做研究，陶文钊老师为本书提出了宝贵的修改意见，倪峰老师对我们的研究予以肯定，这些都将成为我们不断前行的重要动力。最后，要感谢我的家人，没有他们的理解和付出，这本书将永远无法完成。

孙成昊

2019 年 9 月

后记二

本书从第一章到第五章的内容由本人撰写，涵盖了从冷战早期到冷战中期的历史时段。在这一时期，美国的外交政策从美苏共治转变为冷战，再经朝鲜战争的热战而达到对抗的高潮，随后又走向缓和及其破产。这种外交政策上的反复变化特别有利于观察国家安全委员会这一中枢决策机制的演变。对于国家组织的变化，历来有三种视角：第一种是组织自身演进的视角，也就是说存在一种抽象的完美组织模式，任何一个组织都要通过不断的试错和重组来找到这一完美公式。美国自 20 世纪初进步主义思想兴起以来，就一直有兴趣通过"科学"的管理方法来实现组织效能的最大化。第二种是利益集团政治的视角，其强调组织的原则和形式不是"中立"的，而是不同利益集团博弈的结果，总是能反映胜利者的偏好。第三种是国际环境的视角，就是尝试从外部压力和功能性需求的角度来探讨国内结构的变化，这也是一种较为新兴的视角。塞缪尔·亨廷顿在《军人与国家》一书中说过，任何一种军事制度都要同时满足面对国内的社会需求和面对国外的功能需求。我认为，对于国家安全机制来说，也同样如此。要想充分理解美国国家安全委员会的演进，应当同时考察这一组织自身、国内和国外环境的多重需求。

这五章内容正是对上述研究视角的初步实践。美国国家安全委员会在最低程度上，必须满足一个组织能够自我维持和壮大的基本条件，比如必须维持政治权力、合法性、人力和财力以及职权范围。同时，作为一个官僚组织，其必然要遵循不断追求自我膨胀的"铁律"。

在满足了最低程度的组织需要后，国安会还必须满足国内政治的要求，配合不同总统的领导风格及其背后的政治理念。在满足了这两个层次的需求之后，国际环境还会有力地塑造国家安全委员会的组织形态。这是因为国际环境会影响美国国家安全精英的战略决策，而任何一种国际战略在官僚政治中也不是中立的，一样会带来“赢家”和“输家”，这就引发了包括国家安全委员会在内的整个国家安全机制的变化。因此，这五章内容一直试图描绘国安会内部的一些官僚政治性质的“路径依赖”（包括国家安全委员会幕僚人数的增加、层级的分化以及备忘录系统的完善和继承）、对上届政府的针对性批评和改进以及对国际环境和国际战略的呼应。然而，由于篇幅有限，每一章可能未能对三个维度都做充分探讨。剩下的工作，还有待以后的进一步研究。

能够完成这五章的内容，需要感谢我的妻子潘蓉。她不仅在写作之初就多次和我商量如何更有效率地完成这项工作，而且还全程陪伴了我的写作和校对，更不用说还营造了一个舒适幸福的家庭作为最大的支持。以后还希望她能再接再厉，督促和帮助我取得更多的研究进展。

肖河

2019 年 8 月